아방가르드와 미술시장

The Transformation of the Avant-Grade:
The New York Art World, 1940~1985

아방가르드와 미술시장

1940년에서 1985년까지
뉴욕 미술계

다이아나 크레인 지음
조진근 옮김

북코리아

차례

감사의 말

이 책의 기본계획은 몇년 동안 점차적으로 발전되었다. 나는 1974년에서 75년까지 구겐하임 펠로우십Guggenheim Fellowship을 수행하면서 처음으로 이 책의 몇 가지 이슈들을 탐구하기 시작했다. 1976년에서 77년까지는 프린스턴 대학의 지원으로 뉴욕 시의 예술가 및 아트 딜러들과의 인터뷰를 진행할 수 있었다. 이 책의 초고는 펜실베이니아 대학에서 안식년을 가졌던 1982년에서 83년까지 작성되었다. 이들 기관의 후원에 감사의 마음을 표한다.

또한 지원과 격려를 아끼지 않았던 이바 버그Ivar Berg, 충고와 조력을 다한 마이클 허베Michel Herve, 원고를 꼼꼼하게 읽어준 산나 도이치Sanna Deutsch에게 깊은 사의를 표한다. 펜실베이니아 대학의 세미나에 참석했던 학생들은 나의 아이디어를 발전시키는 데 큰 도움이 되었다.

특히, 연구를 위해 필요한 기록 자료들을 모으는 길고 힘든 작업을 수행하는 동안 인내심과 아낌없는 후원을 보여준 펜실베이니아 대학 예술 도서관 직원들께 감사의 마음을 전한다. 앤 모렐Anne Morrel, 아론 이엔가Aron Iyengar, 그리고 마리사 베일라Marisa Veilla 등은 연구보조원으로서 연구 내내 아주 훌륭한 역할을 했다.

마지막으로 자신들의 삶, 직업, 그리고 창작품과 함께 이 책의 토대가 되어준 예술가들에게 감사한다.

6장과 7장의 일부는 "아방가르드 예술과 사회 변화: 1940년에서 1980년 사이 뉴욕 예술계와 보상 시스템의 변모"(『예술사회학』, 파리, 프랑스 토쿠멘타, 1986)에 실린 글이다.

1 들어가며

제2차 세계대전 이후 수십 년 동안은 미국 미술사에서 독특한 시기였다. 그 이전에도 미술운동들이 있었으며 또 미국에서 이름을 날린 예술가들도 있었다. 그러나 미국이 다른 나라의 예술가, 특히 유럽의 예술가들에게 영향을 끼칠 정도의 예술 스타일을 생산한 것은 아니다.[1] 추상표현주의를 시작으로 뉴욕 시는 아방가르드 예술의 세계적 중심지가 되었으며 외국 예술가들이 널리 모방하는 스타일과 외국의 컬렉터와 미술관들이 실제로 구매하는 작품들을 생산하게 되었다.

이 시기가 시작될 무렵 미국 미술 최초의 진정한 아방가르드가 추상표현주의 형식으로 발생했다면, 이후 1940년과 1980년 사이 뉴욕에서 생산된 아방가르드 미술은 중대한 특성의 변화를 겪게 된다. 젊은 예술가들의 1980년대 작품은 고급문화라는 애매한 구분에 도전했으며 아방가르드라는 개념 전반에 대한 문제를 제기했다.

아방가르드라는 용어는 우상파괴적인 미적 가치iconoclastic aesthetic values에 헌신하는 동시에 대중문화와 중간 계급의 라이프스타일 모두를 거부했던 응집력 있는 예술가들의 집단을 함축한다. 아방가르드의 원형原型에 의하면 이들 예술가는 작품의 내용, 독자층의 사회적 배경, 그리고 자신의 작품들이 전시되고 판매되는 조직들의 본성에서 대중적인 예술을 생산하는 예술가들과 다르다. 작품의 평가를 위해 필요한 전문적인 자질을 갖춘 비교적 소규모의 추종자들은 종종 매우 은밀하게 아방가르드 미술을 구매했다. 그 작품들은 갤러리, 경매회사, 미술관, 그리고 최근의 기업 컬렉션과 같이 전문화된 조직 네트워크를 통해 씨앗을 뿌리게 되었다. 네트워크 내의 많은 우수한 조직들은 뉴욕에 모여 있다.

이 네트워크는 1940년과 1985년 사이에 그 규모 면에서 급성장을 이루었으며, 이와 함께 예술가의 구성원이 증가하게 된다. 다른 한편, 작품을 전시하고 판매하는 다양한 조직들 및 감상자의 본성이 크게 변한다. 미국 사회에서 조형예술의 성장은 극장, 무용, 문학, 공예 등과 같은 다른 유형의 예술활동이 규모 면에서 팽창하는 것과 그 맥락을 같이한다. 예술활동의 증가는 미국 사회에서 갖는 가치와 중요성을 재평가하는 등 일련의 사전 작업을 통해 다른 사회 제도들과 차별화시키는 꾸준한 노력이 성과를 거둔 덕분이다. 나는 이 책에서 다양한 시기에 걸쳐 발생한 일곱 가지 예술 스타일의 미학적이고 사회적인 내용을 검토하고, 이들 스타일이 갤러리, 미술관, 기업, 그리고 개인 컬렉터들에 의해 수용되는 방식을 추적하면서 그 변화의 결과들을 분석할 것이다. 이와 동시에 이 기간 동안 아방가르드 개념이 어떻게 진화했는지를 검토할 것이다. 아방가르드 예술의 발생적 상황을 대변하는 매우 독특한 별자리들의 환경적이고 역사적인 요인은 무엇인가? 어떤 관찰자의 주장처럼 아방가르드는 소멸했는가, 아니면 다른 형태로 모습을 바꾸어 지속되고 있는가?

이 연구에서 나는 최근 40년 동안 일어난 일곱 가지 대표적인 예술 스타일, 즉 40년대의 추상표현주의, 60년대 초기의 팝 아트와 미니멀리즘, 60년대 말의 구상회화, 70년대 초기의 포토리얼리즘과 패턴 회화Pattern painting, 그리고 80년대 초기의 신표현주의에 주목할 것이다. 400명 이상의 아티스트가 이러한 스타일로 작업했던 것으로 보인다. 예술 비평가들의 인터뷰와 비평문, 예술가의 발언들, 그리고 연대기적 정보에 이르기까지 이들 예술가에 대한 기록들이 매우 풍부하기 때문에 개별 예술 스타일의 발생에서 소멸에 이르기까지의 발전과정을 재구성할 수 있다. 이들 기록 중 많은 부분은 해당 양식이 나타날 때 혹은 정점에 있을 때 출판된 것들이기 때문에 그 당시 스타일 운동이 어떻게 파악되었는지에 대한 지표를 제공해줄 수 있을 것이다.[2]

팽창하는 미술계: 성장과 원인들

40년대에는 미국 현대미술을 전문적으로 거래하는 갤러리가 대략 20개 정도였다. 조사원들의 추측에 의하면 그 당시의 아방가르드 미술을 수집하는 컬렉터들은 12명을 넘지 못했다. 추상표현주의 작품을 최초로 전시했던 갤러리들 중의 하나였던, 페기 구겐하임이 운영한 금세기미술 화랑The Art of this Century Gallery의 예술을 찾는 사람은 소수였다. 3년 동안 영향력 있는 기업 갤러리 타낸저The Tanager를 운영했던 어빙 샌들러는 50년대에도 단지 한 작품밖에 판매하지 못했다고 회상한다(Sandler, 1984). 이와는 대조적으로 70년대 후반의 비평가인 데이비드 보르동(1977)은 미술계의 현재 발전 상황을 지속적으로 파악하기 위해서는 하루에 25개에서 30개 정도의 갤러리를 방문할 필요가 있다고 말한다. 이 기간 동안 미국 현대미술을 판매하는 뉴욕 시의 갤러리 수가 실질적으로 증가했다. 〈표 1-1〉에서 볼 수 있듯이 20세기 미국 미술을 취급하는 갤러리 수는 1949년에 비해 1977년에는 3배 이상 성장했다. 추상표현주의 스타일의 아티스트 2~3명의 작품을 전시했던 134개의 갤러리들 중에서 거의 3분의 2가량이 1960년 이후에 설립되었다(〈표 1-2〉 참조).[3] 1970년대에는 본격적인 컬렉터의 수가 어림잡아 1,000명을 넘어선다(Kuhn, 1977).[4]

미국 현대미술의 판매를 위해 경매시장이 탄생한 것은 이 기간 동안 이루어진 의미심장한 발전이었다. 딜러와 컬렉터들 간의 협상

<표 1-1> 뉴욕 아방가르드 갤러리(1940~80, 10년 단위)

	생존비율(%)				
발생연도(-이전)	1949	1959	1965	1977	*N*
1949	*	41	40	26	90
1959	26	*	58	38	132
1965	19	40	*	30	197
1977	8	12	20	*	290

<표 1-2> 연구에 포함된 예술가들을 대표하는 갤러리들의 발생(10년, %)

설립연도	연구에 포함된 예술가들을 대표하는 갤러리들	2~3명의 예술가를 대표하는 갤러리들
1940년 이전	8	6
1940~49	8	12
1950~59	16	19
1960~69	27	28
1970~79	34	34
1980~83	5	2
NI	1	0
합계	99	101
N	287	134

은 언제나 은밀하게 이루어졌다. 그렇기 때문에 경매의 판매 가격은 작가의 향후 작품 거래 가격을 공개적으로 결정하는 역할을 했다. 그러기에 경매시장에 진출하는 것은 예술가들의 경제적인 성공 가능성을 대변한다. 1970년 이전에는 현대 아방가르드 예술이 아주 가끔씩 경매를 통해 거래되었다. 70년대에는 그러한 작품들의 경매 판매가 더 빈번해졌다. 경매시장의 판매 기록은 이들 화가의 작품 가격이 해를 거듭하면서 얼마만큼 올랐는지를 보여준다.

추상표현주의자 중 26%는 통화량이 수축했던 20년 동안(1960~82) 500% 이상의 경매 가격 상승을 기록했다. 다른 형식의 단기간(1970~82) 경매 데이터 자료를 보면, 예술가들의 3분에 2에 해당하는 대부분의 작품 가격이 실질적으로 상승했다(6장의 〈표 6-3〉 참조).[5] 추상표현주의자들의 작품 가격은 정점을 찍었다. 1970년에서 1982년까지 추상표현주의 화가들의 59%가 자신의 작품을 경매에서 10만 달러 이상의 가격에 판매하였다.

이 기간에 뉴욕에서 해마다 전시회를 개최한 아티스트의 수가 2배 이상 증가했다. 앨러웨이(1977)의 집계에 따르면, 작고 작가들을 제외하고 1949년에서 50년까지 개인 전시회를 개최한 작가는 800명, 1975년에서 50년까지는 1,200명이었다. 1984년에서 85년까지는 거의 1,900명에 육박했으며, 더 많은 작가가 그룹 전시회에 참가했다.

국가 전체의 아티스트 숫자도 이와 비슷하게 증가했다. 비평가 피터 프랭크가 1980년에 구겐하임 미술관에서 19명의 젊은 작가전을 기획하면서 거의 1만 명 이상의 작가집단을 참조했으며, 1년 동안 1,000곳 이상의 작가 스튜디오를 방문했다는 사실에서 그러한 수적 증가의 한 징후를 발견할 수 있다(glueck, 1981). 체임벌린(1980)은 해를 거듭할수록 심해지는 예술가들을 위한 전시공간의 부족 현상을 지적한다. 인구 통계청의 통계자료에 의하면, 1970년에 미국에서 60만 명이 자신은 예술가로 활동하고 있다고 말했다. 1980년에 그 수는 67%가 증가한 100만 명에 육박하게 된다(Hart, 1984).[6]

같은 시기에, 뉴욕 외곽에 있는 미술관과 기업 컬렉션의 수도 크게 팽창하였다. 1940년대까지는 미국 여러 지역의 미국인들이 아방가르드 미술의 존재 자체를 알지 못했다. 애슈턴(1973)은 다음과 같이 말한다.

> 미국에는 미술관은 말할 것도 없고 화가나 조각가가 한 명도 살지 않는 곳이 방대한 지역에 걸쳐 있다. 미국인들이 보통 문화로 인식하는 공공

도서관, 문학 동호회, 음악 동호회 등은 오지奧地에서도 발견할 수 있지만 조형예술은 여러 가지 이유에서 이에 훨씬 못 미친다. 그 이유 중의 하나는 예술가들은 척박한 문화적 환경에서 태어날 경우 되도록 빨리 대도시, 그것도 뉴욕으로 이주한다는 사실이다.

1940년과 1980년 사이에 미국에서는 모든 형태의 미술관 수가 실질적으로 증가했다. 1940년 이후 67%가 설립되었다.[7] 예술을 취급하는 미술관을 임의로 조사해보면 45%가 1940년에서 1975년 사이에 탄생했다(연방예술기금, 1975). 우리의 표본 조사 멤버들이 그림 구매를 도와주었던 뉴욕 시 외곽의 미술관(지역 미술관)들 중에서 47%가 1940년 이후에 설립된 것이다. 이들 미술관은 대학과 연계된 시설을 갖는 미술관과 그렇지 않은 미술관으로 양분된다. 대학 연계 시설은 최근의 현상이며, 아카데미 미술관들 중에서 63%가 1940년 이후에 설립되었다. 반면 아카데미와 연관 없는 미술관들 중 33%가 1940년 이후에 설립되었다(〈표 1-3〉 참조).

기업의 미술품 컬렉션은 신설 미술관의 수보다 더 급격하게 증가했다. 카텔 아메리칸 미술인 명부Cattell's American Art Directory (1982)에 등재된 67개의 기업 컬렉션들 중에 93%가 1940년 이후에 설

<표 1-3> 예술 조직들의 수적 증가(1900~79)

	설립연도						
조직의 형태	1900년 이전	1900 ~19	1920 ~39	1940 ~59	1960 ~79	합계	*N*
미술관 (非아카데미)	20	19	27	19	14	99	124
미술관 (아카데미)	18	5	13	24	39	99	114
기업 컬렉션	0	3	4	16	76	99	67
아트 센터	16	9	16	24	35	100	446

립되었다. 우리가 조사했던 아티스트의 작품은 183개의 기업에 의해 구매되었으며, 그중 11%만이 카텔 아메리칸 미술인 명부에 포함되었을 뿐이다. 통계자료 자체만 보더라도 기업 컬렉션의 수가 크게 증가했음을 알 수 있다.[8]

요약하면, 미술시장의 모든 측면과 조직을 구성하는 기반 시설들의 양적인 증가가 이 기간(40년) 동안 발생했으며, 특히 후반기에 그 성장이 두드러졌다. 다음 장에서는 이러한 현상의 몇 가지 원인을 탐구해볼 것이다.

기관 컬렉터와 기부자: 새로운 패트론

이 기간에 발생한 미술시장의 팽창을 어떻게 설명할 수 있을까? 미술시장 외부의 몇 가지 요인들이 그것의 성장과 운영에 영향을 끼쳤다. 정부와 기업 기금의 유입이 미술시장 팽창의 주요 요인이었다. 60년대 중반을 기점으로 연방정부와 주정부, 기업과 재단이 예술 일반에 대한 지원의 폭을 넓히기 시작했다. 예컨대, 1965년에 설립된 연방예술기금이 예술에 지원한 금액은 1966년 180만 달러에서 1983년 1억 3,100만 달러로 증가했다(Goody, 1984). 기업 지출은 2천2백만 달러에서 4억 3,600백만 달러로 증가했다(기업 예술지원 가이드 2, 1981). 모든 주의 지원금액을 합하면 1966년 270만 달러에서 1983년 1억 2,500만 달러로 증가했다(Goody, 1984). 반면에, 펀드 조직의 지원은 1966년 3,800만 달러에서 1982년 3억 4,900만 달러로 증가했다(Goody, 1984).[9] 기업, 연방, 그리고 주정부의 펀드 혜택을 가장 많이 받은 곳은 미술관들이다.[10]

이 기간 동안 예술에 투자한 정부 지원금과 기업 펀드의 성격에 대한 다양한 해석들이 있을 수 있다. 로널드 버만(1979)은 연방과 주정부의 고위 관료들이 예술을 종교 및 교육처럼 유권자의 이익을 증대시키는 사회적 필수품으로 인식했다고 말한다. 의회 논의에서 예술이 할 수 있는 사회적 기능들이 무수히 거론되었다(Berman, 1979).

> 예술은 청소년 폭력과 정체성 혼란anomie을 추방하고, 기술직 숙련공들에게 용기를 북돋아주며, 범죄를 예방하고, 새로운 고용 기회를 창출한다. 예술은 마약중독을 대체할 수 있으며, 죄수의 자활 노력에 훌륭한 조력자가 될 수 있으며, 구시대의 문제들을 해결하는 열쇠가 될 수 있다. 예술의 세례를 받으면 도시 중심의 피로감을 완화할 수 있으며 적대 문화의 색깔을 변화시킬 수 있을 것이다.

밴필드(1984)는 정부의 예술지원을 위한 입법 발의에 매우 유용한 다양한 범위의 혜택들을 언급했다. 예컨대 예술지원은 국제적 이해와 평화를 촉진하고, 국가의 존엄성과 공공의 복지를 증진시키며, 빈곤층의 예술적 활동 참여의 기회를 확대한다. 그러나 예술 서비스의 요구가 증대됨에도 예술 기관들이 처한 재정 위기는 정부의 민간 보조금 지원이 풀어야 할 또 다른 논란거리로 남아 있다.

이 기간에 예술은 정치적 지지기반을 획득했으며, 자치도시는 워싱턴에 직접 가서 재정지원의 확대 및 연방기관과 주정부 예술위원회에 예술행정관을 양성해야 한다는 캠페인을 벌이는 등 로비활동을 하였다. 많은 수의 주정부는 70년대 초반에 연방정부의 예술 매칭 펀드에 발맞추어 예술지원기금 조성을 시작했다.

일부는 예술기금의 조성이 문화산업 로비활동의 결과라고 주장하기도 한다(Banfield, 1984). 그리고 일부는 뉴욕 시의 부동산 개발업자들(Zukin, 1982) 때문이라고 말한다. 달리 말해, 관광산업(호텔, 레스토랑, 상점)과 부동산 개발업자들이 연합하여 내세운 강력한 사업 목적들이 뉴욕 및 기타 지역의 문화활동 확대로부터 이익을 챙기려는 속셈이라는 것이다.

주킨(1982)은 이러한 논의들을 한층 정교하게 다듬었다. 그녀는 예술 및 예술가들에게 기금을 지원하고자 하는 연방·주정부의 의지

뒤에는 순회 예술전시회를 미국적 라이프스타일을 선전하는 프로파간다로 이용하려는 정치적 속셈과 갤러리 및 이와 연관된 맨해튼의 특정 지역에 퍼져 있는 서비스 업종 등 예술적 기반 시설들의 개발을 통해 이익을 챙기려는 경제적 속셈이 숨어 있다고 주장했다(Simpson, 1981 참조). 그녀의 주장에 따르면, 정치적 지도자들은 예술과 연관된 많은 일자리를 얻게 됨으로써 이익을 챙기는 반면에, 부동산 개발업자들은 맨해튼의 소호 지역에 예술적 공동체가 탄생함으로써 얻게 되는 부동산 자산가치의 상승에서 이익을 얻는다.

대기업 임원들의 주장에 따르면, 그들 조직이 예술을 지원하는 것은 부분적으로는 사회적 책임을 실천하는 것이고, 다른 한편으로는 기업 자신의 이익을 위해서다. 다시 말해 대기업 직원들의 근무환경을 개선하고 홍보 이미지의 긍정적 효과를 창출한다(Hunter, 1979). 그렇다면 기업은 왜 홍보의 수단으로 예술을 선택하는 것일까? 기업은 중산층과의 커뮤니케이션 수단으로 예술을 활용한다고 가정할 수 있다. 중산층에게 예술은 인간의 조건을 해석하고 사회적 가치와 신념을 공급하는 것으로 인식되고 있다. CBS방송국의 전임 사장인 버만(1979)의 말에 의하면, 공중의 본질적 가치는 음악, 드라마, 춤, 건축과 디자인, 인간과 시대를 말하는 문학과 같은 예술들에서 매우 명백하게 드러난다.

하케(1981)는 기업들이 중산층의 자유의식에 실질적 영향을 미칠 수 있는 방안을 찾고 있다고 주장한다. 고급문화를 지원하면서 자유로운 비판의식을 잠재우길 기대한다는 것이다. 그리고 자신의 이미지 개선에 도움이 된다고 믿는 특정 유형의 미술관 전시를 정책으로 지원한다고 말한다.

연방과 주정부 그리고 기업의 지원금이 미술시장의 성장을 가속화시킨 것은 사실이지만, 60년대 중반에 이들 기금이 최초로 지원되기 이전에 시장의 팽창이 실제로 일어났다. 이러한 관점에 따른다면 전후 기간에 발생한 교육기관의 성장 및 대학교육 기회의 확대가 큰 원동력이 되었다는 것이다.[11] 특히 대학 및 대학원 수준에서 행해진 예술 프로그램의 영향이 크다고 할 수 있다. 예술 탐구를 위한 국가조사센터(1975)에 따르면 대학교육을 받은 사람들은 대부분 일반적으로 문화활동에 잘 참여하며, 종종 미술관에 간다(Useem, DiMaggio, 1977).[12] 대학의 입장에서 보면 예술은 젊은이에게 인간적인 가치를 전수하는 수단이다. 학생들을 조형예술에 친숙해지게 만들기 위해 대학 미술관은 필수적인 시설이다.

〈표 1-3〉을 보면, 연방과 주정부 그리고 기업의 기금지원이 시작되기 이전인 1960년에 이미 실질적인 예술 기반 시설들이 존재했음을 알 수 있다. 1960년이 되면 비非아카데미 미술관의 86%, 아카데미 미술관의 61%, 그리고 아트센터의 65%가 생겨난다. 이러한 기반 시설은 1940년과 1960년 사이에 매우 큰 양적 성장을 이룬다. 아카데미 미술관과 아트센터의 4분의 1이 이 기간에 탄생했으며, 비아카데미 미술관의 5분의 1이 생겨났다.

전국에 산재散在하는 아트센터의 영향력은 예술에 대한 대중의 흥미를 고취시킬 수 있는 또 다른 요인이라고 할 수 있다. 린즈Lynds의 보고에 따르면, 그들이 연구했던 1930년대의 전형적인 미국 도시에서 아트센터를 건설할 경우 그것은 예술활동에 연관된 다른 그룹의 탄생을 유발했다(Shapir, 1973). 샌들러(1976)의 보고에 따르면, 30년대에 WPA에 의해 설립된 지역주민 아트센터 103은 800만 명의 방문객을 유치하면서 새로운 예술 관객의 탄생을 이끌었다. 이 센터들의 전형적인 운영방식은 예술작품을 수집하고 전시하기보다는 지역 예술가들을 집중적으로 조명하면서 예술활동 일반에 대한 대중의 관심을 이끌어내는 것이었다.

이 요인들 모두가 일반적으로는 예술, 특수하게는 시각예술에 대한 관심 증가에 기여했다. 예술을 대하는 태도의 변화를 나타내는 다른 측면은 매스 미디어가 예술에 기울이는 관심이 커졌다는 사실이다. 매스 미디어의 기사들은 현대예술의 접근성을 키워주었으며 그것을 대중문화의 주류로 만들었다. 특히 매스 미디어가 추구하는 가치와 잘 부합하는 예술가들은 다른 누구보다 매스 미디어의 초점이 되기도 했다.

지금까지의 내용을 요약하면, 교육 수준의 향상 같은 사회적 행위의 변화, 예술에 대한 매스 미디어의 집중 조명으로 인한 레저 시간 배분의 변화는 예술 기구들의 확장으로 이어졌다. 그것은 예술가뿐만 아니라 예술을 판매하고 전시하는 기구 조직들의 수적인 증가를 함축한다. 결국, 이것은 연방정부, 주정부, 그리고 기업들로부터 기금을 끌어왔으며, 나아가 경매시장의 탄생까지 포함하는 더 큰 확장으로 이어졌다.

과도기 예술의 역할

내가 연구 대상으로 삼은 45년의 기간 동안 예술의 역할은 큰 폭으로 변했다. 아방가르드 예술을 움직이는 저변의 기구 조직이 변하면서 예술가의 사회적·직업적인 역할이 변했다. 1960년대 초반에 이르면 "예술가들은 자신이 상류층 중산계급에 속한다는 생각을 했는데, 이는 그들이 실제로 중산계급의 멤버였기 때문이다"라고 부에터너(1981)가 말할 정도로 예술가의 지위가 변했다.

예술가들은 서서히 미국의 아카데미 시스템에 흡수되었다. 미국의 대학 및 예술전문학교에서 파인아트 석사MFA 학위를 받은 사람의 숫자가 1950년 525명에서 1980년에는 8,798명으로 증가했다(미국 인구통계조사, 1951; 1982~83). 〈표 1-4〉에 나타난 바에 따르면, 학위를 취득한 예술가의 비율이 최근의 스타일에서 더 높아지고 있음을 알 수 있다. 사실상 거의 대부분의 예비 예술가들이 전문대학, 대학, 예술실기학교를 다녔지만 과거 세대의 예술가들 중 일부분만 자금을 지원받았거나 학위를 위한 요구조건들을 충족시킬 수 있었다.

과거 예술가들이 기본 생계를 꾸려가는 방식은 다양했다. 아카데미는 생계 조달의 중요한 원천이었다. 그들은 종합대학, 전문대학, 예술실기학교와 같은 아카데미 주변을 맴돌면서 때로는 초청 비평가로, 때로는 입주 작가artist-in-residence로, 좀 더 나은 경우 비전임 강사로 살아갔으며, 종종 다른 도시로 통근하다가 마침내 전임 교수가 되기도 했다. 부록의 〈표 B-1〉은 이 기간에 예술가들이 지원할 수 있는 아카데미의 비전임 및 전임의 자리가 크게 늘어났음을 보여준다. 주정부, 연방정부, 그리고 재단의 기금들은 새롭게 생겨난 지원 형태들이다. 이 기간 이전에는 상금과 수상이 그림을 구매하는 역할을 했다. 그러나 주거 형태의 예술가 작업 지원제도가 생겨나면서 자금 수혜의 총량이 크게 늘어났다(부록의 〈표 B-2〉 참조). 그 외 사람들은 상업예술 혹은 편집자, 비평가, 큐레이터, 아트 딜러와 같은 예술과 연관된 직업들에 종사했다. 마지막으로, 예술가들 중의 극히 일부만이 전적으로 자신의 작품을 판매한 수익으로 살아갈 수 있었다.

<표 1-4> 예술가들의 사회적 역할 변화, 스타일별 학력 수준

	스타일					
학력 수준	추상표현주의	미니멀리즘	팝	구상	포토리얼리즘	패턴
학위 없음	75	44	44	33	20	13
파인아트 학사	10	17	22	17	27	23
파인아트 석사, 박사*	10	25	30	46	41	51
무응답	5	14	4	4	12	13
합계	100	100	100	100	100	100
N	21	80	28	126	51	61

* 박사학위 소지자는 2명

예술 일반의 정치적·사회적인 중요성 인식과 함께 예술가들의 사회적 처지가 변함에 따라 생겨난 가장 큰 결과는 이 기간에 예술가들에게 주어진 자원의 증가에서 보았듯이, 예술가들이 대중문화와 중산층의 가치관으로부터 거리를 두면서 소외와 공존의 목소리를 울렸던 아방가르드 예술가들의 변죽스런 역할을 그만두었다는 사실이다. 추상표현주의자들과 미니멀리스트들이 예술가들에게 주어진 확대된 기회로부터 혜택을 받고 난 후 그들의 직업적 안정성이 어느 정도 확보되었음에도 이러한 변화가 줄곧 그들 작품의 특성에 미치는 영향은 미미했다. 그러나 이어지는 스타일들에서 많은 예술가는 중산층의 가치관과 대중문화에 대해 가졌던 선배 예술가들의 비판적 태도를 상실했다. 대신에 중산층과 대중문화에 영합하는 가치관과 목표의식을 받아들이게 되었다.

아방가르드 예술과 예술의 변화

이 책의 주된 관심사는 현대예술에서 아방가르드 예술가의 역할과 그들이 창조한 상징적 유형물의 본성을 살피는 것이다. 몇몇 평론가의 주장처럼 아방가르드 예술가는 사회 현실에 대해 대안적인 전망을 제공하는 특권적 아웃사이더의 역할을 하는가, 아니면 단지 우리를 지배하는 도구들을 생산할 뿐인가? (Crow, 1983 참조)

아방가르드 개념은 매우 모호하다. 이 용어의 개념 정의는 하나가 아니고 여럿이 존재한다. 그 개념이 150년 전에 처음 사용된 이래 예술운동을 주도한 다양한 멤버들과 비평가들은 아방가르드를 매우 다양한 방식으로 정의했다. 많은 작가는 그 용어가 거의 모든 예술운동을 지칭하는 것으로 사용하는 반면에 다른 이들은 일반적으로 지배적인 사회 가치들이나 관행화된 예술적 관습들에 저항하는 특정한 타입의 예술 스타일에만 적용한다. 아방가르드 개념은 고급문화를 정의하는 가장 중요한 요인이기 때문에 예술사회학의 중심이다.

고급문화와 대중문화 사이의 경계에 대한 의문들이 급증함에 따라 고급문화 그 자체는 다양하게 정의되고 극심한 논란의 핵심에 서게 되었다(Gans, 1985). 예술사회학의 몇몇 이슈는 예술가의 사회적 역할, 예술적 창조의 본성, 그리고 예술작품의 사회적 영향력을 포함하는 아방가르드 개념 주위로 수렴된다.

아방가르드의 정체성은 일반적으로 예술, 예술비평가, 그리고 예술사가들에 의해서 파악된다. 비평가와 예술사가들이 실패했던 아방가르드의 분석에 사회학자가 기여한 바는 무엇인가? 비평가와 예술사가들은 사회적인 예술 시스템에 속하기 때문에 아방가르드의 정체성을 형성하는 데 참여하고, 그것을 사회적으로 구성하는 데에도 참여한다. 반면에 사회학적 접근은 아방가르드 개념과 연관된 일련의 차원들을 규명하고, 그 차원의 용어들로 각각의 예술운동이 기여한 바를 분석한다. 사회학적 분석은 아방가르드라는 이름표를 권위 있게 사용할 수 있는 토대가 상이한 예술운동들에서 어떻게 다양하게 나타나는지, 그리고 각각의 차원에 부여된 상대적인 비중이 시간이 흐르면서 어떻게 변화했는지를 보여줄 수 있다. 예컨대, 미학적 관습의 수정으로서 예술의 역할에 반대하는 일종의 대항문화 혹은 적대문화로서 아방가르드의 역할 강조가 시간이 흐르면서 어떻게 변화했는가? 그러나 이런 유형의 분석 역시 예술계의 특정 운동을 아방가르드로 규정할 경우에 의견의 일치가 힘들다는 한계를 갖는다.

나는 아방가르드를 인식하는 데 사용될 수 있는 일련의 특성을 제시하기 전에 예술사회학, 예술사, 예술비평의 문헌들에 나타난 다양한 아방가르드 개념을 검토할 것이다. 아방가르드의 이념은 미학적 전통을 고수하는 예술작품들을 일반적으로 일컫는 고급문화 개념과 밀접하게 연결되어 있다. 여기서 미학적 전통이란 수십 년 혹은 수백 년이 지나도 지속적으로 예술작품으로 받아들여졌던 혹은 지금도 수용되고 있는 경우를 말한다. 후자의 범주에 속하는 작품들은 종종 아방가르드로 간주되나 언제나 그렇지는 않다. 그리고 다양한 사람들이 이러한 관점을 평가할 때 의견의 일치를 보이지는 않는다. 간스(1974)는 고급문화가 두 가지 요소로 구성되어 있다고 말한다. 이전 세기나 세기 초에 창작된 고전 작품들, 그리고 기술적이고 미학적인 문제들의 해결에 초점을 맞춘 고도의 비법을 그 본성으로 하는 동시대 작품들이 그 두 요소이다. 이와는 대조적으로, 대중문화는 일반적으로 공식들(미적 효과를 창출하는 데 효과적이고도 표준화된 절차들)을 즐겨 사용한다는 용어적 특성을 갖는다(Cawelti, 1976). 그러나 고급문화나 대중문화의 맥락 속에서 창조된 모든 것들이 그러한 문화 형식의 특성들과 일치하는 것은 아니다.

고급문화는 중산층 혹은 상류층과 같은 특정한 타입의 청중과도 연관된다. 고급문화는 자주 상위 중산층 고객을 위해 봉사하거나 조정당하는 소규모 전문화된 조직들에서 창작되고 소멸되는 반면에 대중문화는 일반적으로 기업 환경에서 생산되고 대중에게 유포된다. 어떤 작가들은 고급문화와 대중문화 사이에는 사실 내적인 차별성이 없으며, 그것들이 소개되고 소비되는 환경적 성질에 의존하여 각각의 이름이 붙여진다고 주장한다. 그들은 미학적 판단들이 필연적으로 비평가가 처한 역사적·사회적 상황에 의해 영향받을 수밖에 없다고 강조한다[마르크스주의 접근 방식에 대한 리뷰는 울프(1981) 참조]. 이들은 문화를 두 유형으로 구분하기를 싫어한다. 그러나 고급문화가 자주 대중문화의 창작자들보다는 고급문화의 예술가들에게 더 많은 자율성을 부여하듯이, 구별이 뚜렷한 맥락에서 창조되기 때문에 이러한 논란을 해결하기는 매우 어렵다.

아방가르드라는 용어는 19세기 전반 프랑스에서 최초로 사용되었다(Nochlin, 1967; Poggiolim, 1971). 이것이 등장한 것은 산업화의 결과로 생겨난 사회의 급속한 파편화 결과로 보인다. 19세기 중엽까지 유럽의 예술가는 엘리트에게 봉사하고 그들의 가치관을 공유하고 표현했다. 일부의 예술가 그룹들이 엘리트들의 후원을 독점하게 됨에 따라(White & White, 1965), 그들로부터 배제된 이들은 미학적 혁신과 자유주의적 정치관에 대한 자신들의 기여를 정당화하는 이데올로기를 개발했다(Shapiro, 1976). 이러한 역할이 20세기 초에 정점에 도달했을 때 그것은 사회의 나머지 부분들로부터 소외되고, 특히 부르주아 문화에 반대하는 특성을 갖게 되었다.

사회학자, 예술사가, 그리고 예술비평가의 최근 문헌에서 아방가르드의 이미지는 각양각색일 뿐 아니라 서로 충돌하기도 한다. 포지올리(1971)는 아방가르드 예술이 소수자의 문화로서 반드시 그들이 반대하는 다수자의 문화를 공격하고 거부한다고 주장한다. 다른 한편, 벤즈만과 거버(1985)에 따르면 아방가르드 예술가는 그 이전에 어느 누구도 그려 본 적이 없는 방식으로 그리기를 시도하지만 그들 예술의 아이디어의 요체는 선대의 예술적 전통에 근거하고 있다. 그들은 아방가르드 예술의 기술적·이론적 기초의 복잡성이 증가함에 따라 사회에 대한 비판적 관점이 덜 중요해지거나 심지어는 사라져버린다고 주장한다. 많은 예술비평가와 예술사가들은 아방가르드의 정체성을 그 시기 시지각visual perception의 문제 해결에 몰두했던 모더니즘의 미학적 혁신에서 찾는다. 비츠와 글림처(1984)에 따르면, 모더니스트들은 "시각 경험의 새로운 이해를 표현함으로써 예술의 역할을 지각의 확장에 도움을 줄 수 있는 도구로 천명했다." 이런 유형의 예술은 미학적이고 기술적인 이슈들을 강하게 선점했지만, "문화가 지향하는 목적과 이상, 그리고 관심사들"(앨러웨이가 인용한 프리드의 글, 1968)로부터 완전히 분리되었다는 비난을 받는다.

이와는 반대로, 프랑크푸르트학파의 전통에 서 있는 피터 뷔르거(1984)는 아방가르드라는 이름표는 미학의 형식적 이슈들에 몰두한 나머지 예술의 사회적 환경에 대해 침묵한 모더니스트 예술의 예술제도 자체를 공격했던, 다다이스트와 미래주의자들의 작품에 한정되어야 한다고 주장한다.

또 다른 해석(Crow, 1983)에 따르면 아방가르드 예술가는 대량 생산된 문화와 소위 저항적 하위문화 사이의 중재자이다. 크로는 아방가르드를 사회적 주변 집단들의 미학적 발견들을 개척하면서 결과적으로 대중문화 속으로 다시 융합되는, 대중문화를 탐색하고 발전시키는 진영으로 보았다.

마지막으로, 포스트모더니즘의 본성에 관한 논의는 20세기 미술의 근저에 흐르는 미학적 전통이 얼마만큼 소멸되었고, 대중문화와 예술 전통 사이의 공통점을 갖는 새로운 접근 방식에 의해 대체되었는지에 관심을 갖는다(Foster, 1983).

예술가의 미적 역할과 사회적 역할의 상대적 중요성에 대한 논쟁들은 아방가르드 논의의 핵심 사안이다. 예술가는 동시에 사회 비평가와 미적 혁신자가 될 수 있는가? 이들 두 역할의 상대적 중요성은 무엇인가?

이 책에서 나는 각각의 새로운 예술운동은 예술의 미학적 내용, 예술의 사회적 내용, 예술작품의 생산 및 분배 기준의 몇몇 국면들을 재정의 한다는 점을 논의할 것이다. 예술작품의 미학적 내용에 접근하는 방식이 다음의 사항들과 연관될 경우 그 예술운동을 아방가르드로 간주할 것이다. 첫째, 예술의 관습들을 재정의할 경우(Becker, 1982), 둘째, 새로운 예술적 도구와 테크닉들을 활용할 경우(예컨대, 잭슨 폴록은 이젤을 없애버렸다), 셋째, 예술작품으로 간주하는 대상의 범위를 포함한 예술적 대상의 본질을 재정의할 경우. 그러나 이전의 미학적 관습들을 부활하고자 하는 성향을 가진 예술운동들은 아방가르드로 간주하지 않을 것이다.

예술작품의 사회적 내용에 접근하는 방식이 다음의 사항들과 연관될 경우 그 예술운동을 아방가르드로 간주할 것이다. 첫째, 예술작품 속에 주류문화에 대해 비판적이거나 그와는 다른 사회적 혹은 정치적 가치들을 결합시킬 경우(예컨대, 마르쿠제에 동조하는 슈바르츠 1974)는 대항문화의 힘과 문화비판을 실천할 경우에 그것을 아방가르드가 실행할 수 있는 역할 중의 하나로 간주할 수 있다고 말한다. 예술가인 하니(1981)는 "예술작품에서 문화의 상상력을 결정적으로 보여주는…… 시각화의 메타포"를 발견할 수 있다고 말한다. 둘째, 고급 문화와 대중문화 사이의 관계를 재정립할 경우(예컨대, 팝 아티스트들이 광고 및 만화의 이미지를 사용할 경우), 셋째, 예술제도에 대해 비판적 입장을 취할 경우(가장 최근의 사례는 예술의 정통성에 대한 다다이스트의 공격에서 찾을 수 있다)이다.

마지막으로, 예술작품의 생산 및 분배에 접근하는 방식이 다음의 사항들과 연관될 경우 그 예술운동을 아방가르드로 간주할 것이다. 첫째, 비평, 롤 모델role models, 관객을 차용한다는 의미에서 예술생산의 사회적 맥락을 재정립할 경우, 둘째, 예술의 생산, 전시, 분배와 관련된 조직적 맥락을 재정립할 경우[13](예컨대, 대안 공간의 사용"대안적 전망의 회고전: 역사적 조망, 1969~1975" 판매 불가능한 예술작품을 창작하려는 시도), 셋째, 예술의 본질적 역할 혹은 교육, 종교, 정치와 같은 다른 사회제도에 예술가들이 얼마만큼 참여할 수 있는가를 재정립할 경우이다. 몇몇 관찰자의 지적에 의하면, 중산층의 삶 속으로 예술가의 빠른 융화로 인해 예술가의 역할은 소위 모이엔 가르드moyen garde라고 불리는, 중산 계급의 사회의 장식벽(아주 잘 꾸며진 벽)을 닮아간다(Davis, 1982).

아방가르드를 특징짓는 이러한 접근 방식에는 아방가르드가 고착된 예술의 관행들과 고착된 예술적·사회적 제도들에 도전하는 방식에 따라 그리고 그들이 그 도전을 얼마만큼 밀고 나가는가에 따라 매우 다른 모습으로 나타날 것이라는 깨달음이 은연중에 깔려 있다. 어떤 운동들은 이들 세 범주 조합 중 하나에만 해당되어도 예술계의 멤버들이 그들의 지위를 이용하여 아방가르드로 정의할 것이다. 그러나 무엇보다도 미학적 내용을 재정립하는 일이 가장 중요해보인다. 자신들의 우상파괴적 행위들을 오직 사회적 내용이나 예술작품의 생산과 분배를 재정립하는 일에만 한정하는 예술운동들은 예술계의 멤버들에 의해 아방가르드라는 이름을 부여받기 힘들다. 이러한 이유 때문에 예술의 사회적 내용이나 예술작품의 생산과 분배와 관련된 일련의 절차들을 재정립했던 1930년대의 사회적 리얼리스트 Social Realist와 1970년대의 벽화 예술가들은 아방가르드로 간주되지 않을 것이다(Cockcroft, et al, 1977).[14]

어떤 예술가 집단들을 아방가르드와 연합한 활동에 참여한 것으로 규정할 경우, 그들의 시급한 임무는 서로 어느 정도 사회적 집단으로 인식하는 것이다. 사회적 현상으로서의 스타일은 비록 사회적 교류의 정도는 제각기 다르겠지만, 미학적 문제들을 해결하려는 일종의 집단적 노력을 대변한다. 그들의 자의식이 더 강할수록 위에서 언급한 예술적 활동의 세 가지 범주를 재정립하려는 그들의 노력은 예술계 멤버들에 의해 더 빨리 아방가르드로 간주될 것이다. 2장에서 논의할 것이지만, 나는 예술의 스타일은 사회적 현상이며 아방가르드라는 이름은 특정한 사회적 조건하에서의 예술가 그룹들에게 붙여질 수 있다고 주장할 것이다.

현대사회에서 아방가르드 예술의 역할을 이해하기 위해서는 그것의 미학적이고 사회적인 내용을 고찰하는 것뿐 아니라 갤러리, 미술관, 그리고 예술작품을 평가하고 유포하는 컬렉터들과 같은 지지구조를 면밀히 검토하는 것이 필요하다. 이들 조직의 특성 변화는 특정 시기에 집중적으로 유포되고 그 결과 가장 개성적인 작품으로 인식되는 스타일의 종류에 영향을 미친다. 예술가의 숫자와 예술활동의 자원이 팽창하면, 예술을 평가하고 유포하는 기존 조직들을 긴장시키기 때문에 기존 조직들은 혁신을 주도하는 만큼이나 혁신에 저항하는 경우가 많다(19세기의 유사 상황에 대한 분석은 White & White, 1965 참조). 예컨대, 이들 제도는 변방의 예술가 집단들이 제안한 매우 급진적인 재해석을 단순히 무시해버릴 수 있다. 현재 정부와 기업의 지원금에 의존하고 있는 이들 조직이 자신의 방향을 공중에게 돌린다는 사실은 그들의 새로운 후원자patron들에게 자신의 지원금 사용을 정당화하기 위한 대규모 관객을 찾도록 이끈다. 뿐만 아니라 많은 공중에게 의미 있는 예술작품을 생산하도록 예술가들에게 인센티브를 제공한다.

현대사회의 개인들은 매일 텔레비전, 영화, 뉴스, 잡지, 광고, 책 등을 통해 막대한 양의 이미지에 노출된다. 많은 작가가 지적했듯이 (예컨대 Berger, 1972; Walker, 1983), 이들 이미지는 멀고 가까운 과거의 수많은 자원으로부터 채집된 것이며 새로운 혹은 새로워 보이는 의미들을 창조하기 위해 끊임없이 재조합된다. 문화의 산물들을 사회제도를 장악하고 있는 사람의 이익에 봉사하는 것으로 바라보는 이론적 관점과는 대조적으로 현대사회는 수많은 행위자가 사건들에 대한 자신의 해석을 내세우기 위해 서로 투쟁하기 때문에 현실에 대한 정의들이 변화하고 투쟁하는 장이라고 할 수 있다. 에스카피트(1977)는 현대사회가 비록 많은 부분이 널리 유포되지 못하지만, 다양한 사회집단들의 필요와 정체성에 부합하는 매우 복잡하고 정교한 통신채널의 네트워크로 구성되어 있다고 말한다. 어떤 이들은 대중문화산업에 의해 유포되는 문화 생산물들은 지속적으로 변신하고 진화한다고 생각한다. 매스 커뮤니케이션 전문가들(Snow, 1983)에 따르면, "우리는 미디어 문화의 세력 범위를 벗어나서 살 수 없으며, 문화는 언어학적이고 해석학적인 미디어 전략들에 의해 끊임없이 구성되고 변경된다."

현대사회의 대중문화와 매스 미디어의 거대한 충격에 직면하여 대안의 관점과 가치관의 원천으로써 아방가르드 역할에 대한 필요성이 제기될 수 있다. 그럼에도 애플(1981)은 미국 사회의 주요한 이미지 제작자는 예술가들이 아니며 미래에는 이미지 제작자로서의 아방가르드 예술가들의 역할이 의문시될 것이라고 지적한다. 그녀는 "모두를 감싸안고 넘어서는 대안적인 상호텍스트"의 창조를 위해 예술계와 커뮤니케이션 미디어 사이의 교류가 증대되어야 한다고 주장하면서, 미래는 "예술을 바라보는 우리 생각의 근본적인 변화"를 요구한다고 말한다.

책의 개요

현대미술의 스타일에 대한 나의 관심사는 개별 스타일의 발전사를 상세하게 설명하는 것이 아니다. 대신에, 이들 스타일의 멤버들이 만든 작품들이 얼마만큼 아방가르드 개념과 연관된 특성들을 보여주고, 고급문화로서 회화, 조각의 보상 시스템 속에서 이들 작품의 수용에 영향을 미치는 요인들을 검토할 것이다.

2장에서는 예술 스타일의 사회적 측면들을 탐구할 것이다. 아방가르드라 여겨졌던 스타일들을 구성했던 예술적 환경과 사회적 그룹의 특성들은 무엇인가? 현대미술 스타일의 관객을 단일한 엘리트 그룹으로 정의하기보다는 스폰서 혹은 지지층의 상이한 그룹들을 찾고, 예술적 공동체와 그들과의 연계성을 보여줄 것이다.

3장에서는 모더니즘의 지배적인 미학적 전통의 본성을 검토할 것이다. 이어 그 전통이 이 연구가 다루는 기간에 발생한 스타일들이 전달하는 의미들에 어떻게 영향을 미쳤는지를 검토하고 이 스타일들이 아방가르드의 다양한 층위들과 상응하는 정도를 조사할 것이다.

4장과 5장에서는 이 기간에 예술의 사회적 지위 변화와 결합한 미국 사회의 변화가 다양한 스타일의 예술작품 내용에 미친 영향들을 검토할 것이다. 예술가들이 대중문화의 테마와 모티프를 점점 더 많이 수용하는 현상을 어떻게 설명할 수 있을까? 예술가들이 사용하는 주제의 변화가 그것들에 대한 우리의 인식을 어떻게 변화시켰는가? 재현 회화들은 그 기간의 사회적 갈등과 긴장을 얼마만큼 반영하는가? 재현 회화들의 내용이 컬렉터들의 대략적인 사회적 배경과 그 작품들을 전시하고 구매하는 기관들의 보수적 성향에 의해 이해될 수 있는가?

6장과 7장에서는 예술제도들의 거대한 팽창이 이들 조직의 아방가르드 예술에 대한 수문장 역할 방식에 끼친 영향 관계를 검토할 것이다. 이 기간의 뉴욕 미술시장을 어떻게 특징지을 것인가? 그곳에는 고도의 경쟁이 있었는가? 어떤 갤러리들이 경매시장에 성공적으로 진입하고 상업적 성공을 거두었는가? 뉴욕의 대표적 미술관들은 이 기간에 탄생한 새로운 스타일에 어떻게 반응했는가? 예술적 보상들을 배분할 때 지역 미술관과 기업 컬렉션은 어떤 역할을 했는가?

마지막으로 8장에서는 예술가 역할의 본질과 아방가르드 개념을 이해하고자 하는 우리 연구가 갖는 함축적인 의미를 재검토할 것이다.

각주

1. 프랑스의 미술 비평가 쇼퍼(1951)가 1951년에 언급한 바있다. "모던 페인팅이 활기를 띠기 시작한 것은 고작 5, 6년 전부터이다. 그것은 이제 사회의 주목을 받으며 관심의 대상이 되었다. 이전에는 모든 것이, 적어도 갤러리와 미술관의 모든 미술품은 수입품이었다. 거의 모든 미술 개념의 원류는 파리였다. 오늘날 파리는 대부분의 미국인들의 눈에 아주 큰 권위로 남아 있다. 그러나 미국의 젊은 화가들이 파리의 화가들에 필적한다는 의견이 있다."

2. 나는 관심 범위를 조형예술의 전통적인 방식을 사용하는 스타일들에 한정할 것이다. 따라서 대지예술(Earth art), 퍼포먼스 아트(Performance art), 비디오 아트(Video art) 등은 다루지 않을 것이다. 신표현주의에 대한 나의 분석은 주로 그 내용에 한정되어 있는데, 지지자들이 이들 예술가를 어떻게 받아들였는지를 검증할 만한 연대기적 자료들이 아직은 많이 부족하기 때문이다. 이 책의 연구 계획을 밝힌 부록 A를 보면 이러한 종류의 접근 방식을 사용하는 데 따르는 어려움을 알 수 있을 것이다.

3. 연구에 포함된 아티스트를 대표하는 갤러리들의 53%(1장 〈표 1-2〉 참조)가 오직 한 명의 아티스트를 확보했을 뿐이다. 2명 혹은 그 이상의 아티스트를 대표하는 갤러리에 대한 조사를 바탕으로 한 연구는 6장에서 다루어진다.

4. 70년대 후반의 갤러리들은 그들이 처음 영업을 시작할 때보다 2배나 많은 수의 컬렉터들을 확보했다(Kuhn, 1977). 만약 이 계산이 정확하다면 뉴욕의 아방가르드 갤러리 수는 1980년에 총 2,550명의 컬렉터를 확보하게 된다. 이 수치는 1977년 당시 영업을 하고 있던 갤러리의 통계에 근거한 것이며, 이것은 갤러리들을 영업을 시작한 날짜에 따라 그룹으로 분류하고 그것을 연령별 컬렉터 수로 곱한 것이다. 10년을 기준으로 할 때 그 중간 지점들(예컨대 1965년, 1975년)은 임의로 정한 것이다. 나이는 1980년대 중반을 기점으로 계산했다. 그럼에도 경매시장에서 현대 미국 미술을 구매하는 바이어의 수는 미미했다(Patterson, n.d.: 28).

5. 이들 화가 중에서 2명, 즉 윌렘 드 쿠닝과 잭슨 폴록의 작품 가격은 백만 달러 이상을 기록한다. 드 쿠닝의 작품은 1983년 경매에서 121만 달러를 기록했는데, 이는 생존 작가의 작품 가격으로는 최고가를 경신한 것이다. 1973년에 컬렉터는 폴록의 한 작품을 미술관에 200만 달러에 팔았다(Shirey, 1974). 그러나 〈표 6-3〉을 보면 팝 아티스트인 재스퍼 존스의 작품이 1983년 363만 달러에 경매에

서 거래된 것을 알 수 있다(Reif, 1986).

6. 이들 개인 중 많은 수가 본업이 아닌 부업으로 예술가 활동을 하였다. 많은 예술가들은 스스로 자신의 작품을 팔아 생계를 유지하기 힘들었기 때문에 이 당시의 예술가 개인들은 저명한 갤러리의 도움을 받아 주기적으로(적어도 5년에 한 번) 작품을 전시했다고 할 수 있다. 이러한 현상은 전속이 아닌 독립 작가(Maverick: 낙인 찍히지 않은 송아지)의 시장 진입을 봉쇄하게 되었으며(Becker, 1982) 그들 중 상당수는 정기적인 전시회 기회를 갖지 못하게 된다. 1975년의 미국 성인을 대상으로 한 표본 조사에서(국가예술리서치센터, 1975) 일반 국민의 예술활동에 대한 흥미로운 자료를 발견할 수 있다. 이 보고서에 따르면 6,300만 인구의 4분의 3이 사진, 스케치, 회화, 목공예, 뜨개질 같은 활동을 자주 하며, 7,000만 인구 중의 48%가 74년에 미술관을 방문했다. 41%가 미술관에 대한 정부의 지원에 동의했으며, 33%가 이들 기관에 대한 기업 지원을 선호했다.

7. 아메리칸 예술 사전(American Art Directory, 1982)의 목록에 근거한 것이다.

8. 설립 날짜에 대한 정보는 표본 조사의 대상으로 삼은 183개의 기업 중 18개만을 파악할 수 있었지만 1940년 이후에는 모든 조사 대상의 날짜를 파악할 수 있었다. 마토렐라(1986)는 170곳의 기업 컬렉션에 대한 조사를 통해 91%의 기업 컬렉션이 1940년 이후에 설립되었음을 밝히고 있다. 1986년의 아트 뉴스 기업 미술 컬렉션 디렉토리는 600개의 기업 컬렉션을 명부에 올렸다.

9. 뉴욕 주정부 예술위원회의 후원은 1966년과 1976년 사이에 77만 2,000 달러에서 3억 5,700만 달러로 증가한 반면, 22개의 다른 주는 70년대 후반에 매년 100만 달러 이상을 후원했다(Helms, 1979).

10. 70년대 초반에는 NEA(연방예술기금)가 시각예술에 지원하는 자금의 76%를 미술관들이 가져갔다(Netzer, 1978). 버만(1979)에 따르면 NEA는 개인 예술가에 대한 지원에 1년 예산의 3% 미만을 사용할 뿐이었다. 기업의 예술 펀드 중 거의 절반(41%)이 미술관 후원, 전시 지원, 예술문화센터, 예술기금이나 예술위원회와 같은 형태로 시각예술에 할당되었다. 이들 기금의 가장 큰 수혜자는 미술관(19%, 8,200만 달러)이었는데(기업 예술 기부 가이드 2, 1981), 그 이유는 아마도 미술관이 생존 가능성이나 안정성의 측면에서 가장 논란의 여지가 없기 때문이었을 것이다(Sloane, 1980). 70년대 초반에는 뉴욕 주정부 예술위원회가 후원하는 자금의 25%가 시각예술과 미술관으로 흘러들어 갔다. 미술관들은 이 기금의 81%를 차지했다(Netzer, 1978). 다시 말해, 개인에게 주어지

는 자금은 전체 지원 자금의 일부분(11%)이라는 것이다(Netzer, 1978).

11. 18세에서 24세 사이의 연령대에서 고등교육기관에 진학한 인구는 1946년의 12.5%에서 1970년의 32%로 증가했다(미국 인구 통계조사, 1975).

12. 유심과 디마지오(1977)는 “교육적 성과는 미술관 방문 및 공연예술 관람과 가장 밀접한 관련이 있는 개인적 특성으로 나타나는 것 같다”고 말한다.

13. 예술작품이 실제로 그것의 실황과 동의어로 간주되는 공연예술은 이러한 범주의 분류에서 가장 극단적인 사례가 된다(Battock, Nickas, 1984).

14. 예컨대, 거리 벽화 운동에서 예술가들은 그들이 속한 공동체의 관심 사항을 이슈로 다루는 벽화를 창작하기 위해 직접 노동계급 멤버들 혹은 소수의 이웃들과 작업한다(Cockcroft, 1977). 이런 종류의 예술은 아방가르드 예술 그룹의 미적 기준들에 부합하지 못한다. 아방가르드 예술 비평가들은 그 현상을 무시하거나 부정적 반응이나 선심성 칭찬을 보일 뿐이다. 벽화 작업가 스스로는 자신들의 작업이 동시대 미술 비평의 용어로는 적절하게 평가될 수 없다고 주장하는데(Cockcroft, 1977), 이는 이들의 작업방식이 예술작품의 목표, 적합성을 평가하는 기준에서 아방가르드 예술계와 많이 다르기 때문이다.

2 사회적 현상으로서의 스타일

예술가의 이미지를 생각할 때 우리는 고독하게 창조적 작업을 수행하는 천재 괴짜를 떠올린다. 예술가의 창작활동을 바라보는 이러한 시선은 일반 대중뿐 아니라 미학을 전공하는 철학자, 예술사가, 그리고 비평가들 사이에도 만연해 있다(Genova, 1979). 이러한 관점에서 볼 때, 스타일은 개인의 고유한 특성들, 즉 예술가의 개성 혹은 주체성을 반영한다.

현대미술 잡지에 글을 기고하는 비평가들은 스타일이 예술가 그룹들에 의해 공유된다고 은연중에 믿고 있지만, 특정한 스타일로 작업하는 예술가들에게 영향을 미치는 사회적 요인들, 달리 말해 그 작품 내용의 사회적 연관성을 매우 드물게 언급할 뿐이다. 다른 관점에서 보자면, 예술 스타일들은 비평가, 딜러, 큐레이터들이 실용적인 목적을 위해서 임의로 부가하는 단순한 이름표label일 뿐이다. 이 경우 이러한 이름표들은 그에 상응하는 사회적 그룹들을 가질 수 없다.

비록 스타일의 미학적 요인들이 무엇인가에 대한 의견의 일치를 보기 어렵지만, 나는 매우 영향력 있는 예술작품은 사회적 그룹의 멤버들이 서로 공감하는 스타일들의 상호맥락 안에서 창조된다는 사실을 그것의 대안으로 주장할 것이다. 사회적인 그룹들과 동떨어져서 독자적으로 작업하는 개인들이 광범위한 영향력을 행사하기는 어렵다. 이와는 반대로 스타일 그룹들 내에서 발전된 아이디어들은 그 그룹들 바깥에서 작업하면서 다른 스타일적 요소와 그 아이디어를 결합하여 독특하긴 하지만 혁신성이 부족한 그림을 만드는 예술가들에 의해 종종 채택된다.

스타일은 집단적인 현상이며 미학적 문제들에 대한 공동 작업의 결과이다. 이 관점에서 보자면 구성원들은 각각 타인의 작업을 참조하고 아이디어를 공유한다. 그러나 앞으로 살펴볼 것이지만, 상호작용의 심도에는 차이가 있다. 어떤 조건에서는 예술운동이 예술적 변화에 저항하는 방해물이 되기도 한다(Kadushin, 1976). 이 경우는 예술운동의 멤버들이 예술적 성과 업적을 직접적으로 관리하거나 조직에서 영향력 있는 멤버들이 단결하여 그 성과물을 통제하는 수문장의 역할을 담당할 경우에 발생하게 된다.

이 장에서 나는 스타일의 사회적 측면들을 검토할 것인데, 특히 스타일의 범위 내에서 그리고 스타일을 벗어난 범위에서 생산되는 예술작품들에서 나타나는 특징적인 차이를 살펴볼 것이다. 스타일의 요인들이 무엇인가에 관해 어떤 지점에서 평균적으로 의견의 일치를 보이는지, 스타일을 생산하는 사회적 그룹들은 어떤 특성들을 갖고 있는지, 그리고 사회적 그룹의 스타일과 특정 스타일을 위한 스폰서 혹은 지지체의 역할을 하는 예술 공중 내에서 형성되는 하위그룹 사이의 연관성을 중점적으로 조망할 것이다.[1] 앞으로 살펴보겠지만, 스타일을 구성하는 사회 조직, 스타일을 후원하는 사회의 특성, 스타일이 나타나는 사회의 맥락이 어떤 스타일이 얼마만큼 아방가르드적인가에 영향을 미친다.

스타일과 개별 예술가

이미 언급했듯이, 거의 대부분의 예술가들이 스타일의 혁신을 창안하는 사회적 그룹에 참여하지 않는다. 이들 예술가의 주된 관심은 팔리는 작품을 만드는 것이며, 미학적인 문제를 해결하거나 새로운 기술이나 주제를 발견하는 일에는 별 관심을 갖지 않는다. 그들의 작품이 독창적이라는 것은 그것이 독특한 대상이라는 의미이며, 미학적 문제나 새로운 기술의 재정립을 대변한다는 의미의 혁신은 아니다.

예컨대, 70년대 후반 맨해튼 소호SoHo 갤러리의 절반 정도가 미학적 이슈나 미학적 혁신에는 관심 없는 예술가들이 생산한 즐겁고 매력적인(소박한 인상주의라고 불릴 수 있는) 그림들을 전시했다(Beardsall, 1978). 이런 종류의 작품을 생산하는 예술가는 "예술의 임무에 대해 별다른 관심이 없다"(Beardsall, 1978). 이들 작품에는 사회에 대한 비평 혹은 해석의 요소가 전혀 없다. 뉴욕의 관광 명소를 그리는 예술가를 언급한 비어살(Beardsall, 1978)의 말처럼, "그 그림은 맑은 태양과 깨끗한 거리와 낙천적이고 목가적인 그러나 생기 없는lobotomized 맨해튼의 풍경을 표현한다. (……) 그것들은 행복한 그림이다."

동시대 스타일의 범위를 벗어난 예술가들 중에 많은 이가 작품을 창안할 때 틀에 박힌 공식을 사용한다. 공식은 새로운 작품을 가능한 한 빠르고 효과적으로 생산하기 위해 수많은 표준을 사용한다(Cawelti, 1976). 공식의 사례는 문학, 팝 음악, 그리고 그림에서 쉽게 찾을 수 있다. 이러한 맥락에서 그림을 창작한다는 것은 아주 익숙한 주제를 약간 변형하거나 고정관념에 새로운 생기를 불어넣거나 여전히 공식의 테두리 안에 있는 색상과 구성의 요소들을 새롭게 꾸미는 것이다. 몰린(1967)도 골목길이나 특정 갤러리에서 판매되는 그림들을 위와 비슷한 말뜻의 '크로모chromos'라는 용어로 설명한다.

> 상당수의 그림들이 틀에 박힌 주제와 스타일을 고수하는 관습적인 숙련기술의 산물이다. 그것들은 아카데미 리얼리즘을 끝까지 밀고 간 아바타avatar들이다. 이런 종류의 예술 생산품은 대부분의 서구 예술활동에서 나타난다. 감식가의 눈으로 보면, 이런 그림들은 아주 쉽게 그 의미를 알

> 수 있는 대상들로 구성되어 있고 대부분의 천박한 취미 형식들을 만족시켜주는 공통적인 요인들을 가지고 있으며 회화의 예술세계에는 근접할 수 없는 것들이다.

반드시 그런 것은 아니지만, 뚜렷한 스타일이 없는 예술가는 거의 대부분 예술적인 지식을 향상시키기보다는 그림을 생산하고 판매하는 데 몰두하는 사업가에 더 가깝다(Fitz Gibbon, 1985). 그들 중 일부는 예술 잡지에서 한 번도 언급된 적이 없음에도 경제적인 성공을 거둔다. 이와는 대조적으로, 아방가르드 예술가는 단지 공중의 즐거움만을 위한 그림을 그리는 것이 아니다. 그/그녀는 그림을 그릴 때 그 이전에 누구도 사용해본 적이 없는 방식을 사용하지만 그것은 이미 알려진 예술적 지식의 요체에 바탕을 둔다.

그럼에도 예술가들은 매우 다양한 방식으로 특정한 스타일과 연관되며, 자신의 멤버들이 그 스타일을 중심으로 하는 예술 공동체와 맺는 연대감의 정도에 따라 스타일은 다양하게 나타난다. 일부 예술가들은 그러한 공동체에 소속되어 있으면서 스타일의 정립과 유포에 중요한 역할을 수행한다. 다른 예술가들은 비평가가 이미 공중의 이목을 끌었던 스타일과의 연관성을 지적할 수 있을 정도의 스타일로 단순하게 작업할 뿐이다. 그들은 종종 자신의 작품과 연관된 새로운 스타일의 용어로 '재해석'되는 그런 빛바랜 예술가들이다.

극소수만이 스타일을 주기적으로 바꾼다.[2] 대부분은 예술계에서 이미 미학적인 매력을 상실한 후에도 똑같은 스타일로 작업한다. 예컨대 아래의 글에서 알 수 있듯이, 추상표현주의가 50년대 후반에 예술운동의 지위를 상실한 후에도 많은 예술가가 그 스타일로 작업했다(Bard, 1977).

> 우리 그룹은 우리의 전체 회화 개념을 포기할 수 없다. (……) 소위 말하는 추상표현주의의 죽음 앞에 우리는 커다란 실망감을 표하지 않을 수

> 없다. 우리는 이해할 수도 없고, 서로 간에 점점 더 소외되고, 다른 사람의 작품들을 잘 보지 않는다. 그러나 신의 가호가 있어 우리 중 상당수가 지금까지 작업하면서 발전하고 있으며 20년이 지난 지금 그 20년만큼이나 발전했다. 나는 아직도 이 화가들이 오늘날 뉴욕의 화가라고 생각한다.

사실상 새로운 스타일은 예측 가능한 규칙성과 함께 탄생하는 반면, 오래된 스타일은 사라지지 않는다. 현재 뉴욕에는 매우 다양한 스타일로 작업하는 예술가들이 있다. 다수의 예술가들이 스타일을 창조하기 위해 오랜 숙고의 기간을 거친다는 사실은 각각의 스타일이 적절한 주제, 다양한 테크닉의 수용, 그리고 과거 및 현재의 예술적 성과들에 대한 태도들로 구성되는 특정한 세계관을 반영한다는 사실의 징후다.

문화 네트워크로서의 예술 스타일

뛰어난 스타일이 존재하기 위해서는 예술의 전통이 필요하며, 새로운 스타일은 그 전통에서 탄생한다. 다른 형태의 혁신들은 이런 패턴에서 차이를 보인다. 예컨대, 과학적인 탐구는 이전의 연구 성과를 토대로 이루어지는데 이는 과학적 활동의 중요한 특성이다(Price, 1965). 과학자들의 출판 논문에 있는 참고문헌을 보면 알 수 있듯이, 과학자들 자신이 추진하는 연구 기반은 전형적으로 연구 출판물 같은 것이다. 과학자에게 중요한 것은 인접한 과거이다. 반면에 사회과학자들과 인문학자에게는 좀 더 먼 과거도 여전히 중요하다. 프라이스(1970)에 따르면 인문학자는 이전 세대에 축적된 모든 성과물들을 토대로 연구한다. 반면에 언어학을 전공하는 일부 인문학자들의 활동은 좀 더 과학적으로 보이는 것이 사실이다. 마찬가지로 현대의 예술 스타일은 이런 관점에서 매우 다양하다. 그들 중 일부는 이전 세기의 업적들과 경쟁하며, 다른 이들은 아주 최근의 혁신을 참고한다. 각 스타일의 멤버들은 특정한 시점에 잠시 그것을 선택해서 새로운 방식으로 결합할 수 있는 활용 가능한 일련의 아이디어를 바탕으로 작업한다. 각각의 예술 스타일은 그들 멤버들에게 세계관으로 작용하는 개념 및 상징들을 특징적으로 형상화한 것이다.

앞으로 살펴볼 것이지만, 모더니즘은 현대 미국 예술가들 사이에 그들이 선택하는 그림의 주제 및 그 주제를 그리는 방식에 지대한 영향을 미쳤던 일련의 아이디어로 인식되고 있다. 이런 유의 많은 화가들은 자신이 19세기 프랑스 인상주의와 함께 출발한 모더니즘의 전통 위에서 작업하고 있다고 말한다. 다른 이들은 모더니즘에 반발하면서 자신을 포스트모더니스트라고 생각한다.

어떤 이론가들에게는 포스트모더니즘이 단지 모더니즘의 안티테제였다(Levin, 1979). 그럼에도 어떤 예술가를 모더니즘 혹은 포스트모더니즘으로 범주화하는 것이 매우 어렵다는 사실은 그들의 관계가 그렇게 단순하지 않았음을 시사한다. 레빈(1979)에 따르면 "70년대에는 거의 모든 사람이 과도기적이고 잡종hybrid이었다" 모더니스트와 마찬가지로 포스트모더니스트는 종종 빛과 시각적 인식visual perception에 흥미를 가졌지만, 모더니스트와는 달리 그/그녀는 주제 및 느낌의 표현에도 관심을 가졌다(Haney, 1981).

개별 스타일의 멤버들은 작품에서 그 스타일의 특성을 매우 다양한 수준으로 보여준다. 스타일의 정체성을 가장 잘 드러내는 선도적인 작가는 그 스타일의 거의 모든 특성을 작품에 드러낸다. 영향력이 미미한 작가들은 한두 개의 특성만을 보여줄 뿐이다. 이는 비평가들이 특정한 스타일의 구성원들을 누구로 할 것인가에 대해 의견 일치를 보지 못하는 이유 중의 하나다. 그들은 특정 비평가의 또 다른 비평적 관점에 따라 다른 범주로 구분되기도 한다.

어떤 경우에 스타일의 구성원은 오직 한 가지만의 스타일적 속성을 드러냄에도 그 한 가지가 작품 전체의 특성을 크게 바꿀 수 있다. 예컨대, 오드리 플랙은 작품에서 일상 사물commonplace objects을 제시하거나 극단적인 정교함으로 기술적인 효과를 추구하는 등의 포토리얼리즘Photorealism의 주요 특성을 구현했다. 그러나 그녀는 이런 스타일의 특징이었던 무관심detachment과는 거리가 멀었다. 그녀는 자신의 주제에 대한 아주 강렬한 느낌을 표현했으며 그러한 감정을 관람자로부터 이끌어내기를 원했다(Flack, 1981). 일부 포토리얼리스트들은 다른 사람보다 모더니즘의 가치에 더 많이 헌신하며, 바로 이런 점이 그 스타일의 핵심 속성들을 공유하고 있음에도 다른 작가들과 그들의 작품을 구분하는 요인으로 작용한다.

마찬가지로, 패턴 회화Pattern painting의 작품들은 그들이 아시아나 중동 지역의 예술에서 영향을 받았는지, 민속공예에서 영향을 받았는지, 혹은 팝 문화에서 영향을 받았는지에 따라 다양하게 나타난다. 팝 아트의 경우에는 작품 주제에 대한 아티스트의 아이로니컬함과 무관심의 정도에 따라 작품들이 다양하게 나타난다.

추상표현주의에는 색면화color-field와 액션 페인팅gesture painting이라는 뚜렷이 구분되는 두 개의 그룹이 있다. 두 그룹 모두 스타일의 일부 속성들을 공유하면서도 어떤 점에서는 서로 구분된다(Kozloff, 1965; Sandler, 1976). 바넷 뉴먼으로 대변되는 색면화 화가들이 색채의 관념ideas과 시각적 충격인상impact에 관심을 가졌다면, 잭슨 폴록으로 대변되는 액션 페인팅 화가들은 자기 자신의 개성을 표현하는 데 좀 더 직관적으로 몰두했다고 할 수 있다. 그러나 그들 모두는 색면화이든 액션 페인팅이든 상관없이 매우 개인적인 동시에 작업의 자율성에 상당히 민감했으며, 비록 공통의 주제와 이론적 배경으로 연결되어 있었음에도 서로 매우 다른 작품을 생산했다.

한편, 구상회화는 매우 이질적인 모습을 보여준다. 구상화가들은 과거에 관심을 갖지만 전통적인 주제, 전통적인 스타일, 전통적인 도상 혹은 전통적인 가치들을 사용하는 방식은 매우 다양하다.[3] 구상화가들의 31%가 주제subject matter의 측면에서만 전통을 따른다.

이들 화가들은 주로 추상화의 기초를 이루는 미학적 이슈들에 관심을 갖는다. 두 번째 하위그룹 멤버들(18%)은 전통적인 제재와 스타일에 대한 관심을 모더니스트의 접근방식과 결합시킨다. 세 번째 하위그룹 멤버들(30%)은 모더니스트의 미학적 전통을 모두 거부하고 모더니스트 이전의 회화 전통을 부활시키려 한다. 일부 화가들은 붓질 작업brushwork과 동일한 기술의 사용을 시도하고 전통 화가들이 했던 방식대로 마무리한다. 한 비평가(Mangan, 1974)는 전통적인 구상화가인 폴 위센필드를 "빛과 추상의 이용, 빈틈없이 능수능란한 붓질brushstroke, 초기 작품 그리고 심지어는 매끈한 표면의 마감에서도 보이는 차분한 색상을 근거로 고대 거장들을 따르는 독실한 학생으로 평가했다. 위센필드는 베르메르Vermeer 연구 노트에서 "나는 베르메르를 향한 배움의 열정을 결코 멈출 수 없다"라고 적고 있다.

다른 이들은 전통의 거장들(벨라스케스, 렘브란트, 베르메르 등등)을 칭송하면서 이들로부터 직접적으로 작품의 구성이나 주제를 빌려오는 방식의 장르화genere painting, 즉 네러티브나 스토리텔링 작업을 하는 개인 집단들이다. 예컨대, 구상화가인 앨프레드 레슬리의 작품은 다음과 같은 관점으로 묘사되었다(Smith, 1979) "구성은 카라바지오의 「에마우스의 여름Summer at Emaus」을 따르고 있으며…… 이 그림은 과거 예술가와 작품에 대한 명백한 암시가 있으며, 네덜란드 시민과 초기 식민지 주민같이 인물을 배치하는 점에서 볼 때 장르화의 모든 전통을 이어받고 있다."

이처럼 전통화의 구성을 따르는 방식과 함께 전통화의 도상들을 즐겨 사용하는 경우는 종종 은유적이고 신비적인 주제들을 차용한다. 이러한 경우는 센트럴 파크와 같은 현대적 장면구성으로 신비적인 인물을 그리는 밀레 안드레제빅의 작품에서 매우 명시적으로 확인할 수 있다. 그리고 매우 통찰력 있는 눈으로도 식별하기 힘든 다른 화가의 경우들도 있다. 그러나 쿠스핏(Kuspit, 1981)은 그러한 장치들이 현대 리얼리즘 그림의 많은 부분에 스며들어 있다고 주장한다.

그 멤버들이 동일한 조직과 사회적 네트워크에 참여한다는 사실에도 이들 그룹을 아우르는 합일점을 발견하기는 힘들다. 모더니스트의 방식으로 그리는 화가들은 립 반 빈클라이즘Rip Van Winkleism의 전통적인 방식으로 그리는 화가를 비난한다. 반면에 전통주의자들은 모더니스트들의 객관성objectivity을 개탄한다(Downes, 1976).

결국, 다음 인용문의 주장처럼 스타일의 기초를 형성했던 아이디어의 도전 정신은 언젠가 소멸하게 된다(Mackie, 1979).

> 추상표현주의가 대세가 되었을 때, 그것은 그 자신이 문제의식을 설정하고 스스로 그 해결책을 찾는 강력한 공식으로 작용했다. 그러나 결국에는 경쟁 화가들도 그 공식의 비밀을 파악해버렸으며, 추상표현주의에서 대가들이 헌신적으로 몰두했던 매체와 자아에 대한 탐구의 정신마저도 소멸하게 되었다. 화가들은 더 이상 추상표현주의를 요구하지 않게 되었으며, 예술의 위기는 다시 한 번 무엇을 그릴 것인가에 대한 공포로 다가온다.

과학에서와 마찬가지로 예술에서 기존 방식이 더 이상 의미 있는 아이디어를 산출하지 못하게 되면, 그것은 경쟁적 혹은 대안적 접근방식으로 대체되는 위기를 맞게 된다. 해스켈(1984)은 추상표현주의가 발전의 위기 단계에 있을 때 젊은 예술가들이 느꼈던 필사적인 열정을 기록하고 있다. 그녀는 "추상표현주의가 기력을 다하고 파산에 직면했다고 인식되는 바로 그 순간, 그것은 동시에 젊은 예술가들의 도전을 한순간에 무력화시킬 수 있는 절대적인 헤게모니를 휘둘렀다"고 말한다. 대안적 접근방식들을 활용할 수 있는 것은 위기 상황의 심각성을 누그러뜨릴 수 있는 주요한 요인이다.

스타일 그리고 예술적 공동체

스타일 맥락에서의 예술작품 생산은 예술가들이 예술 지식에 대한 자신의 생각을 정당화하기 위해 다른 예술가의 작품을 끊임없이 주목하는 사회적 활동이다. 이는 다른 분야에서의 혁신자들이 혁신의 정당성을 입증하는 지표로서 자신의 작업에 대한 사회적 인정을 필요로 하는 것과 마찬가지다. 다음은 이 연구의 인터뷰에 응한 화가 겸 비평가의 논평이다.

> 많은 사람이 예술가는 고독하게 작업한다고 생각한다. 문자적 의미로 본다면 맞는 말이다. 그러나 실제로 예술가의 작업은 공동체 활동에 더 가깝다. 다른 사람들이 이룩한 성과물에 대한 지식을 바탕으로 그림을 그린다. 파리와 같은 곳에 항상 아트센터가 존재하는 이유이다. 더 많이 배울수록 나는 예술이 개인적 사업이 아니라는 것을 깨닫게 된다. 다른 사람이 무엇을 하는가를 항상 염두에 두어야 한다.

그러나 예술적 공동체의 특징은 다양하다. 예술가들이 현재의 예술적 가치들에서 벗어나는 정치적 혹은 미학적인 아이디어를 발전시킬 경우 그 공동체는 정서적으로 매우 응집력이 강한 대항문화를 닮는다. 추상표현주의의 최초 세대인 1940년경에 생겨난 사회적 공동체는 매우 독특한 현상이다.[4] 사회적 상호작용과 그 작용이 발생하는 다양한 영역들이 수없이 발생했는데 이는 이후의 예술운동에서는 찾아볼 수 없는 현상이다. 그 당시 예술가의 성공 개념은 이들 초기 화가들에게는 적용될 수 없었으며 그로부터 20년이 지나서야 비로소 가능해졌다. 그들에게 자신의 그림이 거대한 자금에 의해 전시되고 구매될 수 있다는 생각은 애당초 불가능해보였다. 이러한 분위기 속에 그들은 서로 아이디어를 교환하기 시작했으며 그러한 형태의 예술가의 역할도 가능할 것이라는 확신을 가지게 되었다. 샌들러(1976)의 말을 들어보자.

1943년 이후, 자동주의automatist와 생태변형적biomorphic 추상주의를 과감하게 시행했던 뉴욕 화가들 – 바지오테스, 고트리브, 호프만, 마더웰, 폴락 그리고 로드코 – 은 서로의 작품에 매우 익숙해졌으며 종종 같이 전시회를 개최하기도 했다. 이는 상호 이해와 존경에 바탕을 둔 느슨한 형태의 공동체를 낳게 된다. 개인의 교류작용은 그들의 혁신성과 극단적인 지위가 수용되고 진척될 수 있도록 미학적인 분위기를 고취하는 데 매우 중요했다.[5]

이러한 사회적 공동체의 탄생을 용이하게 하는 환경은 부분적으로 역사적인데, 특히 연방예술프로젝트WPA의 역할이 컸다. 그것은 공동체 일원들의 최초의 상호접촉을 유도했으며, 미국추상미술가그룹 및 예술가연합 같은 조직을 탄생시켰다. 그리니치 빌리지Greenwich Village의 지리적 근접성 역시 중요한 요인이다(Sandler, 1978). 이러한 스타일이 생겨나는 기간에 그들 예술가의 대부분이 뉴욕 시에 거주하면서 작업하였다. 추상표현주의자들의 최초 세대 21명은 남성이었다. 3분의 1은 유럽에서 태어났으며 나머지 3분의 1은 뉴욕 시에서 태어났고 대부분은 미국 도시에 거주하는 유럽인이었다. 더구나 그들은 거의 동년배였다. 그들 중 4분의 3은 1900년과 1913년 사이에 태어났다. 샌들러(1978)는 이 공동체가 예술가들의 자기 인식과 자기 작품에 대해 미치는 영향을 다음과 같이 기술하고 있다.

얼굴을 맞대는 꾸준한 만남과 강한 주장들을 교류하면서 격렬한 토론, 상호 자각, 지속적인 의견교환의 분위기를 조성한다. 계속되는 예술가들의 논평은 적어도 작품이 의미있게 받아들여지고 반향을 촉발한다는 의미로 받아들여지기 때문에 작품의 가치를 상승시킨다. (……) 이들 관객의 열정적인 관심 집중 덕분에 예술가들의 사기는 치솟았으며 그들의 작업 밀도는 강화되었다. 그러한 열정에서 발생하는 에너지는 반半공공 대화semi-public dialogue, 역동적 공동체의 느낌을 촉발했으며 참여자들의 사기를 드높였다. 그 공동체에 참여한 대부분은 자신들이 매우 귀중하고 생생한 미국 문화 현상의 증인이었음을 인식하고 있었다.

40년대 말이 되자 추상표현주의자들은 자신들의 사회적 유대를 한층 더 강화하는 몇몇 기구들을 조직했다. 그들 대부분의 학파들, 예컨대 "예술가 주체The Subject of the Artist", 그리고 클럽Club으로 불렸던(50년대 말까지 지속되었던) 사회 모임 등은 단명했다. 샌들러(1965)에 따르면, 그 멤버십은 빨리 확장되었다. 20명으로 출발한 클럽 창립 멤버는 1950년 여름이 되자 세 배로 늘어났다. 클럽은 다른 스타일로 작업하는 미술가와 다른 장르의 예술, 비평가, 심지어 레오 카스텔리 같은 딜러까지 포함하는 하위문화의 핵이 되었다(Sandler, 1976).

50년대 초기에는 드 쿠닝 및 클라인과 같은 확고부동한 리더들과 추종자들이 생겨났다. 추종자들은 2세대 화가들을 포함한다. 로젠버그와 플리겔(1965)은 이 기간에 추상표현주의자들을 탐구하면서 매우 확고하고 응집력 있는 예술가 공동체라는 확증을 갖게 된다. 그들 중 한 명의 견해는 다음과 같았다.

> 모두가 다른 모든 사람의 그림을 이해한다는 느낌을 가졌으며 서로의 작품에 대한 일종의 지속적인 논평이 생겨났다. 이것은 매우 집중적이고 자극적인 분위기를 창출했다. 개별 예술가들은 서로를 평가했으며 그것은 반향을 일으키고 메아리쳐 다른 사람들이 선택하고 사용하는 변주곡이 되었다.

그러나 점차적으로 동등한 연대의식이 희박해지면서 그 그룹은 운동의 리더들을 중심으로 각개 분파들로 분리되었다. 결국, 선배 작가들의 일부는 뉴욕을 떠나 롱아일랜드Long Island나 다른 곳으로 이주하였다. 50년대 후반에 그룹의 미학적 목적들이 점차적으로 생기를 잃어가면서 공동체는 해체되었으며 60년대에는 완전히 새로운 운동으로 교체되었다.

추상표현주의를 승계한 스타일 중에서 미니멀리스트Minimalist는 가장 근접한 형식의 대항문화가 되었다. 미니멀리스트의 38%가 성격personality 혹은 사제師弟 관계로 서로 얽혀 있지만 그들은 몇 개 분파로 나뉜다. 조각가 안소니 카로와 제자 및 조수들로 구성된 영국파English clique와 뉴욕에 기반을 둔 세 개 그룹이다. 이들 중 하나는 이제는 사라진 기업인 파크 플레이스Park Place 주위에 몰려 있다. 이 그룹들은 소수 리더 멤버들의 영향력 아래 느슨하게 연결되어 있었다.[6] 이들 그룹의 특성은 파크 플레이스의 분위기를 묘사한 에드 루다의 언급을 통해 알 수 있다(Ruda, 1967). 모든 사람이 서로 영향을 미쳤기 때문에 상호교환이 꽤 활발했다. 어디에서 특정한 아이디어가 시작되었으며 누구의 영향력이 더 강하고 독창적인가를 구별하기 어려웠다.

그러나 미니멀리스트 공동체는 추상표현주의자 공동체보다 더 일시적인 것처럼 보인다. 이 기간에 뉴욕 미술계의 분위기는 지배적인 사회 가치들, 특히 중산층의 가치들을 전복하고자 했던 아방가르드 운동의 수용에서 소극적인 태도를 보였다. 결과적으로 미술운동으로서의 미니멀리즘은 단명할 수밖에 없었다. 이들 미술가 작품들의 경매가격 분석표(6장 참조)에서 볼 수 있듯이 이 그룹의 소수만이 미술시장에서 성공을 거두었을 뿐이다. 이 그룹 주요 구성원의 작품들을 미술관이 구매하고 미술 잡지들이 논의한 사실을 감안하면 이 그룹은 70년대에도 지속적으로 영향력을 행사했지만, 전체적으로 보았을 때 그 운동이 그리 오래 지속되지는 못했다고 할 수 있다.

뉴욕 구상화가들은 동료가 인기 없는 예술적 가치를 변호하는 데 도움을 줄 수 있는 끈끈한 네트워크를 발전시켰다. 그럼에도 이들 예술가는 자신이 소외된 아방가르드라고 생각하지 않았다. 반대로 그들은 자신이 미국 사회를 조심스럽게 비판하지만 완전히 적대적이지는 않은 중산층 지식인(인텔리겐치아intelligentsia)에 속한다고 믿는 듯했다.

그들의 네트워크는 50년대 후반의 소규모 미술가 그룹에서 출발했다. 그들은 처음에는 미술 선생인 매터의 스튜디오에서, 이후에는 다른 구상화가의 작업실에 모여 모델 스케치를 시작했다(Cummings, 1979). 초기에 이 그룹은 세 명의 추상표현주의자인 거스통, 맥닐, 트보르코브와 다섯 명의 중견 구상화가 세대 카조리, 도드, 핑겔스테인, 조지, 펄스타인을 포함했다. 이 그룹의 구상화가 모두는 추상표현주의자에게서 수학하거나 영향을 받았으며 추상표현주의자 공동체들과 교류했다. 이 스케치 그룹을 구상화가로 발전하는 자신의 경로에서 의미 있는 사건으로 간주했던 펄스타인의 1972년 인터뷰(Cummings, 1979)에서 그것이 사실상 어떠한 아이디어의 교환도 없었던 그룹이라고 말한 사실은 매우 상징적인 의미를 갖는다. "모두가 완전히 독단적으로 작업했습니다. 각자의 작품이나 그 어떤 것에 대한 논의도 없었습니다. 그 그룹에 포함된다는 것은 매우 흥미 있는 일이었습니다. 그런 상황은 꾸준히 그리고 종국에는 구성원이 변할 때까지 몇 해 동안 지속되었습니다. 그러나 우리 중의 일부는 여전히 거기에 남아 있습니다. 우리는 아직도 일주일에 한 번 정도 만납니다."

1968년 구상예술가동맹이라고 불리는 조직이 뉴욕 시에 생겨났다. 첫 번째 미팅에 많은 수의 미술가가 참여했으며, 그중 많은 사람이 젊은이였다. 이후에 예술가들 중의 한 명인 시드니 틸림(1969)은 이 조직을 "비조직적이고 악의에 찬 그룹"으로 묘사했다. 또 다른 설명은 다음과 같다(Kuh, 1971).

> 이사도, 대표도, 회비도, 의무사항도 없다. (……) 프로그램 위원회는…… 반복되는 단절을 피하기 위해 느슨한 가이드라인만을 제시할 뿐이다. 미팅은 종종 패널들이 참석하거나 미술가들이 자신의 작품을 가져와 옹호하거나 설명하고 비회원 자격으로 있는 그들 동료의 말을 경청하는 등 다양한 형태로 개최되었다.

초기에 이 동맹은 신진 작가들을 위해 가치 있는 미팅을 주선했었다. 한 화가는 이렇게 말했다. “구상회화를 그리는 우리 모두는 처음 출발할 때, 그 장면들이 쉽게 받아들여지지 않았기 때문에 서로의 교류를 원했다. (……) 내가 점차 나의 생각들을 종합하고 구상적으로 그리는 방법을 스스로 느낄 때 그 모임에서 주고받은 생각들과 아이디어들은 나에게 큰 도움이 되었다.” 또 한 조각가는 이렇게 말하기도 했다. “그렇게 많은 미술가가 구상회화 작업에 참여하고 있다는 사실은 우리에게 뉴스거리였다. 우리 모두는 분리되고 고립되어 있다고 생각했다. 모두 모였을 때 우리는 그렇게 고독하지 않았으며 우리의 모임이 지속되어야 한다는 사실을 깨달았다.”

구상화가들은 3대에 걸쳐 지속된 유일한 그룹이다. 거의 3분의 1이 1930년 이전에 생겨났으며, 4분의 1가량이 1930년대에, 그리고 3분의 1 이상이 1939년부터 존재했다.[7] 50%가 뉴욕 혹은 동부 해안에서 태어났으며, 41%가 뉴욕 시의 예술학교를 다녔다. 70년대 후반에는 73%가 뉴욕이나 동부 해안에 거주했다. 이러한 사회적 특성들은 분명 그들 사이에서 발전하는 사회적 그룹의 본성에 영향을 미쳤다. 그룹의 멤버들 중에서 87%가 면식이 있거나 개인적 또는 사제지간, 조직의 인맥으로 엮여 있었으며 오직 9%만이 그 그룹의 다른 사람들과 어떤 형태로든 연결 고리가 없었다. 28%가 사제지간의 인맥으로 서로 연결되어 있었다. 예컨대 조사에 응한 여덟 명이 그룹의 92%와 연결될 정도였다.[8]

추상표현주의의 경우 구상회화에 대해 다른 관점을 가진 원로 작가들은 그룹에 정보를 제공하는 리더가 되었다. 결국, 이러한 상이한 전망들이 충돌과 갈등을 심화시켰으며 동맹 내에서 분열된 당파의 형성을 조장했다. 일부 멤버들은 미팅에 나갈 때 매우 논쟁적으로 변했으며 다른 이들은 참석을 포기하기도 했다.

대항문화에서 인적 네트워크로

뉴욕에서 작업하는 미술가들의 수가 증가함에 따라(Ashton, 1973; Sandler, 1978) 예술적 환경은 유대가 긴밀한 대항문화counterculture에서 비교적 유동적이고 상호 맞물린 하위문화subculture로 옮겨갔다. 친밀한 유대관계를 유지했던 추상표현주의자들의 네트워크는 자신의 멤버들을 위해 그룹의 구성 및 의미를 점차적으로 확장하거나 변화시켜 나갔다. 우리 연구의 인터뷰와 커밍스(1979)의 인터뷰에 응한 미술가들의 진술에 의하면, 최초의 당파clique는 상이한 스타일들을 가로지르는 인적acquaintance 네트워크로 변해간 것으로 보인다.[9]

인적 네트워크는 멤버들이 직접적이고 간접적인 유대를 통해 서로 연결됨으로써 정보와 아이디어를 그룹 전체에 전파할 수 있는 사교 서클social circle처럼 기능했다(Kadushin, 1976).[10] 사교 서클들은 명확하게 그 범위를 한정짓지 않기 때문에 멤버들은 상호 직접적인 접촉을 통해서만 상대방을 이해할 수 있으며 통상적으로 네트워크 전체의 모습을 가늠하기 힘들다. 이러한 네트워크들은 엄격하게 조직화되어 있지 않기 때문에 종종 공식적인 조직체들, 예컨대 지적인 잡지들, 극장 그룹 혹은 갤러리들과 교류한다. 이 네트워크에서는 갤러리들이 중요한 역할을 담당한다.

40년대에도 일부 갤러리들이 예술가들 사이의 사회적 교류를 위해 중심 역할을 담당했지만 이러한 그들의 역할은 시간이 흐를수록 더욱 증가하는 것으로 보인다. 베티 파슨스 갤러리는 추상표현주의자들이 만나서 아이디어를 교환할 수 있는 여건을 제공해주었다. 톰킨스는 당시 자신의 갤러리를 다음과 같이 말한다(1975).

> 초창기부터 그곳은 예술가들의 편안한 쉼터 역할을 했다. (바넷) 뉴먼은 매일같이 나와서 그곳을 방문하는 사람들과 이야기를 나누었다. 토요일 오후에는 10여 명의 예술가들이 뒷방에 모여 앉아 시간을 보내다가 저녁을 먹으러 나가곤 했다. 뉴먼, 폴록, 로드코, 그리고 스틸은 전시를 준

비할 때 서로 도와주면서 액자를 걸어주었다. 그리고 베티 파슨스는 그들의 행동을 전혀 간섭하지 않았다.

50년대의 몇 년 동안 추상표현주의자 그룹은 많은 추상표현주의자가 주거하면서 작업했던 이스트 10번 거리와 그 주변에 몰려 있는 갤러리들과 협력했다(Bard, 1977; O'Doherty, 1967). 이들 갤러리의 대부분은 그 당시 아방가르드 갤러리에 흡수되기에는 그 수가 너무 많았던 2세대 및 3세대 추상표현주의자들과 거래했다. 그들에게co-ops는 "사교 클럽이자 커뮤니케이션 센터이자 교구教區"역할을 했다(O'Doherty, 1967). 후에 루다(1967)는 미니멀리스트와 그와 연관된 작품을 전시했던 기업 갤러리 파크 플레이스Park Place를 "작품을 전시하고 예술적 아이디어를 지속적으로 교환할 수 있는 안성맞춤의 장소"로 평가했다.

칼 앙드레는 '1972 아메리칸 아트 아키브Archives of American Art' 인터뷰에서 이와 비슷한 고급 장소를 미니멀리즘의 초창기 시절에 돈 갤러리Dawn Gallery에서 발견했다고 진술했다.

버지니아 돈Virginia Dawn은 사람들이 모여 앉아 잡담과 농담을 일삼고 술을 마시면서 즐거운 시간을 보내다가 심심하면 논쟁하고 싸우고 그 무엇이라도 할 수 있는 일종의 살롱 기능을 했다. 한동안 그랬다. 그 결과 아주 근사한 사건이 벌어졌다. (……) 그 시즌 마지막에 대규모 오픈 전시회가 열렸다. 누구든지 자신이 원하는 작품을 가져올 수 있었고 그것이 전시장에 걸렸을 때 장르를 넘나드는 아주 멋진 전시가 되었다. 버지니아는 후덕한 예술 후원자였다. 그것은 아주 실질적인 일종의 패트론patronage이었는데, 예술가들이 자신의 작품을 작업하고 완성하고 전시하고 판매할 수 있게 도와주었다.

인적 네트워크가 존재하면서 유망한 접근방식의 탐구에 몰두하는 그룹 내의 소규모 그룹이 형성되었다. 일반적으로 이들 예술가의 사회적 연계성은 점점 그 중요성을 상실했지만 급부상하는 스타일을 뒷받침하는 미학적 이슈들을 토론하는 소규모 그룹들이 예외적으로 생겨났다. 어떤 예술가는 인터뷰에서 다음과 같이 논평했다. “미술계는 하위문화 내부의 하위문화들로 구성된다.” 그러한 그룹들은 대부분 스타일 발전의 초기 단계에서 형성되었다가 단명한다. 그러나 이것이 그들 존재의 무의미성을 말하는 것은 아니다.

그러한 하위문화는 추상표현주의에서 팝이나 미니멀리즘으로의 이행기에 중요한 역할을 한다. 스타일 변천은 미학적 관습들과 기술들, 미술 대상의 본질, 그리고 그것의 사회적 의미들을 대폭적으로 재개념화한다. 이러한 복잡한 과정은 워싱턴 광장의 주드슨 기념 교회Judson Memorial Church 주변에 형성된 젊은 예술가 그룹과 몇몇 다운타운 갤러리에서 시작되었다. 그들 중 일부는 협조적이었으며, 여러 예술 형태들의 멤버들을 포함하고 있었다. 하스켈(1984)은 당시의 상황을 이렇게 전한다.

> 그 당시 다운타운의 예술풍경은 매우 친밀했다. 추상표현주의자들이 선술집에서 만났다면, 그들은 퍼포먼스 행사, 무용가, 화가, 조각가, 음악가, 시인, 배우들이 참석하는 갤러리 오프닝에서 자주 만났다. 이러한 예술가들의 네트워크에서는 미학적 이데올로기와 충성심들의 한계가 좁게 규정되지 않으며 상호 배타적이지도 않다. 시각예술가들은 다른 화가들 및 조각가들과 마찬가지로 무용수들 및 퍼포먼스 아티스트들과도 자유롭게 어울린다. 그 결과 미학적 영향력은 규칙을 넘나들며 쉽게 이리저리 움직인다.

앨러웨이(1975)는 단명한 르우벤 갤러리Reuben Gallery의 분위기를 다음과 같이 정의했다. “예술가와 갤러리 사이의 손쉬운 접촉, 생산 행위와 전시 행위 사이의 친근성 등은 일상적인 마케팅과 아트 딜러의 홍보 활동과는 거리가 멀다. (……) 르우벤 갤러리의 최초 시즌은 이제 미래를 향해 첫발을 내딛는 예술가들의 놀라운 전시들과 해프닝들로 채워졌다."

이러한 환경에서 후에 팝 아티스트와 미니멀리스트로 알려진 미술가들은 도심 거리에서 주워온 사물들로 만들어진 정크Junk 조각을 실험하고 실제 삶의 활동들을 예술로 옮기려고 시도하는 일종의 퍼포먼스 예술art-as-performance, 즉 해프닝Happening들을 실행했다.[11] 대략 5년 동안 그들은 일상의 규칙에서 벗어나 그들을 탄생시킨 조직들과 실험하면서 예술에 대한 새로운 아이디어들을 발전시켰다. 새로운 아이디어는 회화나 조각이 새로운 방향으로 발전하는 데 필요한 추진력이 되었다.

팝 아트는 존스, 라우센버그, 리히텐슈타인 등 서로의 작품에 영향을 주고받았던 소수의 개인들을 중심으로 형성되었다. 그 주변에는 각각의 리더들과 관계를 맺고 있는 소수의 다른 작가들이 있었다. 몇몇 예술가 사이에는 사회적인 상호작용(예컨대, 로버트 라우센버그와 제스퍼 존스 사이, 클래스 올덴버그와 짐 다인 사이)이 있었다. 팝 운동이 발전함에 따라 어떤 관람자도 쉽게 접할 수 있는 재료들에서 더 많은 이미지 형상들을 가져오게 되었다. 그 결과 평범한 상징적 내용은 더 이상 사회적 상호작용을 통해서 구성될 필요가 없게 되었다. 이들 예술가들 사이의 사회적 상호작용은 추상표현주의자들처럼 그렇게 강렬하지 않았다. 앨러웨이(1974)는 "리히텐슈타인은 워홀의 비교적 초기 작품들을 알지 못했다. 그러나 독자적으로 만화의 이미지를 사용하게 되었다. 사실 초기 팝 아트는…… 주제를 공유하지만 각자 따로 떨어져 작업했던 예술가들의 공통점을 통해서 그 특유의 향기를 갖게 되었다"고 말한다. 제스퍼 존스와 다른 작가들과의 관계를 묘사하는 홉스(1965)의 진술도 앨러웨이의 진술과 일치한다.

나는 결코 많은 예술가와 가깝게 지낸 적이 없다. 나는 밥 라우센버그와

> 가까웠다. 그리고 어떤 때에는 짐 다인의 작품과 친해졌고 그 작품의 제작과정을 지켜보기도 했다. (……) 나는 평판이 꽤 좋았으나 실제로 작업하는 사람들을 자주 방문하지도 않았고 그들과 크게 관계를 맺지도 않았다. (……) 때때로 우리는 다른 작업자와 친밀한 유대관계 속에서 자신의 작품에 대한 그들의 반응을 생각하면서 재충전 한다.

로버트 인디애나는 몇 년 후 한 인터뷰에서 이러한 유대관계의 취지를 밝히고 있다(Diamonstein, 1979). "사실 우리는 집단적으로 활동하지 않았으며 각기 서로 다른 예술가였다. 우리 중 일부는 서로 알고 지냈으며, 일부는 그렇지 않았다." 서부 해안가에 살았던 몇몇 예술가는 비록 뉴욕 그룹 멤버들의 영향을 받았지만 그곳의 작가들과 친분을 유지했다. 비록 미니멀리즘과 동시대에 존재했지만, 특히 팝 아티스트들은 이미 절반의 예술가적 프로 기질을 갖추고 있었던 상업예술처럼 상이한 배경에서 출발했다. 적어도 팝 아티스트들의 3분의 1이 상업예술가로서 활동한 적이 있다. 팝 아티스트들 중 네 명만이 다른 스타일로 작업하는 그들의 동료나 바로 앞 선배들인 추상표현주의자들로부터 영향을 받았다.[12]

이 기간에 인적 네트워크는 다음 10년 동안 뉴욕에 도착한 동료 작가들을 네트워크로 흡수하면서 직간접적으로 대규모 동료집단을 형성하는 일종의 지속성을 확보했다. 구성원 중 한 명은 60년 대 중반의 상황을 다음과 같이 말했다. "우리는 구성원이 약 200명인 친한 친구들이 있다." 후기 스타일의 멤버들은 서로의 작품을 따르고 있었지만 지적 교류의 수준이 높은 경우는 드물었다. 뉴욕의 한 정보제공자의 말이다. "우리 모두 다른 작가의 작품을 살핀다. 다른 작가들이 무엇을 하고 있는지 항상 눈여겨볼 필요가 있다."

이런 맥락에서 미술가들은 특히 지배적인 미학적 패러다임인 모더니즘과 부합하는 미학적 아이디어를 발전시키는 경우 다른 작가들과의 상호교류에 덜 의존하게 된다. 그와 동시에 예술가의 역할은 상호교류가 점점 더 감소하는 미국 사회의 특성과 닮아갔다. 뷰트너(1981)에 따르면 동시대contemporary 작가는 "다양한 자극이 넘쳐나는 고도로 유연한 정보 네트워크" 안에서 작업한다.

이런 조건 아래서 서로 간의 사전 접촉이 전혀 없었던 작가들이 같은 방식으로 작업하는 몇몇 스타일이 생겨났다. 많은 수의 포토리얼리스트Photorealist들은 뉴욕 시에 정착하지 않았다. 70년대 후반에는 그들 중 오직 17%만이 뉴욕 시에서 예술학교를 다녔으며, 40%만이 뉴욕이나 동부 해안에 거주했다. 이 그룹을 깊이 연구한 초창기 비평가 중의 한 명(Chase, 1975)은 전체 예술가들의 상황이 사회적 그룹이라기보다는 문화적 그룹에 더 가깝다고 설명한다.

> 하이퍼리얼리즘Hyperrealism은 엄밀한 의미에서 운동이 아니다. (……) 대부분의 예술가들이 서로 한 번도 만난 적이 없다. 그들은 미국 각지에서 왔지만 모두 같은 영향력 아래 있었으며, 이러한 영향력을 회화로 옮기는 문제에 동일한 방식으로 몰두했다. 아마도 그것은 예술가들이 자신의 주제와 연관해서 갖게되는 공감일 것이다.

딜러들은 아주 능숙하게 잘나가는 포토리얼리스트들을 한데 모았다(Doherty, 1979; Meisel, 1981). 마이젤은 이렇게 말했다. "1973년 초에 나의 아내 수전 마이젤은 갤러리의 다락방을 포토리얼리스트들의 살롱으로 개조했다. 그해 많은 사람이 그곳에서 회합을 가졌으며, 지금은 연례 행사가 된 가을 파티를 처음으로 그곳에서 개최했다. 그 이후에 100명 이상의 사람들이 모이기 시작했다." 그러나 로버트 코팅햄은 이렇게 진술했다. "우리 모두는 서로 친하며 갤러리 전시 오프닝에서 서로 만난다. 그러나 1950년과 1960년대 초반 뉴욕에서 일상적 풍경이었던 일종의 분파적인 모습은 찾아볼 수 없다(Doherty, 1979)."

60년대 후반과 70년대 초기에는 대안 공간들alternative spaces이 생겨나서 예술가들에게 매우 개인적인 언어로 자신을 표현할 수 있는 여건을 제공했다(Foote, 1976). 그러한 환경과 작품들 모두 단명했다. 대안 공간들 중 그 어떤 것도 몇 년을 버틴 곳이 없었다. 코옵스만이 갤러리의 일상적인 활동을 보완하거나 대신한 반면에 대안 공간들은 갤러리의 활동 근거 자체에 도전했다. 대안 공간은 일반 갤러리의 모습과는 아주 상이한 정치적·사회적인 기능들로 채워졌다. 몇 해 동안 대안 공간을 운영했던 홀리 솔로몬은 다음의 글에서 그 사실을 밝히고 있다("Alternatives in Retrospect", 1981).

> 모든 것이 뿔뿔이 흩어지는 고통의 시간이었다. (……) 대안 공간을 마련하는 것은 정치적 언명이나 다름 없었다. 우리가 세상을 바꿀 수 없다는 것을 안다. 그러나 개인적으로 우리는 무언가를 할 수 있을 것이다. 공간을 오픈한 것은 (……) 민주주의에 대한 각자의 생각을 유지하고 각자의 두려움에 책임을 지는 것이다. 이 모두가 도덕적 책임이자 기쁨이다.

솔로몬은 이러한 전시공간에서 패턴 화가들을 선보이는 상업 갤러리로 옮겨갔다. 그들 중 일부는 그녀의 대안 공간에서 첫 번째 전시회를 가졌다. 이러한 전시 환경들이 새로운 발전을 육성했으며 결국 그들 중 일부가 갤러리 공간으로 가는 자신의 길을 찾았다. 그러나 일부의 패턴 화가들을 70년대의 일상적인 토론의 장으로 끌어들인 것은 비평가의 수완 덕분이었다(Marincola, 1981).

80년대 초반에는 비교적 젊은 무명 작가들이 작품을 전시하거나 자신들이 운영했던 서부 마을의 수많은 소규모 상업 갤러리에서 신표현주의자Neo-Expressionist들이 나타났다. 지역 나이트클럽에서 이들 작가의 작품을 전시하기도 했다. 그 시기의 초기에 이들 갤러리는 미술가 사회 활동의 본거지가 되었으며, 지역 미술가 공동체의 사회적 네트워크의 핵심 부분이 되었다(Kardon, 1984).

50년대와 60년대 사이에 뉴욕 미술계의 특징은 많은 참여자가

한 가지 이상의 역할을 수행한 사회적 네트워크의 광범위한 확산으로 묘사될 수 있다(Alloway, 1972). 예술가들은 동시에 비평가로 활동했으며 비평가는 큐레이터로 그리고 큐레이터는 비평가로, 예술잡지 편집자는 큐레이터로, 큐레이터는 컬렉터로, 그리고 컬렉터는 미술관 동업자나 갤러리 후원자로 활동했다. 미술가 그룹들은 스폰서 그룹들이나 그들의 네트워크에 참여함으로써 새로운 발전과 트렌드들을 따라잡았던 지지자들과 연결되어 있었다. 메서는 그 당시에는, 이미 그렇게 효과적으로 작동하지는 못했지만, 그런 네트워크가 어떻게 작동했는지 설명한다(Diamonstein, 1979).

> 젊은 예술가들은 (……) 사막에서 살지 않는다. 그들은 도시에 살고 있으며 다른 젊은 작가들도 알고 지낸다. 그리고 젊음이 허락하는 한 보따리를 싸고 자주 옮겨다닌다. 이런 그룹들에서 지도자가 탄생하고 젊은 예술가들은 그들 중 최고의 고수에게 존경심과 경외감을 표현하는 최초의 사람이 되는 것이다. 그리고 그들 젊은 예술가들은 또다시 젊은 큐레이터와 비평가를 알게 되고, 그들과 같이 생활하면서 작업한다. 젊은 예술가들은 자신의 작품을 중년의 예술가들에게 선보이고, 중년의 예술가는 만년의 예술가들에게 선보이며, 결국은 어떤 조치가 취해지게 된다.

그러나 더 많은 예술가가 한데 모이고 더 많은 작품들이 전시되면서 예술가 수문장gatekeeper들은 그들을 적절히 평가하는 데 어려움을 겪게 된다. 많은 전시가 리뷰 한 번 받아보지 못한다. 앞으로 살펴보겠지만, 더 새로운 스타일의 젊은 예술가 작품은 30년 전에 그랬던 것보다 훨씬 적게 권위 있는 미술관들의 구매 목록에 올려지게 되었다.

스타일들과 그 지지층들

스타일이 소셜 네트워크social network의 직접적이고 제한된 범위를 넘어 자신의 영향력을 확장하기 위해 반드시 필요한 것은 미술계의 인정을 받는 것이다. 미술계의 승인을 위해서 스타일의 멤버들은 미술계나 미술계 주변에 핵심 지지층을 만들어야 한다. 아방가르드 예술의 관객층은 종종 상위-중간계급 엘리트라고 인식되지만 사실 좀 더 정확하게 해석하자면 일반적으로 특정한 스타일을 구매 지원하는 조직이나 하위문화들subcultures과 같은 다수의 지지층constituency들로 구성된다(대중문화의 관객에 대한 이와 유사한 분석은 갓디너, 1985 참조). 이 지지층의 구성 요소들은 첫째는 예술가에게 자금을 지원하고 그 작품들을 구매하는 정부, 대학, 그리고 기업들과 같은 패트론patron 조직들이고 둘째는 미학적 전통에 해박하고 예술작품의 유포와 판매에 중요한 역할을 하는 비평가, 큐레이터들과 같은 예술 전문 프로들이며 셋째는 딜러들과 개인 컬렉터들이다. 이들 그룹들은 각기 투자 지향적인 컬렉터와 예전 형식의 패트론, 아카데미 비평가와 비아카데미 비평가, 그리고 뉴욕 미술관들의 큐레이터와 지역 미술관들의 큐레이터들과 같은 특정 하부그룹들로 나뉜다.

1948년 이전의 추상표현주의자들은 전반적으로 뉴욕 예술 잡지, 매스 미디어, 일반 미술관들에 의해 무시당했다. 클레멘트 그린버그와 제임스 존슨 스위니를 포함한 소수의 비평가들만이 열정적으로 그들에 대한 비평문을 썼을 뿐이다. 존슨은 미술 비평문을 작성했을 뿐 아니라 1945년에 현대미술관MoMA의 회화·조각 담당 디렉터가 되었으며, 그곳에서 이들 작가의 작품을 구매하고 전시하는 등의 미술관 정책 결정에 중요한 역할을 하였다(1977). 이전 시기에 그는 미술관 이사진의 멤버였다. 미술관과 연관된 모든 사람이 그러한 구매 결정에 호의적인 것은 아니었다. 바(Barr, 1977)는 미술관 컬렉션 위원회의 원로들은 그러한 구매에 반대했으며 그중 한 사람은 1952년 로드코의 작품 구입 결정에 사임했다고 밝혔다.

40년대 말에 추상표현주의자들은 미술계에서 뉴욕 현대미술관의 핵심 지위에 있는 큐레이터, 비평가, 딜러, 그리고 컬렉터들에 이르기까지 막강한 핵심 지지층들을 확보했다(Bystryn, 1978; Mulkay & Chaplin, 1982). 그들 중 많은 이가 예술을 평가하는 데 헌신하는 프로 하위문화의 전문가들일 뿐 아니라 사회적 엘리트의 가치를 대변했다. 이들 그룹의 지도자인 클레멘트 그린버그는 예컨대, 미술비평은 과학처럼 논리적이고 정밀해야 하며 특정한 회화의 자극에 대한 즉각적 반응이 아니라 보편적인 개념에 근거해야 한다고 믿었다(Kuspit, 1979). 미술사 및 미학을 공부한 이런 아카데미 비평가들은 종종 시인과 예술가들이 포함된 비아카데미 비평가들보다 더 이론 지향적이다. 일반적으로 아카데미 지향적 비평가들은 색, 선, 평면과 같은 회화의 형식적 특성에 관심을 갖는다. 반면에 비아카데미 비평가들은 그것이 사회학적 차원이든 문학적 차원이든 의미에 집중한다(Glaser, 1970-71; Rosenberg, 1964). 시간이 흐를수록 이들 비평가는 미술 장면의 아주 세부적인 부분을 전문적으로 연구하는 경향이 강해졌으며 그들이 비평을 시작할 때 그 스타일이 아주 유명해지기도 했다(Alloway, 1975). 한 비평가는 그들이 "법전 편찬자나 선전선동가처럼 특정한 부분만을 파고든다"고 비난했다(Baker, 1971).

미니멀리스트는 스타일을 출범시키는 데 유대인 박물관과 구겐하임 미술관의 전시를 중요한 발판으로 삼았던 추상표현주의자들처럼 영향력 있는 비평가와 미술관 큐레이터의 스폰서를 받았다(Ridgeway, 1977). 이 운동의 초기에 아직은 주요 미술관이나 유력한 갤러리에서 전시가 열리기 전이었지만, 이들 미술가는 수많은 비평가의 주목을 받았다. 투크만(1977)은 미니멀리즘에 대한 비평가들의 반응을 다음과 같이 기술하고 있다.

> 1965년은 비록 주요 전시가 열리기 전이었지만, 장문의 비평문들이 잘 팔리는 미술잡지에 속속 등장했다. 뉴욕의 아트 갤러리에서는 하나 혹은 기껏해야 두 개 정도의 극소수 전시만이 개인전을 개최했으며, 실제로 수많은 논의가 전시 관람 이전에 쏟아졌다.

배트콕(1968)은 미니멀리스트와 그들의 비평가들은 실제로 공동 저자들collaborators이라고 주장했다(Tuchman, 1977 참조). 영향력 있는 미니멀리스트들은 자신의 작품에 대한 글을 썼으며 가끔은 다른 작가의 작품 비평문도 작성했다.[13] 비평가들 및 큐레이터로부터 지원을 받은 덕분에 그룹의 주요 멤버들의 작품은 그 운동이 정점을 지난 훨씬 이후에도 계속 영향력을 유지할 수 있었다.

미니멀리즘을 반기는 분위기와 비교할 때, 팝 아트와 포토리얼리즘에 대한 매스 미디어의 반응은 호의적인 반면에 비평계의 반응은 일반적으로 적대적이었다(Alloway, 1974; Buettner, 1981; Diamonstein의 Ivan Karp, 1979). 결국 이들 스타일을 전문으로 다루는 비평가들이 나타났지만 그들과 예술가들의 사회적 연계는 추상표현주의 및 미니멀리즘의 경우와 비교할 때 피상적이었다고 할 수 있다. 팝 아티스트들은 추상표현주의자 첫 세대의 대부분과 많은 미니멀리스트가 자신의 지위에 대한 진술문을 작성한 것과는 대조적으로 진술문을 작성하지 않았다. 그 대신에 자신들의 예술관을 밝힌 인터뷰들이 그러한 진술문들을 대신했다(Alloway, 1972).

팝 아트가 만화와 광고에서 오브제와 이미지를 차용하면서부터 비평가들의 역할은 다소 부차적인 것이 되어버렸다(Fröhlich, 1968). 이 예술의 스타일은 예술가, 관람객, 그리고 예술적 대상 사이에 새로운 유형의 관계를 창조했다. 관람객은 이들 예술가와 작품의 주제, 산업화된 도시 사회의 일상적 세계 등을 공유했다. 이런 유형의 예술은 쉽게 소통될 수 있었으며 컬렉터들도 빨리 생겨났다. 루블로스키(1965)는 보험 중개인이자 비중 있는 팝 아트 컬렉터가 되었던 레온 크라우사의 반응을 인용했다.

> 팝 아트를 발견했을 때 나는 정말 푹 빠져들 수밖에 없었다. 내가 잘 알고 있는 것들에 대해 직접적으로 나를 향해 말하는 시사적이고 자극적인 이미지였다. 이 화파의 회화는 바로 오늘날이다. 그 표현은 지난 유럽에

대한 향수에 빠져 있지 않고 완전히 미국적이다. 바로 나의 예술이다. 오늘날 만들어진 바로 그 작품만이 나에게 의미를 가질 수 있다.

아트 딜러 레오 카스텔리는 로이 리히텐슈타인을 인터뷰하고 난 후 "그의 생산품은 항상 수요가 있었으며 매우 쉽게 팔렸다"(Diamonstein, 1979)고 말했다. 루블로스키(1965)는 컬렉터들이 팝 아트의 등장에서 매우 중요한 역할을 하였다고 주장했다.[14] 또한 그는 이렇게 주장하기도 했다. "무엇보다 화파는 컬렉터의 운동이었고 지금도 그렇다. 컬렉터들은 그 그룹의 실질적인 승리자였으며 그 화파의 성공을 책임지고 있었다. 이런 상황에서 컬렉터들이 길을 인도하였다."

20세기 패트론의 역할에서는 이전 세기의 개인적인 명예나 폭넓은 상호 책임, 엄격한 권세와 같은 특성을 더 이상 찾을 수 없다(Zolberg, 1983). 20세기 미국 패트론이 예술작품을 구매하는 이유는 그것을 보관했다가 미술관에 되팔기 위함이다. 이들 컬렉터 중 일부는 자신의 소장품을 수장하기 위해 미술관을 설립하기도 했다. 또 다른 이들은 미술관 소장품위원회나 미술관 활동을 관장했던 위원회에 적극적으로 참여했다. 이런 것들이 예술가에 대해 개인적으로 참관하거나 그의 작품을 보호하는 태도의 요인으로 남아 있다. 이는 20세기의 패트론과 미술품을 미학적 차원이 아닌 돈의 관점에서 비인격적으로 평가하는 투자자를 구분하는 기준이다. 이탈리아의 주세페 판차 디 비우모 백작이 생각하는 작품 수집 방식이 다음의 글에서 잘 나타나 있다(Trini, 1970).

모든 선택은 정확히 개인적인 확신들에 의해 결정되었다. 자신의 직관을 확신하고 다른 신진 작가들이 제시하는 도전정신을 받아들이는 데에는 모험가적 기질이 발휘된다. 그(주세페)의 다음 진술은 그의 (작품 수집) 방식이 함축하는 의미를 명확히 보여준다. "예술작품들, 회화들은 어떤 의미에서 개성의 시각적 연속체이다." 어떤 의미에서 작품들은 개성을 풍부하게 할 뿐 아니라 상호 교류의 과정으로 이끈다.

60년대에는 몇몇 현대 화가의 작품 가치가 가파르게 상승하면서 미술품 수집이 비록 위험하지만 수지 맞는 투자가 되었다. 미술품 수집의 이러한 측면은 점점 더 부각된다. 새로운 컬렉터들 중 일부는 수집품을 미술관에 전달하지 않고 경매에 팔거나 미술관 또는 다른 컬렉터들에게 획기적인 가격으로 판매했다. 예술을 보호하는 패트론으로서의 컬렉터는 특정 작품이나 스타일에 대한 보호 의식이 희박한 컬렉터로 대체되었다. 로버트 스컬의 팝과 미니멀 아트에 대한 방대한 컬렉션은 70년대 초에 기록적인 가격으로 경매에서 극적으로 판매되었다(Patterson, 1973). 컬렉션을 위한 미술관을 설립하는 대신에 스컬은 배후에서 아트 갤러리를 운영하였다(Rublowsky, 1965). 레온 크라우사의 팝 아트에 대한 주요 컬렉션은 그가 사망하자 작품을 수집하고 전시하기 위해 독일에 미술관을 설립한 칼 스트로허라는 독일인 컬렉터에게 판매되었다.

다양한 이유로 팝 아트는 이전의 스타일들보다 더 빨리 성공을 거두었다. 루블로스키(1965)는 시드니 제니스Sidney Janis라는 대규모 갤러리가 이들 작가의 그룹 전시회를 대규모 홍보와 함께 성대하게 개최했기 때문에 결국 이 스타일이 미술계에 뿌리를 내리는 데 성공을 거두었다고 주장한다. 구상화가이자 비평가인 시드니 틸림은 "추상표현주의가 10년에 걸쳐 이룩한 수직적 상승의 성공을 팝 아트는 4년 만에 이루었다"(1965)고 논평했다.

시드니 제니스는 자신이 새로운 스타일을 판매할 때마다 새로운 컬렉터 그룹이 갤러리에 나타났다고 말한다(Archives of Americal Art, 1972). 이는 각각의 스타일이 상이한 세대 혹은 문화 계층에 인기가 있다는 말이다(Peterson & DiMaggio, 1975).[15] 포토리얼리즘 지지자들은 뉴욕에 근거를 둔 소수의 딜러와 컬렉터들이거나 거의 대부분 서부 해안에 위치한 미술관들이다. 소호 지역에 있는 두 개의 갤러리는 포토리얼리즘을 전문으로 취급했으며 전국을 순회하면서 이들 작품에 대한 전시회를 개최했다(이 전시회에 대한 믿을 만한 목록은 Meisel, 1981 참조). 70년대에 딜러들은 새로운 스타일을 정의하고 공격적으로 마케팅하면서 왕성한 활동을 펼쳤다. 뉴욕의 딜러들은 독자적으로 행동하기보다는 다른 도시의 딜러들과 협력하기 시작했다. 전시회는 미술잡지를 통해서 대대적으로 홍보되었으며 작품 해설서 패키지와 함께 다른 도시의 미술관과 갤러리로 순회 전시되었다(Simpson, 1981). 일부 작품의 가격이 지속적으로 상승함에 따라 딜러, 큐레이터, 컬렉터들의 평가는 예술가의 출세 경력에 지대한 영향을 미쳤다. 반면에 비평가의 영향력은 감소하였다. 비평가들은 망가지는 보상 구조를 개탄하기 시작했으며 미학적 기준의 완전한 붕괴를 예견하기도 했다.

평범한 성공을 거두었던 몇몇 현대 구상화가를 제외하고, 구상화가들은 뉴욕 미술시장의 지지층이 미약했다. 심슨(1981)의 분석에서 확인할 수 있듯이, 가장 성공한 딜러들은 한정된 소수의 새로운 발전들에 시장의 초점을 집중시키면서 여성 미술운동, 흑인 미술, 지역 기반의 벽화들과 이들 구상화가들을 무시해버렸다(Alloway, 1984). 거기에 대해서 제프리(1980)는 이렇게 주장했다.

> 소수의 갤러리들과 그들이 컬렉터, 비평가, 미술관들과 맺는 다양한 관계들로 형성된 상업적인 미술시장의 견고함과 전통을 벗어난 작업에 열중하는 신진 작가들에 대한 결과적인 (성공) 기회의 부족이 1970년대의 기업형 갤러리의 성장에 기여했다.

내 연구에서 뉴욕 갤러리의 절반 이상이 구상회화를 전시했지만 이들 갤러리들은 경매시장에 성공적으로 진입하지 못했다. 훨씬 적은 규모의 갤러리들(대략 25%)이 팝과 포토리얼리즘을 선보였다. 이들 중 일부는 한동안 이들 스타일을 전문적으로 취급하고 대대적으로 홍보했다. 일부 갤러리들은 적어도 그 스타일이 처음 등장했을 즈음에는 그러한 특별한 스타일의 갤러리로 인식되었다. 루블로와스키는 "세 개의 갤러리—레오 카스텔리Leo Castelli, 그린Green, 스테이블Stable—가 팝 아트를 소개했다고 말한다(Rublowsky, 1965). 샌들러(1976)는 초기 추상표현주의를 논의하면서 배티 파슨스Batty Parsons, 새뮤얼 쿠츠Samuel Kootz, 찰스 에간Charles Egan 갤리리를 전위예술의 중심지로 지목했다.

대부분의 경우에 미술 전문가들은 구상 스타일의 작품들을 멸시했다. 그러나 70년대가 지나면서 미술비평이 위기에 봉착한 것으로 보인다(Alloway, 1975; Kuspit, 1979). 매우 다양한 스타일의 향연을 목격하면서 특정한 시기에는 오직 한 가지 유형의 미술만이 평가받을 수 있다는 중심적이지만 소수만이 인정했던 비평적 교조주의critical tenet가 도전을 받게 되었다. 구상화가들은 그 운동에 지적인 응집력을 제공해줄 수 있는 이론가들의 부재에 고통스러워했다. 비록 몇 안 되는 구상화가들이 이론서를 출판하기는 했지만 그들의 생각에 동조하는 사람은 드물었다(Tillim, 1977; Laderman, 1967, 1968). 그 운동은 이론의 설득력이 부족한 것으로 간주되었다(Kramer, 1974). 많은 구상화가가 여기저기에 비평을 구걸하거나(Kalish, 1980) 낮은 보수의 부업으로 생각하기 때문에 결과적으로 권위도 없고 전문적이지도 않는, 즉 비평 활동을 프리랜서로 생각하는 아카데미의 외각 조직에 전시 리뷰를 의뢰했다. 앨러웨이에 따르면 미술 잡지들은 대안의 관점을 제시하기보다는 갤러리들의 인솔을 따라갔다(Alloway, 1984). 다음은 후에 구상화가가 된 팝 아티스트 웨인 티보드의 불평 어린 말이다. "모더니즘에서 크게 부족한 점이 있다면, 그것은 예술가들에게 충분한 깊이와 진지함을 제공해줄 수 있는 비평가 조직의 부족일 것이다(Strand, 1983)."

이들 예술가의 지지자들은 아마도 지역 미술관, 특히 아카데미 미술관, 그리고 기업 컬렉션에서 더 많이 찾아볼 수 있다. 나의 연구에서는 이들 조직이 구상회화를 구입한 비율이 실질적으로 다른 스타일보다 더 높게 나타났다(표 7-8). 우연히도 구상화가의 4분의 3에 해당하는 대부분이 전문대학, 대학, 예술학교에서 강사 혹은 교수 신분으로 학생들을 가르쳤다. 로젠버그(1965)의 주장에 따르면, 지역 예술은 형식적인 측면보다는 단일하고 강렬한 경험이 수반되는 내용과 그 내용의 함축적인 의미에 관심을 갖는다. 다른 말로 하자면, 그것은 미학적 차원보다는 예술의 도덕적 차원에 더 관심을 갖는다는 뜻이다. 이러한 특성들이 구상회화에서도 역시 발견되며, 이는 지역 미술관이 구상 스타일을 선호하는 이유이기도 하다.

요약하자면, 이들 스타일들이 미술계의 각기 다른 요인들에 의해 지원받았음을 알 수 있다. 추상표현주의와 미니멀리즘은 모더니스트의 미학적 전통에 충실했던 아카데미 비평가와 뉴욕의 미술관 큐레이터들로부터 적극적인 후원을 받았으며, 팝, 포토리얼리즘, 신표현주의는 딜러와 투자 컬렉터로부터 지원을 받았다. 구상 및 패턴 화가들은 뉴욕 미술계에서는 주요 지지자를 찾을 수 없었으며 그들의 지지자들은 지역 미술관과 기업 컬렉션이었다. 패턴 화가들은 주로 기업 컬렉션이 선호했다(표 7-8).[16] 결과적으로, 여기서 연구조사한 스타일들은 경매시장에서의 성공에서부터 뉴욕의 주요 미술관의 컬렉션에 이르기까지 뉴욕 미술시장에서 제각기 다양한 성공을 거두었다. 더 오래된 스타일의 주도적인 구성원은 영향력 있는 지원자 덕분에 일종의 설립자establishment가 되었으며 이로 인해 대부분의 선대 화가들보다 한층 더 가까이 예술적 보상에 다가설 수 있게 되었다. 그들 역시 '아방가르드'로 불리길 원한다.

아방가르드의 사회적 맥락

이 기간에 예술운동들이 발생하는 사회적 맥락social context은 점차 변했으며, 이는 결과적으로 이들 운동이 인식되는 방식에 영향을 미쳤다. 추상표현주의가 시작되었을 때, 그 구성원들은 스스로 주류 미국 사회의 외톨이로서 완전히 고립되었다고 인식할 정도로 아주 미미한 소수 집단이었다. 그들의 상황을 정확히 반영한 이러한 이미지는 그들이 고립된 상황을 벗어난 이후에도 한동안 지속되었다. 사실, 그들은 역동적인 사회적 네트워크를 성공적으로 창출했다. 그 네트워크는 자신들뿐 아니라 다른 스타일이나 다른 예술 형태로 작업하는 예술가들 그리고 영향력 있는 비평가, 딜러, 큐레이터들로 구성되었다. 이 사회적 네트워크는 이 기간에 아방가르드의 본성을 탐구하는 토론의 중심 장이 되었으며 그 이름을 안심하고 사용할 수 있는 믿음을 주었다. 추상표현주의자들의 첫 세대가 사회적 네트워크에 참여하는 비중이 현저하게 줄어들고 그룹 내에서도 분파들이 생겨남에 따라 미술계에서의 그들의 영향력은 줄어들었다.

팝과 미니멀리즘의 출현은 예술의 대상들과 예술의 사회적 역할 정의의 근본적인 변화를 요구했다. 팝과 미니멀리즘 이전의 이러한 변화는 정크 조각, 해프닝, 그리고 음악 및 무용의 발전들과 연관된 작고 단명한 대항문화 속에서 일어났다. 이들 예술가 중 일부는 결국 팝과 미니멀리즘에 크게 기여하였다.

추상표현주의자들과 마찬가지로 미니멀리스트들도 사회적 네트워크를 형성했다. 비록 추상표현주의자들보다는 일시적인 것으로 보이지만 이들은 미니멀리즘이 표방했던 특정한 예술 개념의 형성에 크게 기여했던 영향력 있는 딜러, 비평가, 큐레이터들을 포함하고 있었다. 어떤 의미에서 미니멀리즘은 이어지는 10년 동안 아방가르드의 축소판처럼 보였다. 이와는 반대로 팝은 작품의 미학적 내용 그리고 비평가보다는 컬렉터들에게 더 관심을 끈다는 점을 고려할 때 아방가르드로서의 지위를 부여하기가 좀 망설여진다.

뉴욕 미술계의 규모가 팽창함에 따라 이어지는 예술운동들은 각기 다른 방식으로 자신들을 정립시켰다. 구상화가들은 매우 강한 예술가 공동체를 발전시켰지만 영향력 있는 비평가, 큐레이터, 딜러들로 구성된 연합군을 성공적으로 획득하지는 못했다. 아방가르드라는 타이틀은 미학적인 이유뿐 아니라 사회적인 이유 때문에 그들의 테두리를 교묘히 벗어났다(3장 참조).

비슷한 운명이 패턴 화가들에도 적용된다. 그들은 좀 더 유동적인 사회적 네트워크를 발전시켰으며 그것은 주로 딜러나 컬렉터들이 중심이 되어 만들고 유지했던 사회적 네트워크로 구성된 페미니스트 운동이나 포토리얼리스트에게 상당한 정도로 영향을 주었다. 이들 그룹은 아방가르드라고 부르기에는 미술계 중심 권력으로부터 너무 멀리 밀려나 있었다.

마지막 기간의 신표현주의자들은 자신이나 친구들이 만든 갤러리들과 밀접하게 연관된 사회적 네트워크를 창조하고 서부 빌리지에 있는 새로운 예술가 이웃들을 포섭하면서 스스로 매우 경쟁력 있는 환경을 조성할 수 있었다. 앞으로 살펴보겠지만, 자신과 자신의 작품을 매우 극적으로 만드는 기술은 예술적 기구들의 관심을 끄는데는 성공했으나, 역설적이게도 이들 예술가들은 새로운 해석의 예술가 역할에 부합하지 않는다는 이유로 아방가르드라는 개념을 거부했다.

각주

1. 예술세계를 상징적 상호영향주의자의 관점에서 논의하고자 할 경우에는 베커(1982)를 참조할 것. 파리의 예술세계를 조망하고자 할 경우에는 몰린(1967)을 참조할 것.

2. 내가 조사한 바에 따르면 대략 예술가의 15% 정도가 한 가지 이상의 스타일로 작업하였다.

3. 전통적인 서구 회화 스타일은 프랑스 인상주의 시기 이전에 존재했던 스타일로 정의할 수 있다. 근대적인 스타일은 인상주의와 20세기 중반까지 이어지는 유럽의 스타일을 포함한다. 현대적인 미국 스타일은 제2차 세계대전 이후에 나타난 것들이다. 나는 구상화가들의 21% 정도를 그들 작품의 정보가 부족한 이유 때문에 정확하게 분류할 수 없었다.

4. 이들 예술가의 사회적 유대 관계는 그 당시 비평가인 어빙 샌들러가 관찰하고 기록하였다. 샌들러의 책인 『미국 회화의 승리(1976)』, 『뉴욕 스쿨(1978)』은 이들 예술가에 대한 매우 소중한 정보를 담고 있다. 추상표현주의의 첫 세대 멤버들은 서로 친분이 두터웠다. 만약 저자 약력이나 작품 리뷰에 언급된 그들의 유대관계를 검토한다면, 각각의 멤버들은 적어도 그룹의 다른 두 명 이상과 연결되어 있기 때문에 그룹의 전체 멤버들이 직간접적으로 서로 연결되어 있음을 알 수 있을 것이다.

5. 유사한 상황으로, 19세기 프랑스 후기 인상주의자들에 대한 화이트와 화이트(1965)의 글을 참조할 수 있다.

6. 도널드 저드, 엘스워스 켈리, 케네스 놀랜드, 그리고 프랭크 스텔라가 그 멤버들이다.

7. 이전 스타일들과 달리 이들 예술가의 35%가 여성이었다.

8. 그룹 멤버 중 17명은 조사대상자 명단에 포함되지 않았다. 1977년 인터뷰에 참여한 명단은 1976과 1977년에 개최되었던 "예술가들의 선택: 뉴욕의 구상 예술" 전시에 참여했던 구상화가들의 목록을 참조하면 된다. 그룹의 또 다른 멤버들은 이후에 미술관에서 개최된 예술가들의 선택 전시에 참여하였다.

9. 이러한 조짐들은 다음과 같은 사실에서 발견할 수 있다. 예컨대 다른 스타일들인 미니멀리스트와 포토리얼리스트의 명단은 절반 이상의 이름이 중복된다.

미니멀리스트 45명 가운데 67%가 다른 스타일의 명단에도 올라 있으며, 포토리얼리스트 41명 가운데 56%가 다른 스타일과 겹치고 있음을 볼 수 있다. 우리의 조사 대상 중 34명이 다른 두 스타일의 이름에 올라 있으며, 1976년과 1977년의 인터뷰에서 조사된 몇몇 스타일에도 이름이 들어 있다. 각기 다른 스타일의 멤버들은 다양한 방식으로 서로 연결된다. 예컨대, 구상화가, 패턴 화가 그리고 추상표현주의 화가들은 기본적으로 스승과 제자의 관계에 있다. 포토리얼리스트와 미니멀리스트의 작품에는 다른 스타일 구성원들의 영향이 나타난다. 그리고 팝 아티스트들은 주로 개인적인 관계를 맺고 있다. 예술가 표본 집단 376명(신표현주의자들을 포함해서) 중 37%가 적어도 이들 방법 중의 한 가지 방식으로 서로 연결되어 있다.

10. 카두신(1976)에 따르면, "그 서클은 비록 대부분의 멤버가 서로 직접적인 연관을 맺고 있지 않더라도 유지될 수 있다. 이러한 관점에서 그것은 그룹과는 매우 다른 성격을 가진다고 할 수 있다."

11. 예컨대, 클라스 올덴버그, 짐 다인, 로버트 라우센버그, 로버트 모리스 등이다.

12. 짐 다인은 추상표현주의와 해프닝, 로버트 인디애나는 미니멀리즘, 로이 리히텐슈타인은 해프닝, 클라스 올덴버그는 해프닝에 영향을 받았다.

13. 자신의 작품에 대해 직접 글을 썼던 미니멀리스트에는 칼 안드레, 도널드 저드, 로버트 모리스, 그리고 로버트 스미드슨이 있다.

14. 핵심 역할을 수행한 컬렉터들은 리처드 베커, 레온 크라우사, 레오 마누친, 주세페 판자 디 비우모 백작, 로버트 C. 스컬이다. 팝 아트 초기의 컬렉터로 중요한 사람은 필립 존슨, 피터 루드비히, 버톤 그레마인 부부 등이다.

15. 문화 계급은 사회 계급의 유사한 사회적 태도가 아니라 태도와 평가 면의 세계관에서 유사한 특징을 보이는 문화적 산물을 소비하는 그룹이다.

16. 어떤 종류의 미술관은 구상회화를 수집했다. 특히, 신생 아카데미 미술관, 그다지 주목받지 못하는 비전문적인 미술관, 그리고 이 책에서 언급한 예술가들의 작품을 많이 구입하지 않았던 아카데미와 비아카데미 미술관 모두가 이에 해당한다.

3 아방가르드의 이중 역할: 미학적 전통과 의미의 위기

'아방가르드'가 지배적인 사회 가치에 반대하는 예술가 집단을 함축하기는 하지만, 일반적으로 그것은 정치와 미학에서 급진적인 입장을 취했던 예술가들에게 법칙이라기보다는 예외적인 상황을 의미하는 것처럼 보인다. 노클린(1967)은 미학의 전통을 따르지만 정치적으로는 혁명적이었던 쿠르베처럼 특이한 경우와 미학적 관점에서는 매우 급진적이지만 사회적 입지에서는 부르주아 사회의 종말보다는 일정한 거리를 유지하고자 했던 마네처럼 좀 더 일반적인 인물을 비교한다. 사피로(1976)에 따르면 종종 급진적인 정치적 입장을 내세웠지만, 정치적인 연대보다는 관습적인 미학적 가치들을 전복하고자 노력했던 아방가르드 예술가들을 20세기 초기에도 발견할 수 있다. 그들은 정치를 위해 예술을 희생하지는 않았다. 포지올리(1976)는 20세기 아방가르드 예술의 비인간화된 특성을 강조하는데, 이 경우 관심의 초점은 인간 존재가 아니라 미학적 이슈들이었다. 이러한 전형적인 본보기로서 아방가르드에 접근하는 방식이 모더니즘의 입장이다. 여기서 모더니즘은 폭넓게 정의해서 아방가르드에 대한 수많은 이론적인 논의들에 영감을 받고, 20세기의 대표적인 추상작품들을 생산한 예술의 경향을 말한다.[1]

모더니즘을 깊이 있게 연구했던 비츠와 글림처(1984)는 이들 예술가 집단의 작품이 오직 모던 과학의 맥락 속에서만 이해될 수 있으며, 그 작품의 내용이 시지각의 과학과 매우 밀접하게 연관되어 있다고 주장한다. 그들은 시각 과학의 영향을 받은 모더니스트 예술의 두드러진 특징들이 추상, 원근법적 공간을 제거함으로써 그림의 표면을 평면으로 만들기, 시지각의 본질에 대한 끈질긴 실험과 이론화 작업이라는 사실을 밝혀냈다. 이들 화가는 당대의 시각 과학자들로부터 직접적으로 영향을 받았는데, 예컨대 엘름홀츠, 깁슨, 그리고 심리학 분야의 게슈탈트 이론가들이다. 조르주 쇠라와 로베르 들로네[2]와 같은 프랑스 화가는 색채 과학 이론에 몰두하였다. 들로네의 저술들은 기술적인 용어들로 가득 차 있는데, 이는 과학 전문용어의 영향을 보여주는 것이다. 심지어 그가 그림들에 사용했던 추상 형식들은 색채 과학자들이 사용하는 다이어그램에서 빌려온 것이다. 스위스 화가인 폴 클레는 색채 서열을 체계적으로 그림으로써 색채의 콘트라스트와 그라데이션의 기본 원리에 대한 아이디어를 발전시켰다. 비처와 글림처(1984)가 한 말이다. “전형적인 과학적 색도계color progression는 특정한 색상의 순도 혹은 농도에서 단계적인 증가 혹은 감소의 연속체이다. (……) 그러한 색도계는 클레의 작품에 자주 보인다.”

모더니스트의 미학적 전통은 예술가들에게 세계관을 제공한다. 실재reality에 대한 그들의 해석 방식을 형성하고, 과학적 패러다임이 세계관과 자연과학자natural scientist 활동들의 형태를 형성하는 것과 같은 방식으로 실험해야 한다는 문제들을 정의한다(Kuhn, 1970). 자연과학자들은 아이디어를 테스트하고 배제reject하는 데 반해, 예술가들은 아이디어를 설명하고 예시하는 차이점이 있다. 예술가들이 행하는 이러한 미학적 전통의 중요성은 추상표현주의자인 로버트 마더웰의 논평에서 볼 수 있다(Sandler, 1976). “지적인 화가들이라면 누구든지 현대회화 전체의 문화를 염두에 두고 있다. 그가 그리는 모든 것의 주제, 즉 그의 실질적인 주제는 하나의 존경homage이자 비판이다. 그리고 그가 말하는 모든 것이 주해서일 뿐이다."

이런 유형의 예술은 매우 추상적이고 신비적인esoteric 것이 되며, 시지각의 인식이나 조직과 같이 아주 본질적인 문제에 몰두하게 된다. 가블릭(1977)의 말처럼, "그것은 순수한 연관성pure relationships을 탐구하는 자율적인 예술"이다. 그녀는 20세기 예술이 정사각형, 원, 정육면체, 직사각형, 삼각형과 같은 기본 단위에서 끊임없이 조합을 만들어내는 형식논리학의 체계를 구축하고자 하는 사유 방식이 되었다고 주장한다.

이 장에서 나는 모더니즘의 미학적 전통이 전후 기간에 미국 미술가들을 인본주의적 가치들과 사회정치적인 참여의 기능에서 멀어지게 하는 데 지속적으로 영향을 미치면서 각인되어 있는지를 보여줄 것이다. 이러한 경향들은 이 기간에 예술가들이 중산층, 특히 아카데미의 활동 영역으로 급속히 통합되었다는 사실로 뒷받침될 수 있다. 1950년 대표적인 추상표현주의자인 윌렘 드 쿠닝은 "예술가들은 숙련공craftsmen인가, 전문가professionals인가?"라는 질문을 받았을 때, "내 생각에 우리는 숙련공들이다. 그러나 우리는 우리 스스로 정확히 무엇인지를 진짜 알 수 없다. 세상에서 우리가 차지할 자리는 없다. 단지 도처에 존재한다고밖에 말할 수 없으며 절대적인 지위를 주장할 수 없다."(M. Tuchman, 1970)고 대답했다. 그러나 1966년 초반에 비평가인 해롤드 로젠버그는 "반항가로서 행동하기보다는 절망감과 자기 탐닉에 빠져 예술은 사회 내에서의 표준적이고 전문적인 활동을 수행하게 되었다"(Buettner, 1981에서 재인용)고 말한다.

1980년대에 데이비스(1982)는 20세기 후반의 미국 미술가들은 중산층과 유기적 공생 관계로 접어들면서 대리 자극과 오락을 제공하지만 미학적인 도발 정신으로 위협하지는 않았다고 주장한다.

이처럼 예술가들의 사회적 지위가 변화하는 동안에 아카데미 비평가들 그룹은 뉴욕 미술계에서 점점 더 지대한 영향을 미치게 된다. 이들 비평가들은 내용과 의미의 차원을 등한시하면서 모더니즘의 형식적 측면들을 강조했으며, 결과적으로 사회비평가가 아닌 미학적 혁신자로서의 예술가 역할을 다시금 강화하게 되었다. 눈여겨볼 것은 보상의 시스템에서 제외되었던 예술가들, 특히 여성 예술가들이 소홀하게 다루어지던 예술가의 사회적 저항 역할을 되살리는 데 기여했다는 점이다.

미학적 전통의 유산과 의미의 위기

40년대에서 50년대까지 추상표현주의자들과 그 추종자들이 고민했던 문제들, 그리고 그 문제를 해결하는 방식은 모더니즘의 미학적 전통으로부터 지대한 영향을 받는다. 추상표현주의는 한때 과거와의 완전한 단절(Armstrong, 1964)로 간주되었지만, 사실 저명한 비평가(카르민, 『미국 추상의 위대한 10년』, 1974; Rose, 1978)에 따르면, 그것은 이전 30년 동안 미술계를 지배했던 주요 스타일, 특히 큐비즘과 초현실주의의 통합이다. 이러한 통합을 이룩하면서 추상표현주의자들은 프랑스 미술을 차세대 미국 미술가들이 그들의 혁신을 지속적으로 완성시킬 수 있는 방식으로 미국 전통과 성공적으로 접목시켰으며, 동시에 그들 자신의 경험으로 구체화시켰다. 프랑스 미술은 더 이상 수입품(Shapiro, 1973)이 아니었으며 미국 미술의 한 풍경으로 통합되었다.

추상표현주의자들이 이처럼 20세기 유럽 회화의 주요 경향을 종합할 수 있었던 것은 미국 화가들과 대표적인 이들 유럽 전통과의 직접적인 만남을 가져왔던 역사적·사회적인 요인들이 우연한 일치를 보였기 때문이다. 다른 말로 하자면, 미국 추상표현주의자들의 운동은 기존의 유럽 미술 전통이 처음으로 미국에 있는 미국 미술가들에게 개인적인 방식으로 전달되었기 때문에 가능했다고 할 수 있다. 이들 미술가 스스로 아이디어를 교환하고 평가하고 재개념화할 수 있는 예술가 공동체를 발전시킨 바로 그 순간이었다.

이들 예술가 중의 한 명인 한스 호프만은 아주 비범한 능력의 소유자로서, 유럽의 주요한 혁신들이 발생할 당시(1900~1920)에 주도적으로 활동했던 유럽 미술가 다수와 개인적인 친분을 유지하면서 20세기 유럽 미술의 전통을 전달하였다(Rose, 1978). 그리고 미국에 도착했을 때 그는 스스로 스승의 역할을 자처하며 그 운동의 이론가가 되었다. 로즈는 그를 독일 표현주의의 역동적인 요소들을 미국 추상표현주의에 이식한 가장 중요한 채널로 평가했다. 비록 추상표현주의자들의 다른 초기 세대들을 직접 가르치지는 않았지만 그는 카리스마 넘치는 개성으로 예술가들이 공식적으로 학생이든 아니든 자유롭게 그날의 토론에 참여할 수 있도록 수업 분위기를 이끌었다(Ashton, 1973).

호프만의 이론 저술들은 주로 화가들이 어떻게 색의 사용과 회화적 공간의 조직화를 통해서 작품의 특정한 효과들을 성취할 수 있는가를 해명하는 데 바쳐졌다. 그의 주요 논제는 색과 형태 사이의 연관성이다. 즉, 색상들 사이의 상호 연관성이 공간과 볼륨의 지각을 발생시키는 방식을 연구했다. 과학자로서 직업의 첫발을 내디뎠던 그(Ashton, 1973)의 아이디어 중 일부는 색상과 그 색상이 상호작용하는 방식에 관해 글을 쓴 과학자들의 저술에서, 일부는 피카소, 브라크, 마티스, 그리고 그가 파리에서 젊은 시절을 보내던 당시에 알고 지냈던 로버트 들로니 같은 예술가의 작업에서 끌어왔다(Landau, 1976). 로즈(1978)에 따르면, 호프만은 마티스, 피카소, 독일 표현주의 전통을 따르는 코코슈카와 코니스를 포함한 현대 프랑스 회화의 거장 거의 모두와 들로니, 몬드리안, 칸딘스키와 같은 주요 예술 이론가들에 대해 해박한 지식을 가지고 있었다. 호프만은 이들 예술가와 이론가들이 쇠라와 세잔이 이룩한 혁신을 바탕으로 자신들의 화풍을 발전시켰던 것과 마찬가지로 자신의 작업을 그들의 생각을 바탕으로 하나의 멋진 건축물을 세우는 것이라고 평가했다. 그에 대해 로즈(1978)는 다음과 같이 논평했다.

> 일차적으로 모던 컬러 페인팅 – 야수파의 원초적 표현주의, 신표현주의자의 과학적 광학 – 에서 그 원천을 흡수하고, 이를 회화 공간의 애매한 전환이라는 세잔의 생각과 절묘하게 융합한 호프만의 업적은 너무나도 근본적이고 심도가 깊었기 때문에 지금까지도 예술가와 비평가들에 의해서 흡수되고 발전하고 있다.

호프만이 그리 친숙하지 못했던 예술운동은 초현실주의였다. 그러나 유럽에서 이주한 초현실주의 예술가들은 30년대 말에 미국에 도착하면서 이 전통을 미국으로 이전시키는 개인적 채널의 역할을 수행하였다. 초현실주의자들은 추상표현주의 성립에 가장 필수적인 자양분을 제공했다(Hunter, 1959). 초현실주의자들은 회화의 직관적이고 낭만적인 요소를 강조했으며, 이러한 강조는 오토마티즘automatism을 고안하고 본능의 중요성을 일깨우는 그들의 아이디어에 구현되어 있다. 이는 인상주의와 큐비즘의 근저에 흐르는 원리들을 결합하여 추상표현주의자들로 하여금 큐비즘과 그 분파들의 특징이었던 기하학적 추상을 벗어날 수 있도록 해주었다. 추상표현주의자들 절반 이상의 작품에서 발견되는 특성은 직선과 격자보다는 유기적 형태를 사용하는 생물학적 유기체의 유산이다.

이와 동시에 이들 예술가들은 자기 자신이 미국 사회의 주류로부터 고립되었다고 생각했으며 다른 사람들도 그렇게 생각했다. 적절한 규모의 미술시장(Loucheim, 1944)과 특정한 예술 유형에 대한 관객이 존재했음에도 추상표현주의자들은 자신들이 관객으로부터 철저하게 오해받고 있다고 느꼈다. 다음은 뷔트너(1981)의 논평이다.

> 사실이든 사실이 아니든 추상표현주의자들은 예술가를 무지한 관객의 무감각뿐 아니라 자신의 욕구에 의해 고립을 자초하는 고독한 개인이라고 생각했다. 사회의 이방인, 환영받는 미술계로부터 튕겨난 잔류자로

> 살아가는 이들 예술가는 절망감의 상태로 살아가고 있으며…… 예술가는 고독하다는 생각이…… 계속해서 수면 위로 떠오른다.

클레멘트 그린버그는 1947년 「영국 문학 리뷰」에서 다음과 같이 애탄의 글을 쓰고 있다(M. Tuchman, 1970에서 재인용).

> 굶주린 젊은 예술가들이 기거하는 뉴욕의 보헤미안 거주지역의 사기士氣는 지난 20년 동안 줄곧 쇠퇴했다. 그러나 미국 미술의 운명이 결정되는 곳은 아직까지도 차가운 바닥에 하루살이로 연명하는 젊은이들(그들 중 일부는 40세가 넘었지만)이 거주하는 다름 아닌 바로 34번가 아래의 다운타운 지역이라고 할 정도로 그들의 지성 수준은 치솟아 있었다. 이제 그들 화가 모두는 추상의 정신으로 작업하며, 57번가에서는 더 이상 그들을 찾아보기 어렵다. 예술에 발이 묶여 현실에 적응하지 못하는 이들은 마치 구석기 시대의 유럽에서 살아가듯이 미국에서 고립된 생활을 하는 소수 광신자 집단 이상의 평판을 받기 어렵다. 그들 젊은 예술가 대부분은 한스 호프만의 제자였거나 그의 제자들과 친분을 가지면서 그의 사상에 심취한 사람들이다. (……) 이를 통해 그리니치 빌리지Greenwich Village의 저주받은 시인들poetes maudits 컬렉션을 저주받은 화가들peintres maudits 컬렉션이 대체할 것으로 예측할 수 있다. 슬프다! 미국 회화의 미래가 그들에게 달려 있다. 그들의 운명이지만 슬픔을 감출 수 없다. 그들의 고립은 상상을 넘어 참담하고 끊임없는 저주였다. 이런 상황에서 훌륭한 수준의 예술을 생산하는 사람이 있다니 참으로 믿기 어려운 일이다. 50명이 1억 4,000만 명에 맞서 할 수 있는 일이 무엇일까?

전후 기간에 형성된 억압적인 사회 분위기에 대한 이들의 반응은 미학적 가치들에 집중되어 나타났다. 사회에 맞선 저항 정신은 보헤미안적인 라이프스타일과 예술의 내용이 아닌, 예술 그 자체를 창조하는 행위로 표출되었다(Sandler, 1976). 그들은 미학적 목표들과 고급문화에 열정적으로 헌신하는 반면에 대중문화와 중산층의 라이프스타일을 경멸했다. 아방가르드 고급문화와 키치 대중문화의 연관성에 대한 클레멘트 그린버그의 관점은 이들 예술가들의 태도를 반영한 것이다(Greenberg, 1961b). 몇 년이 흐른 후 아돌프 고트리브는 한 인터뷰에서, "예술은 누구를 위한 것이냐?"는 질문을 받고 다음과 같이 답했다(Siegel, 1973).

예술은 단지 예술과 문학의 소양을 쌓은 특정 소수만을 위한 것입니다. 예술이 모든 사람을 위한다는 생각은 지워버리고 싶습니다. 예술이 모든 사람을 위할 수 없습니다. 예술은 더 많은 사람에게 손을 뻗쳐야 한다고 사람들은 항상 말합니다. 그렇게 많은 사람에게 다가가야 한다고 그들이 원하는 이유를 알 수 없습니다. 수많은 대중에게는 그들의 관심을 끄는 다른 것들이 있습니다. 보통 사람들은 예술 없이도 잘 살아갈 수 있습니다.

비평가들은 종종 이들 예술가들을 종교적 열정을 가진 예비 시인, 예언자, 신화 창조자라고 부른다. 예술가의 역할에 대한 그들의 생각은 바넷 뉴먼의 다음 진술문에 나타나 있다(Cavaliere, 1981에서 재인용).

새로운 화가들은…… 진정한 혁명가이자 실천적 리더이다. 그들은 예술가의 기능을 감각senses의 세계가 아닌 이념ideas의 세계를 탐구하는 철학자와 순수 과학자에 적합한 평면에 대한 탐구로 이전시켰다. (……) 화가는 오늘날 시각적 상징을 통해 우리에게 진리 세계의 비전을 던진다.

호프만의 저술들에서 회화의 주제는 부차적인 의미밖에 지닐 수 없었기 때문에 자신을 둘러싼 사회적 환경에서 한 발짝 물러나 있는 그의 학문적 접근 방식은 이들 예술가들이 소위 말하는 주제의 위기에 원인을 제공했다고 할 수 있다(Sandler, 1976). 의미는 이들 예술가들에게 중요한 문제였다. 그들은 당대의 비예술적인 문화를 거부했기 때문에 당연히 정치적 급진주의 노선을 취했다고 생각할 수 있지만, 그 시기의 사회적 조건들은 그것을 방해했다. 1930년대의 많은 미국 예술가들은 자신의 작업을 미국 사회의 사회적 조건, 특히 부당한 사회적 처우에 대한 자신들의 불만을 표현하는 수단으로 생각했다(Shapiro, 1973). 추상표현주의자들이 성숙기에 접어든 것은 바로 그 기간이었으며, 그들 중 다수는 회화가 사회적 질서를 비판하거나 심지어는 공격해야 한다는 생각을 가지고 작업을 시작했다. 40년대에 전쟁의 시대가 도래하자 화가들은 사회에 비판적인 입장을 취하기가 어려워졌으며, 점차 중립적인 입창을 취하게 되었다. 추상표현주의의 주역인 로버트 마더웰은 1944년에 이렇게 말했다. "예술가의 문제의식은 무엇으로 자신의 정체성을 정의하는가에 있다. 중산층은 쇠퇴하고 있으며, 의식 있는 노동계층은 어디에도 없다. 따라서 현대 화가들은 서로를 위해서 그림을 그리는 경향이 있다"(Ashton, 1973에서 재인용). 클리포드 스틸(M. Tuchman, 1970) 또한 그들의 태도를 다음과 같이 예증하고 있다. "나는 나의 시간을 설명하는 데 관심이 없다. (……) 우리의 시대는…… 과학, 기계, 힘의 시대이며, 그리고 죽음의 시대이다. 그림에 대한 거대하고 장황한 찬사들의 늘어짐 앞에 더 이상 붙일 그 무엇도 남아 있지 않다."

그러한 스타일의 초기 단계에서 그들은 자신의 시대와 공간을 뛰어넘는 상징을 찾아서 고대의 신화들과 원시예술에 눈을 돌렸으며, 인간의 가장 깊은 심리학적인 욕구들을 표현했다. 그들의 예술은 자신을 발견하는 행위가 되었으며, 그림에서 자신의 개성을 자각하였다. 그들의 목표는 명시적인 내용을 자신 안에 미지의 세계로 남아 있던 전의식과 무의식의 세계를 암시하는 개인적인 상징들로 바꾸는 것이었다(Hobbs, 1978). 꿈, 환상, 기억들은 외부 세계의 대상들보다 더 실체적인 것으로 간주되었다(Buettner, 1981). 거기에 대해서 홉스(1978)는 다음과 같이 말한다.

> 추상표현주의자들은 시각 세계에 흥미를 갖지 않았다. 그들의 주된 관심은…… 그들 자신 내부의 세계로 침투하여 세계 그 자체보다는 세계에 대한 자신의 느낌들을 그리는 것이었다. (……) (그림의) 주제는 일시적인 심상心象과 시각의 가장자리로 그들을 이끄는 문명의 가장자리, ……마음의 가장자리에 존재했다.

40년대 후반에 많은 추상표현주의자들은, 표면의 디테일과 이차적 관념(Alloway, 1984)의 무늬를 벗겨낼 수 있는 예술을 창조하기 위해 기존 상징 체계들의 모든 흔적을 제거하고자 시도했다. 그들 중 일부에게 이러한 행위의 의미는 회화의 의미가 창조 행위 도중에 떠오르길 기대하며, 미리 구상한 아이디어 없이 그림을 그리는 과정들에 접근하는 것이었다. 그들은 이런 방식으로 자신의 진정한 주제의식을 발견할 수 있다고 믿었다. 창작 행위의 과정 그 자체에 이렇게 깊이 관여하고자 하는 그들의 욕망은 캔버스를 바닥에 깔아놓고 그 위를 걸어다니며 물감을 떨어뜨리는(dripping, 드리핑) 잭슨 폴록의 작업방식에 큰 영감을 주었다고 할 수 있다. 이 방식을 통해 그는 문자 그대로 그림 위에 서 있는(Sandler, 1976) 자신을 느꼈다. 폴록 자신의 말이다(1947). "내가 나의 그림 위에 있을 때, 내가 무엇을 하고 있는지를 의식하지 않는다. (……) 나는 변화를 이룩하거나 이미지를 파괴해야 한다는 등의 강박감에 두려워하지 않는다. 그림은 그 자신의 삶을 가지며, 나는 단지 그것이 드러나도록 내버려 둘 뿐이다."

윌리엄 바치오테스는 회화에 대한 자신의 태도를 다음과 같이 밝히고 있다. "캔버스 위에 벌어진 일은 예측할 수 없으며 단지 나를 놀라게 할 뿐이다. (……) 내가 그림을 그리기 시작할 때 따라야 할 특별한 체계는 없다. 각각의 그림은 진화하는 그 자신의 길을 가지고 있다. (……) 작업을 하거나 그림이 완성되었을 때, 주제는 스스로 드러난다(강조는 필자)"(Sandler, 1976에서 재인용).

이 스타일의 다른 멤버 프란츠 클라인의 말이다. “나는 미리 특정한 경험을 그려야 한다는 마음의 결정을 내리지 않는다. 그러나 그림을 그리는 행위 속에서 그것은 나에게 독창적인 경험으로 다가온다”(Sandler, 1976).

이러한 접근방식의 결과로 탄생한 작품에는 최고의 정점이 되는 포인트가 존재하지 않는다. “눈이 머물 수 있는 초점, 예리한 클라이맥스가 존재하지 않는다”(Sandler, 1976). 그것은 어떠한 선입관에도 부합하지 않는, 자연을 연상시키는 모든 지시체들을 삭제해버리는 예술이다. 또한 작품의 의미가 다양한 방식으로 해석될 수 있는 예술이다. 모든 추상예술과 마찬가지로 이들 작품의 특성은 의미의 불확실성과 말로 표현할 수 없음이다(Kuspit, 1978).

이들 예술가 중 일부는 자신의 작품이 정서emotion와 감정feeling을 매우 급진적인 새로운 방식으로 표현하는 것으로 보았다. 잭 트보르코브(「동시대 예술가들」, 1981)의 말이다.

> 그 그림들은 다음과 같은 신념에 근거하고 있다. 즉, 심리적이고 정서적·비언어적 경험이 있으며 이것들은 오직 회화 매체, 색상, 색조, 텍스처, 형태, 표면을 통해서 적합하게 표현될 수 있다. 그리고 삶, 자연 등 외적인 것과의 연관을 피할 때 그것은 좀 더 명확하게 그 경험을 표현할 수 있다.

바넷 뉴먼처럼 자신의 작품이 오랫동안 서구 문명에 중심이 되었던 사상을 표현한다고 믿는 사람들도 있다. 뉴먼은 자신의 작품을 통해서 삶과 죽음의 본질을 이해하고자 노력했으며, 그가 성취한 이해가 기술자 혹은 과학자의 이해보다 더 심오할 것이라고 말했다(Cox, 1982). 그는 「십자가 순례길The Stations of the Cross」이라는 제목의 자신의 추상회화 시리즈들이 같은 주제를 다룬 재현 회화들보다 인간 고통의 본성을 더 의미있게 진술해준다고 주장한다.

재현 회화가 드러내지 못했던 당대의 사회 현실을 더 깊게 표현할 수 있다고 믿는 다른 화가들도 있다. 이러한 해석은 아돌프 고트리브에 의해 표명되었다(M. Tuchman, 1970에서 재인용).

물론, 지금까지 예술가는 이미지 생산자의 역할을 해왔다. 시대가 다르면 다른 이미지를 요구하는 법. 악마로부터 벗어나려는 필사의 노력에만 우리의 모든 열망을 쏟아 붓고 있는 오늘날, 뒤죽박죽인 이 시대, 강박관념에 사로잡힌 음울한 회화적 이미지들은 이미 우리의 현실이 되어버린 노이로제 신경증의 표현이다. 내 생각에, 소위 말하는 그러한 추상은 이미 추상이 아니다. 반대로 그것은 우리 시대의 리얼리즘이다.

70년대 추상표현주의자들은 명확한 의미와 사회적 함의를 결여하고 있다는 비판을 받아왔다. 쿠스핏(1978)은 특히, 마크 로드코와 클리포드 스틸의 작품을 논평했다.

> 추상표현주의자의 가장 뛰어난 그림은 절대로…… 확정적인 의미final meaning를 전달하지 않는다. (……) 로드코와 스틸의 회화는 텅 비어 있다. 그러나 아무것도 아닌 것은 아니다. 그것의 평면성은 촉매이며 텅 빔은 풍부함이다. 우리가 환경이 되어가듯이 우리가 그림 속으로 들어가지 못하는 이유는 회화 표면의 강한 긴장과 함의含意 때문이다. 그것은 회화 표면의 쉬운 침투를 허락하기에는 너무나 근접하기 힘들고, 지나치게 자기－침잠과 자기－존경으로 꽉 차 있다. (……) 그것은 진짜 추상의 벽이다. 이처럼 낯선 추상 표면은 우리가 편하게 느낄 수 있는 그 어떤 내용에 대한 단서도 제공하지 않는다.

배트콕(1969~70)은 그들과는 매우 다른 용어로 그 작품들을 해석한다.

> 반대 의견이 있음에도 1940년대와 1950년대 예술의 주요 흐름은 반란의 예술이라기보다는 비평적 예술로 남아 있다. (……) 그것은 그 어떤 사건들과도 연관을 맺지 않음에도 놀랍게도 그것은 비어 있음으로 해서 한층 더 인상적이다. (……) 20세기 중반 뉴욕의 추상표현주의자들은 그 당시 매우 긴박했던 도덕적·사회적·문화적·윤리적 사회 위기를 자기 해체를 통해 해결하려 했다.

좀 더 최근에 길보(1983)는 추상표현주의자들의 작품이 제2차 세계대전 이후 미국에서 등장하여 정착된 자유주의 정치 이데올로기와 비견될 수 있는 개인주의와 모험의 이데올로기를 표현한다고 주장했다. 그의 해석에 따르면 이들 예술가의 탈정치 성향과 결합한 이 이데올로기는 결론적으로 자기 작품의 엘리트 컬렉터들에 의한 수용과 엘리트의 정치적 목적을 위한 작품 수집에 기여한다.[3] 길보와 콕크로프트(1974)는 이들 예술가의 작품들은 나중에 1950년대 냉전을 둘러싼 국제적 프로파간다propaganda의 도구가 되었다고 주장한다. 이러한 맥락에서 그들은 추상표현주의자들이 정치적 자유주의의 표본으로 묘사되고 있으며 더 나아가 미국 제국주의자의 정치적 목적에 봉사하게 된다고 주장한다.

그러나 마이어(1963)에 따르면, 아방가르드 작품들을 따르는 후기 회화의 다른 예술 형식들은 서구 예술과 사상의 기본 가치들에 완전히 반대하는 관점을 표현하였다. 마이어는 이들 작품이 인간을 그 자신과 자신의 환경을 통제하는 우주의 중심으로 보는, 서구 문명의 인본주의적 정향을 거부했다고 주장한다. 그 대신에 그것들은 인과성과 자유 의지에 관한 전통적인 개념과는 연계성이 없는, 우연에 의해 통제되는 우주를 함축한다. 그것들은 인간은 더 이상 사회적 우주의 중심이 될 수 없으므로 그의 감정과 반응들은 더 이상 예술이 지시하는 지점이 될 수 없다는 사회적인 의미를 함축한다.

사실, 새로운 제재subject matter를 찾고자 하는 이들 예술가의 노

3 아방가르드의 이중 역할: 미학적 전통과 의미의 위기

력(이 노력은 부분적으로는 유럽 예술에 표현된 주제에 대한 반작용과 부분적으로는 독창적이고 싶은 그들의 강렬한 욕구를 반영한다) 때문에 그들과 그의 후계자들은 의미, 그리고 사회적 비평가로서의 예술가의 역할에서 멀어졌다. 이러한 경향은 후속 예술가 세대들과 비평가들이 미학적 이슈들만 지나치게 강조하고 의미를 희생하는 뜻밖의 결과를 초래했다. 역설적이게도 선각자는 이제 기술자가 되어버렸다.

미니멀리즘과 의미의 부정

추상표현주의자들의 예술이 사회적 관심에 대한 그들의 은둔자적 자세를 예시적으로 보여주었다면, 미니멀리스트들의 예술은 미학적인 가치와 사회적인 가치 모두를 부정하는 행위였다. 그들의 입장은 이 연구가 다루는 어떤 다른 예술가 그룹들보다 더 극단적이다. 추상표현주의자들이 20세기 예술의 주요 경향들을 성공적으로 종합한 이후, 아방가르드가 걷는 혁신의 길을 더욱더 밀고 나가고자 하는 이들은 예술적 실천의 최전선에서 예술 그 자체의 한계를 실험하는 자신들을 발견한다(Perreault, 1967). 예술가는 예술의 전통적인 요소들을 어느 정도까지 제거하고도 여전히 예술을 생산할 수 있는가? 미니멀리즘의 관심의 초점은 사물로서의 예술 대상art object as an abject이었다. 리파(1968)는 미니멀리즘이 주제에 대해 갖는 무관심적 태도를 설명한다. “미니멀 아트Minimal Art는 회화의 선, 색, 면, 형태 등에 해당하는 오브제object들의 직접적인 지각에 근거한 감각에 관심을 집중하는 반면에, 예술가의 주관적인 감정 상태를 표현하기 위해 선을 사용하는 것처럼 오브제들의 상징적 해석에는 관심이 없다.”

그들의 전반적인 관심은 사회적 혹은 심리적인 함의含意를 벗어던진 대상 그 자체로서의 예술작품에 모아져 있다. 이 그룹의 리딩 멤버인 프랭크 스텔라의 말이다(Glaser, 1968).

> 모든 회화는 대상object이다. 회화에 깊게 관여한 사람이라면 그가 누구이든, 그가 하고 있는 작업이 무엇이든 결국 그것의 대상성objectness과 만나게 된다. 그는 사물을 만든다. (……) 그가 누구이든 나의 회화에서 얻어가야 할 모든 것, 그리고 내가 얻은 모든 것은 당신이 어떠한 혼동도 없이 전체 아이디어를 볼 수 있다는 사실이다. (……) 당신이 보는 것은 당신이 보는 것이다.

그는 초기 회화에서 캔버스 전체를 위해 하나의 모티프를 사용했다. 캔버스는 종종 그 자체로 직사각형이 아닌, 캔버스 중앙에 구멍이 뚫린 다각형이었다. 미니멀리스트들은 추상표현주의자들보다 더 극단적으로 중산층의 가치를 거부했다. 그들의 기반은 최초의 미니멀리스트로 불리는 추상표현주의자 애드 라인하르트의 아이디어를 근거로 했다(Buettner, 1981). 라인하르트는 그의 예술이 어떤 주제도, 어떤 사회적인 혹은 실천적인 가치도 갖지 못하도록 자신의 예술에서 모든 아이디어, 모든 감정, 모든 가치들을 삭제하길 원했다. 이 관점은 미니멀리스트 다다키 구요마의 말에 반영되어 있다(1964). "아이디어, 생각, 철학, 이성, 의미, 심지어 예술가의 인간성마저도 나의 작품 속에 전혀 들어올 수 없다. 오직 예술 그 자체만이 있을 뿐이다. 그게 전부다."

이 스타일에서 인본주의적인 접근이 나타나면서 예술이 감상자에게 끼치는 효과를 고려하는 형태를 취했다. 데이비드 홀(원초적 구조, 1966)의 말이다. "나의 관심은 대상에 대한 순수한 시각적·정신적 참여를 통해 관객의 마음에 환경적 변화를 불러일으키는 것이다. (……) 나는 관객의 마음에 있는 불균형과 질문의 생성 과정이 주제가 되어가고 있음을 느낀다." 또 다른 미니멀리스트 랠프 험프리(1975)는 "작품은 관객으로 하여금 자신을 더 많이 자각하도록 해야 한다. 그들은 작품을 볼 때 자기 자신의 자의식을 깨달아야 한다."

그들의 작품은 심리학적인 전체 이론(Haskell, 1976) 혹은 게슈탈트Gestalts 이론을 끌어들이는 동시에 관객 편에 서서 식별하는 노력을 기울였다. 대부분의 경우, 미니멀리스트 작품의 의미는 작품 외부의 사건이나 가치들에 대한 환기가 아닌, 미학적 문제들에 대한 그들의 해답에서 찾을 수 있다(Alloway, 1968). 추상표현주의자들과는 달리 미니멀리스트들은 그들의 작품에서 자신의 개성을 제거하고자 했다. 그들은 예술을 통해서 자신을 이해하거나 표현하려 하지 않았다. 그들의 유일한 목적은 시각적 현실visual reality의 가장 근본적인 측면들을 재생산하는 것이었다(Leepa, 1968). 이런 의미에서 그들의 예술은 휴머니즘의 안티테제이다(Meyer, 1963). 한 비평가(Leepa, 1968)는 "미니멀리스트는 자아 혹은 예술에 대한 어떠한 정의도 불가능하다고 믿는다."고 말했다. 또 다른 비평가(Rose, 1968)는 미니멀리즘을 "거부하고 폐기하는 부정적 예술"이라고 말한다.

그 스타일이 발전하면서 예술가들은 대상이 아니라, 어떤 본질적인 의미도 갖지 못하는 관계와 패턴들에 점점 관심을 갖게 된다(Wollheim, 1968). 가블릭(1977)은 미니멀리스트들이 예술에서 과학적 전통의 상속자였다고 주장한다. 주관적·정서적·상징적인 혁신의 원천들을 제거함으로써 그들은 기하학적 요소들을 순차적으로 늘어놓거나 다른 수학적 테크닉을 사용하는 등 실험적 접근방식을 사용하는 이성적인 접근으로 돌아갔다. 의미와는 상관없이 작동하는 논리적 조작을 통해 새로운 형태가 구축되었다.[4] 가블릭(1977)은 다음과 같이 칼 안드레를 말한다. "내가 발견하고자 하는 것은 단편 조각들의 모음들, 그것들을 간단한 방식으로 조립하는 법칙들이다. 즉, 대상이 아닌 부분들을 찾는다."

그들의 생각에 예술가들의 역할은 과학자나 엔지니어의 역할과 유사하다. 그 스타일의 대다수 멤버들은 자신을 문제—해결사 혹은 과학적·수학적 아이디어—를 다루는 존재로 보았다. 다른 이들은 일반적으로 언어의 의미론, 비평, 예술철학의 영역에 속하는 이슈들에 관심을 가졌다(Leepa, 1968). 로버트 리만의 말이다(Diamonstein, 1979).

> 화가들은 과학자가 특정 문제들을 풀어가는 방식과 아주 유사한 방식으로 회화에 관한 미학적 문제들을 풀려고 시도한다. (……) 당신은 모든 것을 작업할 수는 없다. 따라서 가장 관심 끄는 것을 찾아서 그것을 탐구하라. 그렇게 하면 당신은 가능한 해결책을 찾을 수 있을 것이며, 그 해결책을 통해 어떤 일이 발생하고, 그것이 어디로 갈 것인지를 발견할 것이다. 그리고 하나의 해결책은 당신이 그것을 몰랐기 때문에 이전에는 보지 못했던 어떤 것을 보게 하는 새로운 문제를 촉발한다는 사실을 발견할 것이다.

초기 스타일로 작업한 화가들이 종종 실재를 제시하기 위해 자신의 테크닉을 완성하는 실험에 빠져 있는 동안, 로버트 어빙은 회화 그 자체의 본성, 즉 이미지, 선, 프레임, 초점, 서명, 퍼포먼스, 그리고 대상성을 실험하고 질문하는 그런 방식들을 사용했다(Weschler, 1982; Levine, 1976; Butterfield, 1976). 어빙은 어느 날 다음에 묘사된 것과 같은 특별한 환경 공간을 그의 스튜디오에 설치했다(Levine, 1976).

> 전시 룸은 둥근 코너로 되어 있다. 모든 벽, 바닥, 천장은 아주 강한 힘을 가진 흰색 페인트가 칠해져 있고 관객 뒤에는 확산 조명 시스템general lighting system이 숨겨져 있다. 이 공간에서 그는 레이저, 스팟, 월 와셔wall washer와 같이 상상할 수 있는 모든 광원光源을 느끼며 걸어갔다. (……) 어빙은 과학자, 특히 물리학자와 지각(인지과학적) 실험에 관여하는 사람들에게 조언을 구했으며…… 관객들이 무엇을 하는지 뿐만 아니라 그들이 어떻게 생각하는지, 그리고 물질, 에너지, 지각에 대한 관한 자신의 시각을 어떻게 조정하는지를 곰곰이 따져보았다.

다른 사람들은 일반적인 방식으로는 쉽게 성공시킬 수 없는 효과를 창출하기 위해 정밀한 계측 시스템을 사용하였다. 찰리 로스는 다음과 같이 그의 접근방식을 설명한다(Varian, 1968).

> 이것은 각 세트마다 여섯 개의 프리즘(prism: 일곱 가지 빛깔이 나는 분광기)이 구비되어 있는 세트라고 설명할 수 있다. 프리즘들은 좌우 3인치 간격으로 측면에 설치되어 있으며 각각의 세트는 3인치 간격의 공간으로 배치되어 있다. 말하자면, 그것은 조명원이 도달할 수 있는 거리만큼의 균등한 공간으로 배치됨으로써 완벽하게 균형 잡힌 격자grid 공간을 연출한다. 그 세트들은 연장선의 설치 지점을 제외하고는 모두 동일하다. (……) 프리즘을 통한 공간과 빛의 지각적 특성은 각 프리즘 세트 사이의 거리에 따라 변화한다.

그들은 이처럼 혁신을 위해 합리적 접근방식과 함께 산업적 시공 기술을 사용했다. 많은 수의 이들 예술가는 벽돌, 스티로폼 판지, 시멘트 블록, 목판 빔과 같은 공업 생산 재료들을 사용하고, 그들의 아이디어를 시공施工하기 위해 산업 기술을 활용하고 숙련공을 고용하는 조각가였다. 그 자신이 미니멀리스트인 브라이언 오도르티(1968)는 그들을 자신의 사상을 다른 사람을 통해 실현하는 학자 타입의 예술가라고 불렀다.

결국, 이들 예술가들 중 많은 수가 예술작품의 지적 측면만 남아 있는 개념 미술conceptual art로 옮아가든가, 아니면 오히려 더욱더 전통적인 예술 스타일로 돌아갔다. 그들 중 후자의 길을 선택한 사람들에게 그 경험은 명백히 당대의 정서적이고 지적인 위기와 연관되어 있었다.[5] 다른 한편 그 스타일은 다른 스타일의 등장을 가능하게 했다. 예컨대, 그것은 예술에 대한 근본적 탐사 속으로 더 급진적으로 침투하여, 결과적으로 조각의 정의를 완전하게 다시 정의해버린다(Haskell, 1976).

모더니즘의 유산

호프만의 아이디어는 추상표현주의자들의 운동을 대변하는 주도적 비평가들 중의 한 사람이었던 클레멘트 그린버그에게 가장 큰 영향을 미쳤다. 그린버그는 모더니스트의 접근 목적은 회화 작업에서 다른 장르의 예술과 연관된 일체의 효과들을 제거하는 기획을 통해서 회화의 자율성을 확립하는 것이라고 주장했다. 따라서 그린버그의 말처럼, "모더니즘은 예술에 관심을 집중시키기 위해서 예술을 사용한다"(1961a). 그는 회화 표면의 평면성은 다른 장르의 예술이 가질 수 없는 회화만의 고유한 특성이기 때문에 "모던 회화는 그 어떤 것과도 연관성이 없는 그 자체의 평면성을 향한다"고 주장했다(1961a).

이 두 사람에 의해 발전된 모더니즘의 표준적 규범의 핵심 생각에 따르면 회화는 뚜렷이 구분되는 요소들, 즉 부분들로 구성된다. 회화의 각기 다른 부분들 사이의 연관성을 확립하는 것, 즉 회화의 표면을 조직화하는 것은 퍼즐을 푸는 것과 같다. 퍼즐의 해법이 성공적이면 성공적일수록 회화는 더 큰 의의와 영향력을 가진다. 화가이자 비평가인 반나드의 논평이다. "이렇게 심플한 아이디어에 대한 자각과 압박이 모던 예술이 이룩한 스타일적 혁명의 기초이다. 이것은 모던 주류의 핵심이며, 이런저런 방식으로 모든 예술가에게 실질적으로 영향을 미친다."

호프만 자신은 40년대와 50년대 초기에 예술적 효과를 성취하는데 필요한 숙련기술을 매우 깊게 연구했다(Cochrane, 1974a). 호프만은 그 숙련기술을 분석 다이어그램을 활용해 학생들에게 전수했다. 드로잉과 회화들은 색들을 병렬하고 또 그것이 이차원 평면과 맺는 연관성의 차원에서 아주 세밀하게 해부되었다. 호프만의 많은 제자는 대표적 화가가 되었으며, 이를 통해 이어지는 스타일들에 자신의 영향력을 행사할 수 있었다(Cochrane, 1974a).

한편, 그린버그의 아이디어는 영향력 있는 아카데미 비평가들 그룹에 의해 수용되고 발전되었다(Reise, 1968a, 1968b). 그린버그 자신은 "점점 더 훈교적이게 되고 철학과 역사에 더 많이 관심을 가지게 되었으며, 구체적이고 미학적인 만남들로부터 멀어지게 되었다" (Reise, 1968a). 달리 말하자면, 50년대와 60년대에 등장한 모더니즘의 새로운 버전은 예술작품을 전적으로 그것의 형식적 특성들로 분석하고 그 요소들을 작품의 최종적 리얼리티로 취급하는 것이다(Kuspit, 1979b). 화가들은 점점 더 회화 자체의 본질적 문제들에 집중하게 되었다. 이는 의미를 희생하면서 회화의 시각적 형상화를 강조한다는 의미다. 잭 빌의 주장에 따르면 모더니즘의 제1원칙은 "우리를 자연으로부터 분리시키고 미학을 회화의 가장 중요한 임무로 만드는 것" 이다(Seven on the Figure, 1979). 아마도 그린버그 자신은 "규칙들의 규준이 더 세밀하게 규정되면 그들이 다양한 방향으로 나아갈 수 있는 자유가 더 많이 줄어든다"는 말을 할 때, 이러한 결과를 예측했을 것이다(Greenberg, 1961a). 이러한 발전의 영향들은 이어지는 스타일들에서 볼 수 있을 것이다.

예술가들이 추상에서 재현으로 돌아섰을 때, 모더니즘의 미학적 관심사들은 아직도 많은 사람에게 의미 있는 것으로 남아 있었다. 예컨대, 다수의 구상화가들은 추상표현주의를 포함한 추상회화의 근저에 흐르는 미학적 이슈들을 다루었다.[6] 이차원의 회화 평면으로서 캔버스의 표면, 순수하고 표현적인 상태의 색 사용, 스케일이 큰 이미지 작업을 하고픈 욕구, 그리고 물감의 촉각적이고 물리적인 성질에서 오는 즐거움 등이 그 이슈들이다(Doty, 1982). 현대 구상화가 중의 한 명인 넬 블레인은 그녀 자신의 추상표현주의 노출 효과의 지속성을 다음과 같이 설명한다. "나는 추상을 결코 떠나 본 적이 없다. 그림을 조직하는 감각과 결합하는 방식은 추상의 시절에서 온 것이다. 나는 추상 덕분에 확신을 가지고 자연에 접근한다"(Swan, 1976).

모던 구상화가들은 모더니스트의 미학적 접근 방식을 초상화, 풍경화, 정물화, 가정의 인테리어와 같은 전통적인 주제에 접목시킨다. 기계들, 상점들, 그리고 공산품들은 보이지 않는다. 칸의 지적에 따르면, 이들 화가의 주제는 중성적이고 “그 자신의 적절하고, 단순하고, 눈앞에 닥친 일상에 대해서는 무관심한 경향을 보인다.” 이들 화가의 전형적인 모습은 그들이 가장 적합하다고 생각되는 상황에서도 이 그룹의 주된 멤버인 필립 펄스타인의 작품에서와 같이 심리학적인 의미심장함overtone이 드러나지 않는다는 사실이다. 그는 극단적으로 중성적인 자신의 누드화를 다음과 같이 말한다(Mainardi, 1976에서 재인용). “내가 이룩하고자 하는 모든 것은 사물을 있는 그대로 보는 것이다.” 일반적으로 그들은 자신의 작품에서 의미를 제거하고자 했다. 예컨대, 자신의 작품에 대한 알렉스 카츠의 말이다.

> 나는 주로 외관appearance을 다루는 나의 회화를 좋아한다. 스타일과 외관은 어떤 것의 의미보다 내가 더 신경 쓰는 것들이다. 나는 스타일이 내용을 대체하길 원한다. 혹은 스타일이 내용이 되길 원한다. 스타일은 의미로 보강될 필요가 없다. 사실 나는 스타일이 의미를 비우고, 내용을 비우길 원한다.

이들 화가 중 대다수가 회화재료의 표면 아래를 탐구할 생각이 없다. 그들은 리얼리티 그 자체가 아니라 외관의 미학적 측면에 관심을 갖는다. 이러한 견해는 헨리(1981c)의 모던 구상화가들의 26%를 차지하는 이른바 회화적 리얼리스트Painterly Realists의 작품들에 대한 논평에 제시되어 있다. “이것은 회화적으로 인식하는 바로 그 행위가 종교, 미학까지 뛰어넘어 정당화되고 기교가 넘쳐흐르는 회화이다. 그리고 회화 그 자체가 리얼리티를 대면할 수 있는 가장 최상의 장치로 간주되는 스타일이다.”

종종 이들 예술가는 대학, 전문대학 혹은 예술학교에서 강사 혹은 교수 신분으로 학생들을 가르쳤다. 포괄적으로 보자면, 그들은 보헤미안 아방가르드와 연관된 전통적인 라이프스타일을 포기하고, 정치적이고 정서적인 차원의 더 넓은 사회로부터 분리되어야 한다고 강한 톤으로 말하는 아카데미의 역할을 했다. 이들 예술가들은 특징적으로 공중과의 소통 가능성에 대해 회의적이다. 한 구상화가가 저자에게 보내는 편지에서 이러한 태도를 밝히고 있다.

> 나는 항상…… 예술이 대다수 사람의 삶에 간단한 영향만 미칠 수 있다고 느껴왔다. (……) 의미심장한 예술은 다른 예술가들의 이해를 위해 만들어진다. 만약 예술작품에 의미심장함과 깊이가 있다면, 그것은 예술작품이 만들어지는 맥락, 좀 더 정확히 말해서 주제와 역사적 환경에 대한 지식을 가진 사람에 의해 이해될 수 있는 그 무엇일 것이다. 아주 본능적인 이해를 제외한다면, 정보와 경험이 없는 사람은 예술작품의 깊은 의미 중에서 아주 작은 부분만을 이해할 수 있을 뿐이다.

이와는 대조적으로, 전통적인 회화 스타일에 대한 헌신을 모더니즘의 미학적 이슈들에 대한 몰입보다 우선시하는 구상화가들 중 일부는 동시대 예술과 사회 현실과의 분리에 더 많은 관심을 보였다.[7] 폴 지오르지의 말이다. "이렇게 정신적인 역할을 담당하는 예술에는 삶 혹은 살아감에 대해서 관객과 소통할 수 있는 주제가 반드시 있어야 한다. 그리고 대부분의 모던 아트에는 진정한 주제가 결여되어 있다"(Cochrane, 1974b).

포토리얼리스트 중에는 미학적 이슈들에 대한 관심이 종종 테크닉과 기술적 효과들에 대한 몰두로 나타나는 경우가 있다. 척 클로스는 형상을 창안하거나 색을 조합하는 일에는 별로 관심이 없으며 회화를 생산하는 수단들, 즉 연속적인 명암, 점들, 뿌려진 점들, 스크레치 등을 고안하는 데 흥미를 느낀다고 말했다(Harshman, 1978). 블랙웰도 이와 유사한 점을 강조한다. "사진작업에는 새로운 종류의 혁신, 즉 형태가 아닌 수단의 창안이 필요하다"(Meisel, 1981).

평범한 관객에게 이들 회화는 단지 필름의 셀룰로이드celluloid 이미지를 캔버스에 필사筆寫한 것 이상의 의미를 갖지 않는다. 그러나 세밀하게 분석해보면, 두 매체 간의 차이 때문에 필연적인 결과로 나타나는 수없이 많은 극미한 변화들과 이로 인해 야기되는 실재적으로 상이한 효과를 느낄 수 있다(Mackie, 1978; Seitz, 1972). 이들 예술가 중 일부는 같은 주제를 찍은 몇 개의 사진을 가지고 작업하기 때문에 그들의 회화작품은 복사가 아니라 합성에 가깝다. 마이젤(1981)은 돈 에디가 사용했던 이런 작업방식의 매력을 다음과 같이 설명한다.

> 창문은 세 가지 국면을 창조한다. 창문은 표면을 가지며, 창문의 투명성은 두 번째로 이미지의 외관을 볼 수 있게 하며, 그리고 세 번째로 창문은 환영을 반사한다. 눈의 기능 방식 때문에 우리는 현실에서 세 가지의 구분되는 이미지를 동시에 볼 수는 없다. 몇 가지 사진으로부터 모은 정보를 조합하면서 그 모두를 싱글 초점으로 맞추어진 그의 회화 표면에 구겨 넣은 에디는 물리적으로 불가능하지만 논리적으로는 가능한 장면scene을 연출했다. 하나의 카메라는 눈과 마찬가지로 전경이나 후경 중 하나에만 초점을 고정할 수 있기 때문에 그와 같은 결과를 만들어낼 수 없다.

다른 말로 하자면, 이들 화가 중 일부는 물리적으로 관찰 가능한 실재의 국면들을 아주 정확하게 기록하면서 새로운 종류의 회화적 실재를 생산하려고 시도했으며, 그 실재는 현실에서는 볼 수 있지만 사진 매체를 통해서는 포착되지 않는다. 그러나 이 스타일에서는 구상회화의 모더니스트 버전에서와 같이 이러한 본성에 대한 미학적 이슈들이 내용을 대체한다. 한 비평가(Raymond, 1974)의 논평이다. "그들 테크닉의 명확성은 이들 작품들이 아무것도 말하지 않음으로써 너무 많은 것을 말하려고 하기 때문에 기만적이다. (……) 의미의 모호성은 아마도 그들이 의도하는 바일 것이다."

패턴 회화: 과도기 예술의 역할

70년대 중·후반을 거치면서 예술가 자신의 사회적 역할과 공중公衆과의 관계에 대한 인식이 서서히 변했다. 어떤 예술가들은 사회적 진술을 시도하면서 예술계와 공중 모두에게 충격을 던지기도 했다. 동시에 많은 예술가가 비록 미학적 이슈들은 점차적으로 포스트모더니즘이라는 애매한 개념을 통해 재정립되었지만, 예술가 역할의 미학적 측면들을 계속 강조했다(Levin, 1979b). 이러한 모순적인 경향들은 패턴 회화Pattern painting의 현상을 통해 예증되었다.

패턴 회화는 미술시장 중에서 상품화의 정도가 비교적 적은 구역에서 발원했다. 패턴 회화는 자주 눈에 띄는 딜러가 주도하는 예술현상과 비교할 때, 예술가 발생 운동(Perreault, 1977)에 가깝다(Simpson, 1981). 이들 화가 중 몇몇은 예술가들이 매우 개인적인 언어로 자신을 표현할 수 있는 여건을 제공하기 위해 연방정부나 주정부의 재정 지원을 받는 비영리 조직인 대안 공간에서 최초의 전시회를 개최했다. 이러한 시작을 출발점으로 해서 그들은 일반 갤러리로 옮겨갔다(Solomon, "Alternatives in Retrospect", 1981).

패턴 화가들은 모더니즘 영역에서 배제되었던 인간적이고 장식적인 테마들을 표현하기 위해 모더니즘을 비非서구 예술 전통 및 민속, 소수 민족, 여성 공예가들의 모티프들과 결합하려고 했다. 비서구 문화와 동일시되고, 종종 익명의 여성 예술가들에 의해 창조되었던 장식적인 모티프를 사용한 것은 그들이 서구 문화에서 이러한 유형의 예술에 부여되었던 역할을 바꾸고자 의도했기 때문이다. 이들 예술가들은 장식을 이류급 예술이라기보다는 환경 속의 인간적인 요소로 생각하는데, 이것이 바로 아방가르드가 전형적으로 수행하고자 했던 역할 임무였다. 그들은 예술계 바깥에 있는 관객에게 이런 유형의 예술과 그것이 구현한 가치들에 대한 새로운 존경심을 불러일으키고자 했다. 갈고리를 구부리고, 바느질하고, 천을 짜는 숙련된 가내 기술이나 청소하고, 요리하고, 옷을 만드는 여성적 주제들을 모더니스트 회화의 관심 사항과 통합함으로써 미리암 샤피로는 다른 누구보다 미학적 이슈들을 심리적이고 정치적인 이슈들과 융합하였다(Frank, 1982). 그들은 감정, 감수성, 휴머니즘과 같은 여성적 가치들의 중요성을 인식시키는 데 기여하였다.

패턴 회화는 부분적으로 중산층 여성들에 의해 창조되었지만[8] 다른 사회 계층의 여성들을 위해 고안된 것이었다. 이전 스타일의 멤버들이 일반적으로 해왔던 것처럼, 예술의 일차적 목표를 미학적 차원으로 보지 않는 이들 몇몇 예술가는 예술의 생산과 감상 모두가 자기 이해의 수단으로 간주되어야 한다고 믿었다. 하모니 해먼드는 "예술은 자신의 인생에 대한 도전과 통제력 획득을 상징화한다."고 말했다(「동시대 예술가들」, 1981). 미리암 샤피로(「장식에 대한 열 가지 접근들」, 1976)는 자신의 작품에 영감을 주는 이데올로기를 다음과 같이 말한다. "여성이 말하는 것처럼 말하는 예술을 갖고자 하는 소망…… 사용하는 재료들에 대해 민감하게 반응하여 마치 그곳에 누락된 감각들을 보완하려는 역사에 대한 소명의식이 있는 것처럼 반응하고, 대학에서 사용하는 각각의 물체들에 여성의 꿈이 배어 있게 만들려는 소망이다."

더 많은 공중과 소통하려는 욕망은 이들 그룹의 여성들에게만 국한된 현상이 아니다. 조지 슈거먼은 자신의 회화가 "관객에게 풍부하고 복합적인 경험으로 다가가기를 원한다"고 말했다(「장식에 대한 열 가지 접근들」, 1976). 페로(1977)는 이 예술이 서구 추상 예술이 갖는 피상적인 엘리트주의를 분쇄하는 막강한 힘을 가진다고 보았다. 그는 이 예술이 "대부분의 사회주의 리얼리즘 형태들보다 더 민중을 위한 예술"이 될 수 있을 것이라고 주장했다.

심지어 전적으로 비재현적인 모티프들로만 작업하는 이 그룹의 예술가들조차 사회적 진술들을 표명하고자 했다. 특히, 그들은 동시대 사회의 어떤 측면들에 대해 시각적 메타포로 작용하는 추상적인 디자인들을 구성하고자 했다. 메리 그리고리아디스가 자신의 추상 회화를 '세속적인 아이콘 시리즈'라고 언급한 것은 우연이 아니다

(Robins, 1973). 다른 말로 하자면, 이들 예술가의 작품에는 추상적 모티프가 동시대 경험의 리얼리티를 제안하고 논평하는 것으로 사용되었다는 말이다. 토니 로빈은 이러한 생각을 다음과 같이 표현했다. "그 자체로 복잡할 수 있는 패턴들이 나열되거나 겹쳐지거나 혹은 침투되면, 내 생각에 동시대 경험에 대해 가장 힘 있는 메타포로 작용할 수 있는 복합적 공간을 만들게 된다"(「장식에 대한 열 가지 접근들」, 1976).

로빈은 르네상스 이후 서구 회화에서 공간이 제시되는 전형적인 방식은 이제 더 이상 우리의 시각적 경험을 표현하는 데 적합하지 않다고 주장한다(Ratcliff, 1978). 단일하고 일관된 회화적 시각 공간은 문화를 가로지르는 접촉, 새로운 커뮤니케이션 기술, 과학적 인과에 대한 불확정성 이론으로 특징지어지는, 다양하고 서로 충돌하는 동시대 경험에 의해 쓸모 없는 것으로 변했다.

결과적으로, 복합적이고 서로 충돌하는 공간 체계들이 좀 더 미학적이고 철학적인 만족감을 주기 시작한 것처럼 보인다. 공간의 복합성을 통합한 추상적 디자인들과 동시적으로 인지되는 사건들은 모던 테크놀로지의 효과와 우리의 매스 미디어 문화를 암시하는 것으로 큰 반향을 불러일으켰다. 어떤 경우에는 이들 추상적 디자인들은 산업 국가 유형학의 메타포로 작용한다. 윌리엄 쉬베들러의 회화들은 "인간이 조작한 풍경, 미래적인 공항, L.A의 기괴한 고속도로 등과 같이 상상력의 한계를 벗어난 풍경"에 대한 바라보기이다(Walleen, 1980).

이 그룹 구성원의 다른 추상회화들의 구성 방식은 매스 미디어가 지배적인 우리 사회의 커뮤니케이션 효과들과 유사한 효과를 제시하면서 그것들의 시각적 의미들이 끊임없이 변화하는 방식이다. 이러한 회화들은 관람자가 그 작품의 의미를 결코 완전하게 이해할 수 없다는 느낌을 줄 정도로 매우 모호하다. 예컨대, 켄달 쇼의 작품을 다음과 같이 설명할 수 있다. "그 작품에 주어지는 지속적인 반응을 특정한 패턴들로 고정하기는 매우 힘들다. (……) 각각의 회화는 그 모호한 패턴들이 서로 충돌할 때마다 다시금 경험되어야 한다"(Sawin, 1977). 머리(1980)는 윌리엄 콘론의 작품을 다음과 같이 언급한다. "백색의 형상들을 그것이 덮고 있는 요소들의 앞에 있는 것으로 읽을지 뒤에 있는 것으로 읽을지는 분명치 않다. 그것들은 동일한 평면 공간을 차지하면서 중첩되지만, 그들 각각이 서로의 앞과 뒤로 움직이는 것처럼 보이면서, 모든 부분은 전체임과 동시에 모호한 부분이다."

패턴 회화는 추상표현주의와 마찬가지로 종합 스타일이다. 그러나 그 속에 융합된 전통은 지금까지 보아온 맥락과 동일하지 않다.[9] 그들의 작품은 비서구적 자원에 근거하고 있을 뿐 아니라 서구 예술의 전통도 사용하고 있다. 특히, 20세기 초 패턴에 대해 깊이 있는 실험을 한 마티스의 작품이 그러하다. 패턴 화가들 역시 어느 정도까지 (감각적이고, 색상이 화려하고, 꽉찬) 사물들objects과는 극단적으로 상반되는 작품을 생산하기 위해 체계적이고, 합리적이고, 수학적인 방식을 사용하는 미니멀리스트의 아이디어를 적용한다는 점에서 미니멀리스트의 상속자이다. 다른 이들은 대중문화로부터 재현적인 모티프를 끌어와 그것에 정치적·정서적 색깔을 아주 강하게 입힌다(Friedman, 1982). 결과적으로, 어떤 점에서 스타일은 논란을 일으키는 것이며 자주 오해되기도 한다. 미니멀리스트로 작업을 시작한 후에 70년대 중반에는 패턴 회화로 옮아갔던 비중 있는 예술가인 프랭크 스텔라의 작품이 모든 주요한 예술운동들을 융합한 것처럼 평가받기도 한다(Hopkins, 1976). 한 비평가(Levin, 1979a)는 스텔라의 최근 작업을 이렇게 말한다. "모든 종류의 모더니스트 형식들이 거대한 변종으로 번식하고, 과거의 모든 스타일들이 뒤섞여 새로운 문법을 창출한다. 그것은 마치 구성주의와 큐비즘, 초현실주의와 팝이 하나의 공통 언어가 된 것처럼 의도된 텅 빔, 공격적인 허술함을 연출한다.

결론

지금까지 살펴본 예술운동들은 예술작품의 미학적인 내용을 제각기 다른 방식으로 재정의했다. 한스 호프만이 리더 역할을 했던 추상표현주의자들은 캔버스를 다루는 적절한 방식에 관한 예술적 관행을 다시 정의했다. 그들은 주제에서 시작하지 않았다. 주제는 그들의 캔버스 작업에서 나왔다. 캔버스 그 자체가 주제라는 말이 적절한 표현일 것이다. 이러한 아이디어가 추상표현주의자 운동의 2세대와 3세대, 그리고 현대 구상화가들에 의해 각색되면서 작품의 핵심은 캔버스를 조직화organization하고 그것을 시각적으로 구성하는 것이 되었다.

추상표현주의와 모더니스트의 미학적 전통은 인본주의적 가치, 장식, 재현, 급속히 확산되는 대중문화 현상들을 자신의 영역에서 배제하면서 극도의 신비주의 전략을 채택한다. 추상표현주를 뒤따르는 스타일들은 작품을 더욱더 비의적인 방향으로 몰고 나가면서 추상표현주의를 확장하기도 했으며, 그 대안으로 그들이 폐기했던 요소들을 다시 미학적 전통 속으로 재통합시키기도 했다. 그런데 미니멀리스트들은 예술 대상 그 자체의 본질에 대해 문제를 제기했다. 예술 대상은 더 이상 다른 어떤 것을 재현하는 데 사용되지 않았다. 그것은 모든 정서적·사회적인 의미의 함축을 벗어난 그 자체가 주제였다. 이와는 대조적으로, 패턴 화가들의 일부는 비서구적이고 비재현적인 미술의 전통과 서구의 숙련 기술들을 모더니스트의 원칙들과 통합하고자 했으며, 일부는 모더니스트의 전통 내의 이질적인 요소들을 취하여 새로운 종합을 창조했다. 그러나 전통의 예술을 통합하려고 시도하면서 이들 예술가는 아방가르드 개념과는 모순되는 방식으로 행동했다. 아방가르드는 과거를 되살리기보다는 과거에 도전한다. 구상화가들은 재현을 재도입하며, 특히 전통 구상화가들은 전통적인 유럽 회화의 테크닉과 이와 연관된 인본주의적 가치들을 소생시키는데, 이러한 행위는 모두 아방가르드의 규칙을 어기는 것이다.

부분적으로는 정치적 분위기 때문에 부분적으로는 예술 공동체 내에서 발전된 회화의 규칙들이 갖는 본성 때문에 이 기간에 많은 예술가는 아방가르드가 수행한 사회적·정치적인 차원이 아닌 미학적 차원에 집중하였다. 정치적·사회적인 주제를 작품에 도입한 사람은 주로 자신들이 미술 공동체와 미술시장에서 배제되었다고 생각하는 여성과 사회적 소수자minority들이었다.[10] 다음 장에서 살펴볼 것이지만, 다른 스타일들은 대중문화의 테마들을 끌어오거나 미학적 전통 자체를 풍자하는 등 다른 방식으로 예술의 사회적 내용을 재정립하였다.

각주

1. 모더니즘이라는 용어는 종종 클레멘트 그린버그의 저술과 연관을 가진다(그린버그, 1961a 참조). 그러나 나는 이 용어를 19세기 중반에 시작된 모더니스트 미술을 포함하는 좀 더 넓은 의미로 사용할 것이며(Vits & Glimcher, 1984 참조), 이 경우 추상화나 재현 회화에서 추상적 접근방식을 수용하는 경향까지 포함한다.

2. 역주: 프랑스 화가로 색채 연구에 열중했으며, 입체파 운동에도 참여했다. 그의 작업은 미래파 운동에 영향을 미쳤으며, 특히 순수한 프리즘 색을 이용한 율동적인 추상적 구성을 특징으로 하는 오르피즘의 효시가 된다.

3. 이러한 예술을 지배체제를 통해 수용하는 것은 50년대 초기 미술계에서 그들이 성공을 거두었기 때문에 가능하다고 말하는 편이 정확한 표현이다. 동일한 기간에 매우 다른 스타일로 작업하는 예술가 그룹들도 마찬가지로 탈정치적 경향을 보였는데, 예컨대 전후에 꾸준히 작품을 생산했던 사회적 사실주의자(Social Realist)들이 그렇다. 그러나 사회적 사실주의자들은 미국의 정치적·사회적 풍경에 대한 명백한 언급들을 그들의 작품에 담으면서 그것을 실제로 차용했기 때문에 미국의 정치적 자유를 모범적으로 보여주었다고 할 수 있지만, 해외에서는 미국을 대표하지 못했다. 추상표현주의를 승리로 이끈 모더니스트 비평가들이 모더니스트 미학의 평가 기준에 부합하지 않는다는 이유로 이들의 작품을 경멸한 사실에 유의할 필요가 있다.

4. 가블릭(1977)은 단위 자체가 아닌 단위들 사이의 연관성을 중요하게 생각하는 핵물리학과 같은 과학과의 유사성에 주목했다.

5. 핀쿠스 위튼(1970)에 따르면, "미니멀리즘과 연관된 많은 인물들—실제로 그들의 대표 인물—은 최근에 미니멀리스트들의 교훈(말하자면, 자신들의 심적인 구조)을 강하게 재시험해왔으며, 근본적인 감수성의 변화를 동반하는…… 아주 힘겨운 자기 침잠으로부터 벗어나고 있다."

6. 추상표현주의는 "현대 사실주의 이면에 숨어 있는 가장 강력한 동력이다("리얼리즘, 포토리얼리즘", 1980)"라고 말해진다. 이 말은 모더니스트 전통에서 볼 때 구상회화에 가장 잘 부합하는 말이다. 모던 구상회화 그룹의 연장자들 중 상당수는 추상표현주의가 그 절정에 달했을 때 자신의 경력을 시작하고 그들에게서 사사하였다. 그리고 그 연장자들은 다시금 현대 구상회화 그룹의 젊은 멤버들을 가르쳤다.

7. 전통적인 구상화가들은 전통적인 화가들이 사용했던 방식과 동일한 기법과 구성 방식을 사용해 회화를 창작하려 했다(예컨대 Mangan, 1974; Smith, 1979). 2장과 3장 참조.

8. 이들 화가들 중 41%가 여성이었다. 이 기간에 뉴욕 예술계에서 여성의 역할에 대한 논의는 앨러웨이(1984)를 참조. 그에 따르면, 이전 예술운동에서 여성은 아주 미미한 존재였으나, 70년대 초반에는 매우 두각을 나타내었다.

9. 이들이 다양한 스타일을 어느 정도까지 종합하고 있는가는 42%가 서구와 비서구의 전통으로부터 영향을 받았는데, 22%가 서구 전통으로부터, 24%가 비서구 전통으로부터, 그리고 11%가 그 어느 쪽으로부터도 영향을 받지 않았다는 사실에서 확인할 수 있다.

10. 60년대와 70년대 사이에 정치적·사회적인 관심 사항들은 예술작품에서보다는 군중 시위 혹은 파업을 통해 표출되었다. 이들의 행동들은 한편으로는 미국의 베트남 정책을, 다른 한편으로는 주로 미술관과 같은 예술 제도를 향한 반발이었다(Siegel, 1985).

4 예술로서의 대중문화: 전환기의 스타일, 팝 아트

1960년대 초 뉴욕에서 생산된 일부 예술작품들에서 아주 새로운 주제가 나타나기 시작한다. 이 새로운 변화의 주된 역할을 팝 아티스트들이 수행하였다. 그들은 미술의 주제를 대중매체와 공업 생산물들로부터 끌어왔으며 광고와 만화책의 삽화들까지 포함하는 상업 미술의 테크닉을 사용했다. 팝 아티스트들은 추상표현주의자인 선배 미술가들, 미니멀리스트인 동시대 미술가들과는 완전히 다른 경향의 작품을 보여줌으로써 처음에는 비평가들로부터 외면당했다. 그러나 컬렉터 지지자들이 빠르게 생겨났으며 뉴욕 미술계에서 중요한 자리를 차지하게 되었다.

그러나 아방가르드 예술의 기저에 흐르는 미학적 전통을 풍자하고 거부했던 이 새로운 스타일은 아방가르드와 대중문화의 연관성뿐 아니라 아방가르드의 본성이 무엇인가라는 이슈를 아주 독특하고 현저한 방식으로 제기했던 아방가르드의 보상 시스템 안에서도 성공을 거두게 된다. 그것은 당시 대세였던 선두적인 미술비평가 클레멘트 그린버그의 미술비평 관점에 대한 정면 도전이었다. 아방가르드의 미학적 전통과 대중문화는 같은 배를 탈 수 없으며 어떠한 교류도 그것의 지위를 위협할 것(Greenberg, 1916b)이라는 그린버그의 관점에는 프랑크푸르트학파의 많은 이론가가 동조했다(Huyssen, 1975). 팝 아트를 어떻게 분류할 것인가에 대한 불확실성은 대부분의 팝 아트들이 미국 사회의 지배적인 가치들에 대해 도전하기보다는 그것을 반영하기 때문이라는 사실에 의해 더 가중된다(Davis, 1977). 이 장에서 나는 다음과 같은 문제들을 다룰 것이다. 팝 아트의 본성은 무엇인가? 특히, 아방가르드 예술의 미학적 전통과 대중문화에 대한 팝 아트의 연관성은 무엇인가? 뉴욕 예술계 발전에 미치는 팝 아트 영향력의 본성은 무엇인가?

팝 아트, 그리고 아방가르드

팝 아트가 뉴욕 예술계에서 성공의 정점을 찍었다고는 하지만, 그 작품들의 미적 측면들에 대해서 비평가들은 매우 논쟁적이다. 팝 아티스트들이 일상 용품commonplace subject의 중요성을 일깨워주었으며 그것들을 새로운 맥락으로 제시함으로써 절묘한 의미를 드러냈다(Chase, 1976)고 주장하는 사람들이 있는가 하면, 팝 아티스트들이 아이디어를 발전시키지 못하고 단순히 반복만 한다(Moffett, 1974)고 주장하는 사람들도 있다. 반나드(1966)는 그들이 모더니즘의 미학적 전통을 버렸으며 더 이상 미학적 아이디어의 발전에 기여하지 못한다고 주장한다. 이러한 논쟁이 복잡한 이유는 모던 예술 자체 내에 이미 미학적 전통에 대한 상반된 입장이 존재했기 때문이다. 앞에서 살펴보았듯이, 모더니즘의 미학적 전통은 20세기의 주요한 추상 작품의 기반이었으며 뉴욕 예술계에 생겨난 수많은 스타일의 기초가 되었다.

뉴욕 예술계의 발전과 동시에 아방가르드 예술의 또 다른 움직임은 20세기 초 프랑스 예술가인 마르셀 뒤샹에 의해서 개척되었다. 그는 일상 용품들에 뜻밖의 이름표를 붙임으로써(일명 레디메이드) 아방가르드 예술과 일상의 경계를 허물었다. 그는 「모나리자」 복제 인쇄물에 콧수염을 그려 넣었으며, 대량 생산품인 남성 소변기를 「샘」이라는 조각 작품으로 전시함으로써 그 대상들의 의미를 변형시켰다. 다시 말해 「모나리자」의 원본성과 독창성을 파괴하고 소변기의 의미를 변형시켰다(Benjamin, 1973; Huyssen, 1980).

1950년대를 거치면서 아방가르드 작곡가인 존 케이지는 뒤샹의 아이디어를 아방가르드 음악의 작곡에 적용하고 발전시켰다. 케이지의 목표는 예술가의 자아와 예술과 일상 경험 사이의 모든 구분이 사라지는 우연적 결정accident-determined의 예술을 생산하는 것이었다. 동료 음악가들로부터 배척당한 케이지는 다른 장르의 예술가들과 신중하게 접촉을 시도했다. 그는 추상표현주의자들이 참여했던 클럽club의 초기 멤버였다(Kirby & Schechner, 1965). 그는 평생 동지였던 머스 커닝햄, 댄서들, 화가들, 급진적이고 혁신적인 댄서 프로그램과 그리니치 빌리지에 위치한 주드슨 기념 교회Judson Memorial Church에서 감행한 해프닝에 참여했던 시인들과 교류했다(Jowitt, 1971).

화가들에 대한 케이지의 영향은 이중적이었다. 한편으로, 화가들이 일상의 이미지들, 인공품들, 사건들을 재발견하도록 도와주었으며, 예술은 게임, 장난, 역설들의 연속이라는 뒤샹의 아이디어에서 출발하여 새롭고 지적인 길을 개척해주었다(Sandler, 1978; Perreault, 1968; Rose, 1968). 다른 한편으로, 이러한 운동은 고급문화를 우스꽝스럽게 드러내면서 대중문화와 고급문화가 서로 교체될 수 있음을 시사했으며 시각예술에서 고급문화의 개념을 약화시켰다.

팝 아트에는 두 가지 주요한 원천이 있다. 첫째 경향은 익숙한 사건들을 대하는 관객의 태도 변화를 유도하면서 해프닝happening에 참가했던 예술가들(Baldwin, 1974)의 생각에서 발전하였다. 이들 초기의 몇몇 팝 아티스트는 현대사회에 만연한 기호와 메시지들의 심층적인 모호함을 보여주고자 했다. 기호, 옷, 음식과 같은 일상의 사물들이 전시되어 있는 클라스 올덴버그의 상점은 팝의 성상파괴주의적

iconoclastic인 모습을 대표적으로 나타낸다. 앨러웨이(1974)는 이런 조각들을 "실제로 판매되는 상품들과 진짜 상점에 있는 디스플레이 기호들의 병적인 변형들"이라고 설명했다.

팝 예술가의 작품들은 미학적 전통과 그 전통을 대중문화의 시각적 이미지들과 어떤 방식으로든 연결시켜보고자 하는 욕망 사이를 오락가락하는 그들의 양면성을 반영하고 있다. 이들 예술가에게 진지한 예술의 시각 이미지들과 대중문화의 이미지들 사이의 연관성은 매우 중요한 문제점으로 다가왔다. 클라스 올덴버그의 두 가지 논평이 이를 잘 설명한다. "나는 상업예술과 순수예술, 그리고 순수회화와 우연적 효과들을 구분하는 것이 특히 신경 쓰인다. 나는 우리가 이들 영역을 매우 코믹한 터치로 매우 정교하게 다루어왔다고 생각한다." 한층 유머가 넘치는 몇 년 뒤 그의 말이다(Van Devanter & Frankenstein, 1974).

> 만약 내가 해왔던 일들이 예술의 경계를 확장하는 데 기여한다고 생각하지 않았다면 나는 작업을 계속하지 않았을 것이다. (……) 보르도산 백포도주 잔을 한 손에 들고 그토록 오랫동안 황금 납골당에서 잠자던 예술이 이제는 수영하고, 담배를 피우고, 맥주를 마시고, 머리를 풀어헤치고, 짧은 여행길에 오르고, 웃음을 배우고, 온갖 종류의 옷을 걸쳐 입고, 자전거를 타고, 멋진 모자를 쓴 여인을 만나서 사랑을 나눈다. (……)

일반적으로 이들 예술가가 미학적 전통을 취급하는 방식은 풍자적이다. 리히텐슈타인은 세잔, 피카소, 몬드리안, 모네, 그리고 추상표현주의 회화를 포함한 현대 미학 전통에 입각한 유명한 작품들을 패러디하고 만화의 삽화 형식으로 그린다(Seitz, 1972). 멜 라모스는 마네, 부세, 앵그르와 같은 18세기와 19세기의 프랑스 화가의 회화를 패러디하였다(Truewoman, 1975). 재스퍼 존스는 예술적 상징의 본성을 논하기 위해 뒤샹의 아이디어를 참조하고 확대 발전시킨 작품들을 창조했다(Johnson, 1965). 이들 예술가는 현대사회에서 예술이나 예술가 모두는 너무 심각해져서는 안 된다는 제안을 하는 듯하다.

그러나 이런 팝 아트의 측면은 (예술의) 독창적 원본성 개념을 버리고 혼성모방pastiche(패스티시)의 방향으로 나가게 했으며, 이런 요소들은 이어지는 예술운동에서 더욱 두드러지게 나타난다. 미학적 전통을 이미지와 테마의 자원으로 활용하고 대중문화의 이런저런 요소들을 마구 섞어 나열함으로써 마치 모음집anthology을 생산하는 것처럼 보이는 작가가 있다. 짐 다인의 작품에 대한 설명이다(Kosloff, 1964).

> 짐 다인 작품의 물감 층은 어린이의 물감 칠, 나르시시스트의 추상표현주의, 일요일 아마추어 화가의 서툰 물감 칠, 다양한 형태의 윈도 디스플레이 스케치, 장식가의 에나멜 컬러 샘플처럼 고도의 탈개성화 분리와 결합을 보인다. (……) 다인의 작품은 인용引用 속의 인용, 인용과 결합한 암시, 암시와 결합한 패러디 혹은 이러한 모든 가능성의 모듬이다.

대중적 주제들을 다른 방식으로 다룬 예술가들도 있다. 앤디 워홀의 작품과 라이프스타일에서 대중문화를 좀 더 색다른 방식으로 접근한 전형적인 모습을 엿볼 수 있다. 그는 사형용 전기 의자와 마릴린 먼로의 사진을 마치 브릴로 박스Brillo boxes처럼 취급하면서 자신의 작품 주제에 관한 말을 아꼈다(Amaya, 1971). 문화적 관점에서 보자면, 앤디 워홀은 60년대 이후 미국 미술에서 발생한 미학적 가치 전환의 본질을 매우 극단적인 형식으로 반영한 이 운동의 대표적인 인물이다. 그의 작품은 그것의 함축적인 의미가 매우 서서히 드러나는, 근본적으로 새로운 어떤 것을 재현했다. 다른 말로 하자면, 팝 아트의 직무가 단지 대중문화의 주제와 이미지를 사용하는 것만이 아니라는 것이다. 그것은 이들 재료들을 사용하는 방식에서 보자면 사실 대중문화의 한 형식이었다.

비록 몇몇 예술가는 대중문화산업의 맥락에서 매우 복잡하고 정교한 작품들을 생산하지만, 대중문화는 미적 효과를 창출하기 위해 고안된 표준화된 절차들로 구성된 공식들formulas에 뿌리 깊게 의존하고 있다(Cawelti, 1976). 누구나 매력을 느낄만한 이런 종류의 주제를 담은 작품들에는 복잡한 주제들이 매우 단순화되어 나타난다. 60년대 초기에 생산하기 시작한 앤디 워홀의 실크스크린 초상화에는 이러한 공식의 특성들이 집약되어 있다. 동시대 예술 스타일의 변두리에서 작업하는 예술가들이 종종 현존하는 미학적 전통의 요소들을 선택하여 그것들을 공식으로 단순화시키는 반면에, 워홀은 대중문화의 요소들을 이용하는 새로운 공식들을 창조했다. 다른 말로 하자면, 종종 그의 주제, 테크닉들이 대중매체인 사진의 형태들로서 대중문화에서 가져왔다는 것이다. 본질적으로 그의 회화 주제는 현대적 삶에 대한 미디어 문화의 충격에 대한 암시적인 논평이었다(Deitch, 1980; Schjeldahl, 1980).

워홀의 실크스크린 초상화의 원본 이미지는 사진이며, 사진의 주제는 워홀이 직접 찍은 광고 스틸, 뉴 포토, 빛바랜 가족 사진에서 폴라로이드 사진까지 폭넓다(Bourdon, 1975). 비록 사진에 기초하고 있지만, 예를 들어 그 작품들에는 구상화가들의 초상화와 비교할 때 대상 인물의 얼굴에 대한 정보가 덜 세밀하다(Bourdon, 1975). 달리 말해, 이들 초상화에는 주제의 복잡성이 공식을 사용하여 아주 단순화되었다는 것이다. 사실 워홀은 초상 인물을 있는 그대로 재현하지 않고 아주 매력적인 환상의 인물로 재현하였다. 워홀은 실재 인물의 용모와 개성에 좀 더 심플하고 글래머한 느낌을 덧씌웠다. 눈과 입술의 중요성은 일반적으로 과장한 반면, 결점과 매력적이지 않은 특징들은 감추어버렸다. 워홀의 의도는 초상화를 극도의 아첨꾼으로 만드는 것이라고 한다. 그의 아첨 방식은 대중문화에 널리 확산된 미에 대한 어떤 특정한 관념에 맞아떨어지는 표준적인 이미지로 인물의 초상을 디자인하는 방식이다. 최종 완성본을 생산하는 과정은 매우 반복적이고 기계적인 작업으로 이루어지며 그동안 사진 이미지의 여러 곳에 물감이 덧칠해진다. 그러나 워홀은 별 생각 없이, 심지어는 매우 성의 없게 그 작업을 했다고 토로하곤 했다. 사실 그의 모든 예술적 생산물은 매우 손쉽게 작업했다는 인상을 주는데, 그가 제작한 영화와 저술에서도 마찬가지 느낌이 든다. 사실 예술가적 장인정신은 더 이상 찾아보기 힘들다. 워홀은 미학적 전통에 대한 어떠한 충성심도 있을 수 없다고 강력하게 주장한다. 그의 성공은 직관적 통찰력 덕분이라고 말해진다. 비평가들은 그의 작품에는 형식적이고 개념적인 문제들에 대한 자각이 별로 보이지 않는다고 주장한다 (Rubin, 1978).

대중문화는 종종 동업자 그룹이나 몇 명의 조수를 거느린 개인에 의해 생산된다. 이런 의미에서 보면, 워홀의 예술 생산 스타일 역시 대중문화와 일치한다. 60년대 초반에 자신의 창작활동을 '사업business'으로, 스튜디오를 '공장The Factory'이라고 부른 이후 그는 언제나 조수와 동료들에 의해 둘러싸여 지냈다. 60년대에는 록 밴드와 필름 제작진을 측근으로 두었다. 70년대에는 책을 발간했을 뿐 아니라 월간 신문과 TV 프로그램을 인수했다. 휴지스(1982)의 논평에 따르면, 워홀은 그의 작품 대부분을 누가 실제로 만들었는가라는 질문이 나올 정도로 자신의 대량 생산 이미지들을 대량생산하였다. 60년대에는 딜러들에 의해 그러한 문제들이 상당히 무마되었지만, 아마도 작품의 절반가량을 조수가 만들고 워홀은 서명만 했을 것이다.

이와는 대조적으로, 포토리얼리스트 척 클로스의 초상화들도 사진에 기초하고 있지만 아방가르드의 혁신적 본성을 예증하고 있다. 클로스도 워홀처럼 회화 시리즈를 제작할 때 동일한 사진을 자주 사용한다. 그러나 더 이상 닮은 점은 없다. 워홀은 실크스크린 초상화를 표준화된 제작 공정으로 제작하는 데 반해 클로스는 각각의 초상화를 제작할 때 각기 다른 제작공정을 사용한다. 이런 관점에서 보자면 그의 회화 모두는 각기 서로 다른 작품이라고 할 수 있다. 그의 말이다(Dimonstein, 1980).

> 사람처럼 회화도 수많은 종류가 있다고 생각한다. 매번 나는 다른 이미지를 접하며, 나에게 그 이미지는 완전히 새로운 관심 사항이다. (……) 나는 내 그림이 어떻게 보일지를 안다. 그러나 작업실에서 내가 무엇을 할지는 알 수 없다. 문제는 내가 얼마나 자주 원래의 이미지를 잘 돌아보고 조금씩 달라진 상황에 잘 대처하는가이다.

시각의 지각 문제에 깊은 관심을 가졌던 클로스는 아주 사소하게 보이는 작은 변화가 회화가 지각되는 방식에 얼마나 큰 변화를 주는가를 탐구하는 데 특히 열중하였다. 워홀의 회화와는 달리 클로스의 회화는 그 주제의 특성을 매우 많이 드러낸다. 그는 사람의 얼굴을 그들 삶을 반영하는 지도(Diamonstein, 1980)와 비교하곤 했다. 그는 얼굴들을 매번 아주 크게 확대하면서 초상 인물의 미세한 주름이나 미소 라인까지 표현하였다. 워홀과 또 다른 점은 자신이 직접 그림을 그렸으며 일반적으로 그림 하나를 그리는 데 거의 일 년을 소비했다.

팝 아트를 대중문화로 생각하는 가장 두드러진 사례가 워홀의 작품인 반면에, 다른 예술가들도 그 당시 비슷한 주제들을 사용하였다. 로버트 인디애나는 문자와 숫자들을 공식처럼 사용 하였다. 로이 리히텐슈타인은 공식들을 만화와 같은 다른 매체에서 끌어와 사용하였다. 톰 웨셀만은 그의 작품에서 반복적으로 나타나는 부분적으로 비인간적인 누드를 창조했다. 앨러웨이(1974)의 로버트 라우센버그 작품에 대한 논의에 따르면, 그의 작품 역시 공식과 유사한 어떤 것에 근거하고 있다.

> 라우센버그는 작업할 때 수많은 동료와 함께하는 것을 즐기는 다작多作의 작가다. 이것은 언제나 혁신적인 그의 즉석화卽席畵가 전략적인 관습

> 에 의해 보호받기 때문이다. 다시 말하자면, 그의 즉석화는 매우 숙달된 자신의 액션에 근거하고 있다. 예컨대, 실크스크린을 캔버스에 프린트하거나 사진을 석판 위에 전사할 때, 그는 매우 친숙한 재료를 일련의 작품에 순차적으로 사용한다. 이질적인 재료 및 기호 차원에서의 활발한 상호작용으로 이루어진 콤바인 페인팅에서 기발한 조작 비법을 발견할 수 있다. (……) 이렇게 저변을 흐르는 단순성으로 인해 라우센버그는 좀 더 현학적인 구조가 자신의 속도를 늦출 정도의 아주 여유 있는 속도로 즉석화를 제작할 수 있었다.

라우센버그의 콤바인 페인팅combine-painting은 신문, 잡지에서 오려온 사진들이나 주워 모은 쓰레기junk와 같은 기존의 재료들을 조합assemble하여 만들어진다. 그러한 작품들이 함축하는 의미는 동시대의 미술가들은 더 이상 새로운 이미지를 창조하지 않으며 이미 만들어진 이미지들의 거대한 저장고archive를 활용한다는 뜻이다(Alloway, 1974).

이들 예술가가 인간을 묘사할 때, 그 작품들에서는 광고 및 대중문화의 다른 측면들에서 공통적으로 보이는 탈색된 인간성과 인간성의 부재가 느껴진다. 예컨대, 톰 웨셀만의 누드는 유행하는 헤어스타일, 젖꼭지와 입술로 유혹하지만 눈이 없는 여인이다. 팝 아트에서 상대적으로 인간적인 이미지가 부족한 것처럼 느껴지는 것은 그것이 일상의 삶을 다룬다는 측면에서 볼 때 종종 역설적으로 보인다(Alloway, 1974)(이들 예술가의 48%가 작품 속에 인간을 포함하지 않고 있다). 그러나 대상들을 매우 양식적이고 일차원적으로 제시하는 방식은 팝 아트의 중요한 요소이다.

이들의 많은 작품에서 보이는 재료들은 관객에게 매우 익숙한 것들이며 작품의 성공도 이러한 친숙함에 의존하고 있다(Alloway, 1974). 어떤 이들은 이들 작품이 대중문화의 상징적 의미들을 수정하기보다는 그대로 반영할 뿐이라고 해석한다. 모페(1974)의 말이다.

"예술적 진지함의 맥락에서 평범한 것을 무표정하게 제시한 결과 나타나는 침묵의 아이러니 외에는 어떠한 해석도 첨가되어 있지 않다. 상호 맥락은 내용이 된다."

다른 비평가들은 팝 아트 회화가 관객에게 주는 효과는 제품에 부과된 의미들과 같은 맥락의 특정한 종류의 이미지와 느낌을 암시하는 대상들을 제시하는 수많은 광고의 효과와 유사하다고 말한다(Williamson, 1978). 예컨대, 반나드(1966)는 팝은 미리 제조된 유니트들에 의존한다고 말한다. 그는 "미美, 고귀한 사상 혹은 어떤 것의 원천으로서 예술작품을 생각하는 좀 더 전통적인 개념과는 상반되는 의미에서, 관객이 이미 마음속에 품고 있었거나, 여러 가지 형태를 통해 습득한 그 스타일에 관한 지식에 의해 영향받은 생각과 느낌들을 촉발하는 것이 이들 작품 본성 중의 한 부분이다"라고 말했다(Bannard, 1966).

마지막으로, 팝 아트가 아방가르드 운동이었다고 할 수 있는가? 팝 아티스트들은 분명히 미학적이고 사회적인 예술의 몇몇 차원을 재정립하였다. 그들은 원래 대중문화를 목적으로 만들어진 만화나 광고의 소재들을 사용하거나 음식이나 집안 가구와 같은 일상 용품의 복제본을 제작함으로써 제제提題의 차용에 관한 관습을 재정의하였다. 로버트 라우센버거나 재스퍼 존스와 같은 몇몇 예술가는 담요시트나 나뭇조각 같은 물체들을 캔버스에 붙이면서 캔버스의 본성을 재정의하였다(Siegel, 1985). 클라스 올덴버그와 같은 이들은 대상을 재현하는 것이 아니라 실제 상황을 연출하는 설치미술installation 작업을 통해서 예술 대상을 재정의하였다. 실크스크린 같이 새로운 제조 기술은 예술작품 창작의 프로세스에 변화를 주었다.

그러나 팝 아트의 저항적 요소는 풍자와 패러디를 통해 미학적 전통만을 공격했을 뿐 문화 전반을 공격하지는 않았다. 그리고 팝은 고급문화와 대중문화의 구분 기준으로 활용되었던 제제와 테크닉에 관한 관습들을 수정함으로써 그 둘의 관계를 재정립하고자 했다.

후속 스타일들에 보이는 팝 문화

팝은 재현 예술의 새로운 부활을 이끌고, 대중문화와 중산층의 라이프스타일처럼 새로운 주제들을 도입하게 한 전환기의 스타일이었던 것처럼 보인다. 그것은 미학적 전통 안에서 중산층 예술이 등장하는데 상당한 정도로 기여했으며, 동시에 대중문화에 대한 호감 표시를 통해서 전통적인 미학의 권위를 약화시켰다. 이러한 영향은 특히 포토리얼리즘, 패턴 회화, 그리고 신표현주의에서 보이지만 그러한 스타일에만 국한된 현상은 아니다. 다른 한편 각각의 이들 스타일에서 전적으로 모더니스트 미학의 전통으로 작업했던 예술가들을 발견할 수 있다.

팝의 일상 사물 취급은 제작된 사물들을 다른 관점에서 다루는 포토리얼리즘의 등장을 위한 강력한 추진력이 되었다. 적어도 우리가 조사한 포토리얼리스트의 37%가 그들의 진술과 비평가들의 평가에 의하면 팝의 영향을 받았다. 포토리얼리스트들은 그때까지는 금기시되었던 사진을 그림으로 그림으로써 모더니즘에 새로운 활력을 불어넣고자 했다.

팝 아트의 그들 선배들처럼 이 스타일의 멤버들은 모더니스트의 미학적 전통을 다양한 방식으로 활용했다. 미학적 전통에 대한 이들 몇몇 화가의 태도를 로버트 베히틀(「현대 예술가들」, 1981)은 다음과 같이 말한다.

> 리얼리즘은 다른 사람이 그 문제를 어떻게 해결하는가를 광범위하게 조사하지 않거나 심지어는 문제가 무엇인지, 그 해결 가능성이 무엇인지를 알지도 못하면서 회화의 문제들에 대한 해결책을 제시했다. (……) 나는 내가 하는 방식대로 자동차, 도심의 거리 등등을 그린다. 왜냐하면 그것들은 다른 예술은 고려할 필요도 없을 정도로 최상의 볼looking 기회를 제공하기 때문이다.

이들 예술가 몇몇은 누드, 자동차, 동물들과 같은 제제提題들을 선택하고 다루는 방식에서 보이듯이 대중문화에 대한 상당한 정도의 친밀성을 보여준다. 팝 아티스트들이 공장에서 제작된 제품들을 그것들의 일상적인 맥락을 벗어나서 제시하는 경향이 있다면 포토리얼리스트들은 도심 거리들, 만찬의 풍경, 쇼윈도 등의 일상을 있는 그대로의 환경으로 보여준다. 그러나 그것들을 대중문화와 동일한 시각으로 보는 이유는 그들이 제시한 이러한 종류의 제제들뿐만 아니라 그들이 이들 소재들에 투사하는 대중문화의 가치 때문이기도 하다. 예컨대 에로티시즘은 일반적으로 정서적인 관점이 아니라 육체적인 관점에서 다루어지는 대중문화의 흔한 주제이다. 여기서 여성은 주체가 아닌 대상으로 취급된다. 몇몇 포토리얼리스트의 회화는 여성을 광고에서와 같이 일차원적이고 결점이 없는 섹스 대상으로 제시한다. 존 카세르는 화려한 색상의 란제리를 살짝 걸친 여성의 엉덩이를 보여주고, 하일로 첸은 욕조에서 샤워하는 여성의 나체 상반신을 묘사했다(Meisel, 1981).

좀 더 간접적인 팝 아트의 유산은 관객에게 정서적인 반응을 환기시키려는 욕망이다. 대부분의 팝 아티스트들이 모더니스트의 미학적 전통의 특징이었던 주제에 대한 초연함을 유지했다면 대중문화는 주제에 대한 관객의 동일시 유도를 목적으로 삼는다는 점에서 이와는 상반된 특징을 지닌다. 대중문화로부터 주제를 차용하는 것이 허용되면서 이러한 동일시의 차원이 동시대 회화에서 나타나기 시작했다. 예컨대, 포토리얼리스트 오드리 플랙(1981)은 “모든 대상은 내가 관객에게 환기시키고 싶은 감정의 차원에서 신중하게 선택된다. (……) 나는 그들 자신의 수준에 맞추어 많은 사람에게 다가가고 싶다”고 말했다.

그녀의 그림에는 정성들여 만든 파스타, 고급 보석들, 마릴린 먼로와 같은 대중문화의 여성 스타 사진들뿐만 아니라 화장품, 향수, 담배 등의 유명한 브랜드들이 자주 등장한다. 대중영화와 텔레비전에서 전형적으로 볼 수 있듯이 그녀가 사용하는 색상들은 매우 강렬하고 드라마틱하다. 그녀의 작품은 관객의 지각과 어떤 것은 어울리고 어떤 것은 어울리지 않게 이미지들을 나열함으로써 상징적으로 작동한다. 이와는 대조적으로, 풍선껌 기계와 어린이 장난감을 그렸던 포토리얼리스트 찰스 벨은 빛의 굴절과 반사, 그리고 물감과 색상의 상호작용과 같은 고도의 기술적인 문제들을 탐구하기 위해 이들 제제를 사용했다(Meisel, 1981).

앞서 살펴본 바와 같이, 패턴 화가들은 모더니즘 영역에서 배제되었던 인간적이고 장식적인 테마들을 표현하기 위해 모더니즘을 비서구 예술 전통 및 민속, 소수 민족, 여성 공예들의 모티프들과 결합하려고 했다. 몇몇 이들 예술가는 현상 유지를 반대하는 아방가르드 정신을 따라서 미국 사회에서 여성의 지위 역할에 대한 사회적 진술을 위해 이같은 소재의 사용을 시도했던 반면에, 다른 이들은 대중문화 혹은 강한 정치적 성향이나 정서적인 톤을 드러내는 영역으로부터 재현적인 모티프를 끌어왔다. 다시 강조하지만 그들이 이러한 소재들을 사용하는 방식은, 킴 맥코넬의 작품에 대한 논평에서 보이는 바와 같이 매우 중요한 의미를 갖는다(Friedman, 1982).

> 맥코넬은 우리의 동시대 악몽의 대상들(폭탄, 미사일, 전쟁 무기들)을 선택하여 매우 정교한 방식으로 그 대상들의 내용을 탈색시키고, 그것의 위협을 평화적인 것으로 전환하고, 그것을 자신의 장식적 모티프의 레퍼토리로 만들어버림으로써 그것들을 매우 일상적이고 진부한 표면으로 변형시켜 버렸다. [손에 닿는 모든 것을 황금으로 바꾸어버린] 행복한 미다스Midas처럼 그는 어떠한 공포나, 어떠한 심오함이나, 어떠한 고통스런 생각들, 그 모든 것을, 자신의 고통까지도 변화시킬 수 있는 따뜻한 아름다움으로 바꿀 수 있다는 사실을 발견했다.

달리 말하자면, 많은 사람과 소통하려는 욕구는 몇몇 이들 예술가를 미학적 전통을 포기하고 대중문화, 공예, 인테리어 디자인들로 향하게 하였다(Robin, 1980). 로빈은 그들이 예술작품을 생산하기보다는 공예품들만 생산하면서 전통적인 미학의 사상과 가치들로부터 멀어졌다고 비난했다.

이러한 경향들은 펑크와 같은 록 음악, 싸구려 잡지pulps의 삽화, B급 영화, 그리고 공상과학 영화들에 영감을 받은 멤버를 둔 80년대 초기의 신표현주의 스타일에서 그 정점에 달했다(Halley, 1981; Shore, 1980). 이들 중 한 명의 말이다. "한때는 나의 수많은 이미지가 중국 쿵푸 만화책들에서 왔다. 쿵푸의 이미지와 서양 갱스터들의 이미지 사이에는 별반 큰 차이가 없다. 그리고 나는 미국 싸구려 잡지의 이미지들도 사용한다. (……) 아이디어는 만남을 위해서 청중 사이로 들어간다"(리처드 보스만, Ratcliff 선집, 1982에서 재인용).

패턴 화가들은 팝과 신표현주의를 따르는 그 어떤 다른 스타일보다 더 많이 미디어 이미지 및 장식적 스타일과 드레스 스타일에 사로잡혔다. 이 스타일은 또 한 번 매우 다양한 얼굴을 보여주었다. 많은 수의 이들 예술가는 매스 미디어와 철지난 스타일들을 재활용하였다. 팝이 대중문화의 제품들에 관심을 집중했다면, 이들 예술가는 폭력, 노골적인 섹슈얼리티, 로맨스와 같은 주제들을 다루었다. 그들 중 일부는 관객의 반응을 유도하고 도발하려는 욕구에서 그러한 주제들을 사용하는 것처럼 보인다(McGill, 1986). 그들의 작품은 종종 실재의 생활에서가 아니라 만화, 텔레비전, 영화들에서 만들어졌다(Hally, 1983). 구타당하면서 뜻하지 않은 재앙에 저항하는 사람의 장면을 그렸던 리처드 보스만은 자신이 정치적이거나 프로파간다적인 발언에는 관심이 없다고 한 인용문에서 밝히고 있다(Siegel, 1983). "그 어떤 것도 실재가 아니다. 그것은 단지 물감일 뿐이며 모든 것이 허구이다."

몇몇 이들 화가는 심각한 이슈들을 만화의 이미지로 가볍게 다루었다. 케니 샤프의 최근 작품들은 "그린 몬스터와 레드 휴먼 데브리debirs, 핵폭탄의 버섯 구름에 혼비백산하는 사람들, 라디오 블레어 비밥radio balres bepop과 핑크-옐로 빛을 발하는 플로리다 야자수"로 꽉 차 있다(Moufarrege, 1982).

이 스타일의 다른 멤버들은 말보로 카우보이, 만화 캐릭터, 영화 잡지의 표지 사진, 전자 제품들, 그리고 기업 로고나 소비 제품의 브랜드 같은 상표처럼 너무 자주 봐서 진부하게 느껴지는 이미지들에 관심을 갖는다(Robinson & McCormick, 1982). 또 다른 작가들은 그것의 묘한 향수 때문에 진부한 이미지들에 흥미를 느낀다. 그들은 매스 미디어의 시각 이미지들과 그들이 자라난 인테리어 장식 스타일들과 타협하기 위해 예술을 이용하는 것처럼 보인다. 로맨스나 전통적인 여성의 역할에 관한 매스 미디어 개념들을 풍자satire하는 론다 즈빌링거와 클로디아 데 몽트처럼 이러한 소재들은 가끔 풍자ironic comment를 목적으로 사용된다. 즈빌링거의 자살 베개Suicide Pillow를 단검처럼 삐져나온 날카로운 가장자리와 낭만적인 사랑의 결말을 배반하는 아름다움에 감염된 베개는 (……) 로맨스, 패션, 순전히 상업적 목적으로만 사용되는 예술을 조장하는, 미쳐 날뛰는 마케팅 전략에 대한 비평으로 읽혀질 수 있다(Glaser, 1983).

데이비드 살레의 작품은 서로 충돌하는 대중문화의 이미지들과 예술사의 이미지들을 나열하여 보여주고 있는데 이는 부조화와 함께 강한 감정을 환기시킨다. 그는 "누군가 이미 그렸던 그림을 그리고, 누군가 사용했던 스타일에 몰두한다"고 평가된다(Olive, 1985). 여전히 많은 사람이 매스 미디어 자체의 충격을 그들의 토픽으로 삼았다(Hutton, 1982). 매스 미디어가 이미지를 처리하는 방식들을 그대로 따라하면서 그들은 이들 이미지를 수용하는 우리의 인식적 충격과 정서적 반응을 묘사했다. 로버트 롱고의 작품들은 "매스 미디어 이미지, 악몽, 그리고 꿈들의 혼성모방pastiches(패스티시)"이라고 불려 왔다(McGill, 1986). 그러나 미디어 이미지의 과도한 사용이 살레 및 그와 비슷한 작업에 몰두하는 예술가들에게 미친 압도적인 영향은 아이러니irony가 성공적으로 작동하기 위해 필수적인 적절한 거리가 확보되었는가 하는 의구심마저 들게 한다(Perrone, 1984).

이들 예술가는 미학적 전통과 팝 아트와 함께 시작된 또 다른 경향 사이를 오가며 정곡을 찌르는 유희를 즐기고 있다. 이미지의 대량생산과 아방가르드 예술작품에 전제된 유일성 사이의 충돌을 개념적으로 보여주었던 뒤샹을 계승한 그들은 유명한 현대 회화들을 아주 익살스러운 상황으로 재해석하고 있다(Glaser, 1983).

신표현주의자들은 최초의 아방가르드 예술가들이 확보하지 못한 폭넓은 관객층을 추구했지만, 그들은 대부분 공중의 선입관에 도전하지는 않았다. 찰스 클로의 말에 따르면, "나는 세계에 도전하지 않는다. 회화는 그 누구에게도 위협이 될 수 없다고 생각한다. 회화는 정치적인 영향력을 행사할 수 없다. 회화는 다양성이며, 예술은 사람들에게 영감을 줄 수 있다"(Ratcliff, 1982).

이들 여러 화가의 의도는 관객의 지적인 반응이 아니라 정서적인 반응의 촉발을 추구했다. 이들 예술가들이 미학적 전통의 아이디어를 구체화하고자 할 때 그것은 이러한 전통의 기반을 혁신하는 독창적인 시도를 하기보다는 혼성모방의 형식을 더 자주 사용했다(Lawson, 1981). 한 비평가의 논평이다. "30년대와 40년대에 유행하던 프랑스와 이탈리아 예술의 네오 로맨스와 유사 초현실주의 측면들이다. (……) 르네상스와 바로크 회화, 인도의 미니어처, 싸구려 성물聖物 등 그 어떤 형식도 마다하지 않았다. 그리고 마구잡이로 받아들여서 모든 것의 대체품으로 만들어버렸다"(Lawson, 1981).

줄리안 슈나벨이 밝힌 자기 회화의 근거들은 과거를 대하는 이들 화가의 태도를 전형적으로 보여준다(Ratcliff, 1982).

> 나의 회화는 이미 생산된 예술의 연속체에서 나온다. 그것은 어쨌든 반예술antiart이 아니다. 과거의 다양한 예술가들이 나에게 영감을 주었으며, 나는 그들의 회화를 주목했다. (……) 베르메르는 빛과 시간을 표현했

> 으며 그 방식은 영원히 사라지지 않고 있다. 만약 그것이 표현주의라면 나도 표현주의자라고 생각한다. 그렇지 않다면, 나는 표현주의자가 아니라고 말할 것이다. 나의 작업은 단지 표현적이다.

분명한 것은 80년대 초반에 신표현주의자들을 포함한 수많은 젊은 예술가가 미학적 전통은 지루한 것이라고 주장하면서 그것이 실재 세계로부터의 이탈이라고 생각했기 때문에 그 안에서 작업하기를 거부했다(Lawson, 1981). 비평가들(Plagens, 1981; Lawson, 1981)은 모더니스트 전통의 잠재력은 소진되었으며, 그 주제에 대한 의미 있는 변용들은 이미 다 사용되었다는 주장을 하기 시작했다. 80년대의 다른 새로운 스타일의 멤버들과 함께 신표현주의자들은 미학적 전통이 아니라 매스 미디어로부터 영감을 받으면서 대규모 관객을 간절히 원했다(Shore, 1980). 이러한 발전 경향은 매스 미디어와 대중문화가 지배하는 사회는 일상의 문제와 딜레마들을 반영하는 시각적 메타포를 아방가르드 예술보다 더 잘 표현할 수 있다는 의미를 함축적으로 드러내는 것으로 보인다.

대중문화와 저항적 하위문화들

팝 아트의 뒤를 이은 예술운동들에서 대중문화의 주제들이 점점 더 많이 침투해왔다는 논의에 이어, 이제는 이러한 새로운 국면의 함축적 의미가 무엇인지를 검토하고 이를 통해 현대사회에서 예술의 역할이 무엇인지에 대해 논의하고자 한다. 아방가르드 예술과 대중문화가 어느 정도 상호 영향을 주고받는가에 대한 문헌상의 논의들이 오랫동안 지속되어왔다. 미술 비평가 클레멘트 그린버그에 의해 10년 전에 논의된 일반적인 해석(1939년 저술, 1961년 출판)에 따르면, 대중문화는 아방가르드 문화로부터 광범위한 차용을 하며, 이들 재료를 그들의 목적에 맞게 변형시킨다. 이와는 대조적으로, 크로(1982)는 최근 아방가르드 예술은 대중문화로부터 소재를 끌어들였으며, 이런 상호 교환은 대중문화 그리고 아방가르드 미학의 전통 양자를 새롭고 활력 있게 만들어 준다는 주장을 펼쳤다. 좀 더 구체적으로 말하면, 그는 저항적 하위문화subculture가 문화적인 혁신들에 끼치는 영향에 대한 영국 문화 사회학자들의 가설을 인용하고 있다(예컨대 Hall & Jefferson, 1976). 이 테제에 따르면, 현대사회는 엘리트, 비엘리트라는 용어로 개념화되기보다는 그 각각이 자신의 하위문화적 라이프스타일을 가지는 광범위한 사회 그룹들과 네트워크들로 구성되어 있다고 이해되어야 한다(Gottdiener, 1985). 영국 이론가들은 주변부 사회 그룹들이 종종 '저항적 하위문화'의 역할을 담당한다고 주장한다. 그러한 하위문화들은 기존의 대량 생산된 문화 산물들에 부과된 의미들을 수정하면서 새로운 형태의 문화를 발전시킨다. 그들은 그 그룹들이 영국 대중음악의 특성에 영향을 주었다고 주장한다. 이런 프로세스의 원형은 패션과 음악을 포함한 주변부 하위문화가 소외alienation의 이데올로기를 표현하고 현대의 가치들을 거부하기 위해 매우 광범위하게 상업적으로 경도된 관습적인 의미들을 변경시키는 펑크 록punk rock의 사례에서 볼 수 있다. 결국 이런 스타일의 음악은 그 의미가 상당히 희석된 채로 영국뿐 아니라 미국에서도 유행하게 되었다.

크로(1983)는 아방가르드가 저항적인 하위문화와 대중문화산업을 잇는 가교 역할을 한다고 주장한다. 달리 말해, 아방가르드는 주변부 하위그룹들이 대량 문화 산물들에 덧붙인 의미들을 끌어와서 예술에 활력을 불어넣고 예술의 미학적 혁신들을 대중문화산업에 되돌려 준다는 것이다. 크로(1983)는 "아방가르드는 문화 산업에서 일종의 연구 개발R&D 업무를 수행한다. 그것은 능숙하게 활용할 만큼 완전히 드러나지 않은 사회적 실천의 영역들을 연구 한 후 그것들을 분리하고 가시화한다." 따라서 크로에 따르면 아방가르드와 대중문화는 매우 밀접하게 연관되어 있다. 아방가르드의 미학적 발견들은 실제로 비엘리트 그룹들이 발전시킨 매우 일탈적인 대중문화를 선별적으로 차용하여 만들어지며, 그것들은 아방가르드에 의해 좀 색다른 형태로 직접적으로 대중문화에 전파된다. 초기의 인상주의, 초기의 후기 인상주의, 그리고 초기 큐비즘의 사례 분석을 통해서 그는 이들 예술가 그룹들이 저항적인 하위문화의 소재들을 매우 밀도 있는 상호 협력과 교환의 분위기 속에서 자신의 미학적 혁신들과 통합했다고 주장한다(Crow, 1983).

크로의 논의는 현대 예술가들이 묘사한 바의 대중문화 산물들에 첨가한 의미들이 저항적인 하위문화에서 발생했는지, 아니면 이런 문화 산물들이 이들 예술가의 활동에 힘입어 수정된 형태로 대중문화에 재통합되었는지에 대한 문제를 제기한다.

팝 아트는 몇 가지 뚜렷이 구분되는 경향들을 갖는다. 일반적으로 팝 예술가들은 그들 작품에서 재현한 제작물들의 의미를 변경시키기보다는 아방가르드 예술의 의미들을 풍자와 패러디를 통해 변경시키는 데 더 많은 관심을 갖는 것처럼 보인다. 그들이 종종 후자의 목표를 아주 명백하게 밝혔음에도 그들이 대중문화의 절차들을 자신들의 작품에 통합시키는 데 더 많이 열중했음을 볼 수 있었다. 60년대 초반에 도르 애슈턴이 논평했듯이, "팝 아티스트는 열정적으로 해석하거나 재현하기보다는 단지 제시한다. (……) 메타포를 피하고, 복잡한 연관성들을 깊이 있게 분석하지 않는 것은 팝 아트가 즉흥적인 장르이거나 불완전한 예술적 수단임을 나타낸다. 그것은 사회적 저항의 예술과는 거리가 먼 복종의 예술이다"(Selz, 1963). 좀 더 최근에 데이비스(1977)가 한 말이다. "팝의 감수성은 거만할 정도로 냉정하고 판단을 하지 않는다. (……) 팝의 감수성은 눈에 띌 정도로 내용이나 개성에 무관심하다. 그것은 세상에서 발견한 것들을 수용한다. (……) 그리고 대부분의 경우 그것들을 워홀의 브릴로 박스Brillo Boxes에서처럼 직접적으로 아무런 논평도 없이 사용한다."

독일 비평가들은 처음에는 분명히 팝 예술작품들을 미국 자본주의에 대한 풍자로 해석했지만, 이후 자신들의 의견을 수정하고 팝 아트가 자본주의 가치들을 지지한다고 보았다(Huyssen, 1975). 팝 아트가 최초로 광고에서 이미지들을 가져왔을 때 그것은 이들 작품의 특성을 지시하는 것이었지만 나중에는 그 영향의 방향이 뒤집어졌다(Huyssen, 1975). 어떤 경우에 팝 예술가의 작품들이 그 자체로 기업에 의해 아주 단순하게 특정 종류의 광고들 속으로 통합된다(예컨대, 로버트 인디애나가 러브Love 사진을 사용하는 것처럼).

일반적으로 팝 아티스트들은 산업 생산물을 그것의 일상적이고 사회적인 맥락을 벗어나 제시한다. 이들 생산품이 사회적 맥락 안에서 나타날 경우, 그 맥락은 예컨대 톰 웨셀만이 수많은 버전의 위대한 미국 누드들을 배경으로 그린 침대와 욕실에서 볼 수 있듯이 분명 중산층의 맥락이다.

이들 예술가의 대부분은 미술의 소재를 주변 문화의 사용자들에 의해 변형된 형태가 아닌 신문 연재 만화와 같이 직접 매스 미디어에서 끌어온다. 의미의 변형이 일어나는 경우는 대부분 해프닝happening에 참여하거나, 낮은 계급의 하위문화 멤버들보다는 예술가들로 구성된 그룹의 저항적 하위문화의 정신을 어느 정도 공유하는 그룹들과 교류하는 예술가 활동의 맥락과 테두리offshoot 내에서 발생한다.

워홀이 동성애자들, 창녀들, 범죄자들에 매료된 것도 역시 저항적 하위문화의 가설 측면에서 해석될 수 있다. 워홀은 70년대 후반에 발생해서 그와 똑같은 가치들을 보여주고 반문화를 대표한 펑크Punk 운동의 선구자로 간주되어왔다(Kagan, 1978). 그가 펑크에 가장 크게 기여한 점은 그의 FBI 범죄자 수배 사진 시리즈에서 볼 수 있듯이 폭력을 매혹적으로 바라보는 시선과 결합한 무관심과 냉담함에 대한 강조이다. 워홀은 자신이 공허함과 텅 빔에 사로잡혀 있으며 자신의 예술은 시시콜콜한 것nothing을 다룬다고 주장했다(Kagan, 1978).

다른 시기에 워홀은 다음의 인용문에서 보듯이 적어도 시장 논리와 연관된 미국적 가치들을 긍정하는 것처럼 보였다(Alloway, 1974).

"나는 미국을 숭배한다. 그리고 나의 작품들은 미국에 대한 어떤 평가들이다. 나의 이미지는 거칠고 비인격적인 제품들의 심볼과 오늘날 미국이 건설된 토양으로서 뻔뻔스런 물질적인 대상들에 대한 진술이다. 그것은 사고팔 수 있는 모든 것과 우리를 지탱하는 실천적이지만 영원하지 않은 심볼들을 투사한 이미지이다."

워홀이 일탈적인 하위문화의 새로운 소재들을 주류 문화로 소개한 것처럼 보일 수도 있지만, 이보다 더 적절한 표현은 워홀 초상화의 단골 고객이었던 말런 브랜도, 엘비스 프레슬리 같은 스타 시스템의 할리우드 영화가 이미 수없이 사용하였던 섹슈얼 이미지의 경향을 실제로 픽업했다고 할 수 있다(Kagan, 1978). 워홀의 메시지는 주변부 하위문화들에 의한 현실의 변형보다는 매스 미디어와 대중문화가 현실을 재현하는 방식들과 더 연관성이 깊다.

비非엘리트 그룹에 의해 발전된 일탈적인 대중문화로부터 신표현주의자들이 자신의 아이디어를 끌어왔다고 확인할 수 있는 증거가 있는가? 이들 예술가가 펑크 록 음악에 심취하고 그라피티 예술가 graffiti artist(낙서화가)들이 신표현주의자 전시회에 참여한 것을 그 사례로 생각할 수는 있을 것이다. 그 운동과 연관된 몇몇 성공적인 예술가들은 낙서화가로 자신의 경력을 시작했다. 그러나 낙서화가들이 그 그룹의 다른 멤버들에게 영향을 미쳤다는 징후는 좀처럼 보이지 않는다. 그 대신에 로빈슨과 맥코믹(1986)이 지적했듯이, 그곳에는 종종 아주 놀랄만한 관심의 일치가 보였다. "낙서화는 이스트 빌리지 아트에서 보이는 수많은 스타일적인 요소들—상표tag(물품 꼬리표)에 대한 집착, 만화와 대중문화로부터 빌려온 모티프들의 사용(특히 소비자가 디자인한 자동차), 극적이고 저급한 이미지에 탐닉하는 청소년 취향 등—을 공유하고 있다.

낙서화가들이 상업 화랑에 전시를 시작하게 되자 그들 중 많은 이의 작품들이 전형적인 지하철 낙서화의 모습들을 상실했다. 어떤 경우에는, 그들의 회화가 매스 미디어에 영향을 받은 다른 신표현주의자들의 작품을 점점 더 닮아갔다. 한 비평가(Storr, 1982)의 말이다. "그것들이 갤러리 제품의 역할을 하기 위해 안주하는 바로 그 순간 기고 숨는 생동감 있는 예술을 유지하기가 힘들어졌다."

한 예술가의 말이다(Gablik, 1982에서 재인용). "낙서화의 역동성은 그것의 타고난 상황에서 생겨난 것이다. 갤러리의 흰 벽면에 그것을 수용하기는 어렵다. 갤러리에 들어선 순간 그것은 상품 시장의 일부분이 되어버린다. 사회적인 상호 맥락이 낙서화의 의미를 부여하는 것이다. 이제 그러한 의미는 탈색되었다." 이들 두 그룹을 관통하는 실제적인 영향관계는 별로 없었다. 낙서화가들 중 일부는 예술계 속으로 동화되었다. 다른 일부는 예술계로부터 초연히 떨어져 자신의 작품을 다른 방식으로 발전시켰다. 후자의 경우는 좀 더 저항적인 하위문화의 멤버들처럼 활동하고 집단을 형성했지만 일반적인 모습과는 거리를 유지했으며 상업적인 성공에 회의적이었다. 이러한 맥락에서 이들 예술가는 신표현주의자 운동에는 좀처럼 찾아보기 힘든 일종의 정치적이고 도덕적인 주장을 펼치기 위해 그들이 겪은 사회적인 성장 배경의 냉엄한 현실을 좀 더 적극적으로 인용했다.

다른 한편, 저항적인 하위문화의 산물로서 이미 다른 예술 매체인 음악에서 크게 번성했던 펑크와 뉴 웨이브new wave는 이들 예술가에게 아주 큰 영향을 미쳤다. 록 음악의 주변적 형식으로 출발한 펑크는 독특한 의상 스타일과 아나키즘anarchism(무정부주의)에서 싹튼 소외의 이데올로기를 특징으로 하는 대항문화counterculture의 한 부분이었다. 펑크 미학은 신표현주의 운동의 탄생에 아주 강한 영향을 미쳤다고 전해진다. 로버트 롱고가 한 말을 인용해보자(Shore, 1980). "나의 모든 시각 예술은 전적으로 음악으로부터 영감을 받은 것이다. 특히, 지난 몇 년 동안 뉴욕에서 발생했던 펑크와 뉴 웨이브의 영향이 크다."

영국에서는 펑크 운동이 정치적 저항과 연관되어 있었지만, 미국에서는 팝 음악, 패션, 언더그라운드 영화, 그리고 회화 등과 같은 주로 스타일 상의 영향만 미쳤을 뿐이다. 소수의 예술가들은 이런 유형의 음악에 헌신하는 자신들의 록 밴드를 형성했다. 몇몇 비평가는 '시각적 펑크'(Shore, 1980)의 새로운 미학을 말하기도 한다.

이들 예술가는 어느 정도로 그들 자신의 대항문화를 실제로 형성했는가? 살펴본 바와 같이, 이들 예술가 중 많은 이가 이스트 빌리지에서 자신의 경력을 시작했으며, 그곳의 작은 상업 화랑과 지역 나이트클럽에서 자신들의 작품을 전시했다. 몇몇 예술가는 일반적으로는 두 명이 가끔은 작은 그룹을 이루어 서로 협력했다. 로버트 롱고의 큰 사이즈 회화들은 다음과 같이 묘사된다(Cotter, 1984).

> 거의 모든 차원에서 집단적 협력관계를 유지한다. 그 작품들은 열 명 혹은 그 이상의 화가와 조각가, 그리고 기술자들이 협력하여 만든 작품들이다. 그들 모두는 실질적인 것을 추구하면서 자신의 경력을 키웠으며 롱고는 자신의 이름으로 그들을 보증해주었다. 어떤 사람은 심지어 자신이 기여한 바를 서명으로 남기기도 하였다. 그들은 르네상스 시기에 공공 예술의 대부분을 생산했던 일종의 공방工房(보테가bottega)에 모여 작업하였다.

자신들을 AVANT라고 부르는 다른 예술가 그룹은 나이트클럽에서 회화 퍼포먼스를 열었다(Moufarrege, 1982). 신표현주의와 연관된 가장 성공한 두 명의 예술가, 줄리안 슈나벨과 데이비드 살레는 공동으로 작품을 생산했다.

그러나 이들 예술가가 대항문화를 창조했다는 결론에 의문을 품게 하는 것은 그들이 신문 광고를 하면서 기성 갤러리의 초대전에 참여하는 등 전체적으로 미술시장에 아주 빠르게 동화되었다는 사실이다(Sandler, 1984). 맥코믹(1984)은 "이스트 빌리지 풍경은 거의 일 년 동안 최근의 운동들에 필적할 만큼의 미디어와 시장의 과도한 관심을 받았다."[1]고 보고했다. 그들이 화랑들과 협력적 지위가 아닌 상업적 지위를 선택한 것은 이들 예술가가 그 이전에는 거의 사례를 찾아볼 수 없을 정도로 상업적 성공을 목표로 했다는 사실을 보여준다(Bourdon, 1985; Dowd, 1985). 샌들러(1984)가 말했듯이, “젊은 예술가들과 그들의 친구들은 (……) 부유하고 세련미 넘치는 예술가들을 그들의 역할 모델로 받아들였다. (……) 80명의 예술가들이 명성—록 스타나 영화 스타들이 누렸던 일종의 유명세와 매력—과 그로부터 발생하는 실질적인 보상을 추구했다.”

그들이 기성 제도에 흡수되는 속도와 그 제도에 수용되려는 그들의 욕구 정도는 그들 작품에 나타나는 의미의 변형들이 실질적이지 못하거나 그들의 작품이 매스 미디어가 우리의 시각 경험을 공급하고 조정하는 사회에 대해 대체적으로 침묵으로 일관하는 결과를 가져왔다. 그들의 성공은 단지 우리가 대중문화 속에서 살고 있다는 그 이상의 증거밖에 되지 못한다.

이러한 수많은 예술가에 의해 수행된 의미들의 변형은 그들 대부분이 처한 중산층 수준에서의 미국적인 영광들, (……) 즉 중산층 미국인들의 가치에 뿌리 깊게 각인된 기능주의, 미국적인 것, 키치와 만화적인 것이 예술의 중심 자리를 차지한다는(McCormick, 1984) 비난뿐만 아니라, 부분적으로는 가장 성공적인 작가들의 급속한 작업 속도에서 찾을 수 있다. 다른 평자는 이들 예술가를 다음과 같이 평한다(Ratcliff, 1982).

> 그들은 ‘떠돌이-현자street-wise’의 지저분함, 천박함, 단지 공격하고 흉내만 내는 미디어로부터 차용한 나쁜-취미를 차용하면서 (……) 미디어, 기업, 그리고 예술계의 가장 진부한 허구들이 발현하는 스타일-영역의 전초기지에 대한 조심스런 관심과 함께 (……) 우리 다원주의자들이 현재 가장 자연스럽게 생각하는 편한 위치를 확보했다.

결론

팝 아트는 예술가의 사회적 환경 변화 및 모더니즘의 미학적 전통에 전념하는 예술가의 감소와 동시에 발생했다. 예술가의 사회적 역할이 변하고 그에 수반하여 작품을 대하는 관객의 본성 또한 변함에 따라 자신들 스스로를 미술시장에 소개하는 예술가는 서서히 줄어들게 된다. 자신의 미술을 이해시키는 한 가지 방법은 모더니즘을 관객에게 친숙한 의미 체계로 바꾸는 것이었다.[2] 미술의 제제提題들을 매스 미디어로부터 끌어오고 그 제제들을 대중문화의 혁신자들과 유사한 방식으로 다루면서, 그들은 더 많은 관객과 좀 더 쉽게 소통할 수 있었다. 이러한 경향을 우리는 후속 스타일들에서 발견할 수 있으며, 80년대 초반의 신표현주의 스타일에서 더 많이 볼 수 있다. 저항적인 하위문화들이 대중문화로부터 특정 형태의 소재들을 변형시키는 방식들에서 몇몇 예술가가 영감을 얻었던 반면에, 다른 수많은 사람은 예술적 창작의 목표를 대량 생산된 이미지들에 대해 반응하고 비평하는 방식으로 재정의하였다. 이들 상당수 작가들이 오직 우리 시대의 중심 이미지와 연관된 작품들만 고집한 것(Kuspit, 1982)은 우리가 예술가의 역할에 대해 초기에는 다소 의심을 품었지만, 새롭게 정의하는 방향으로 나가고 있다는 사실을 의미한다. 새로운 이들 예술가는 그들의 역할을 고급문화를 생산하는 아방가르드로서가 아니라 대중문화의 엔터테이너로 간주했다. 어느 신표현주의자 예술가는 아래와 같이 말했다(Jedd Garet, Smith, 1981에서 재인용).

> 나는 비전을 가져야 한다는 의무감을 느끼지 않는다. 나는 그것이 매우 합당하다고도 생각지 않는다. 과거 예술가들의 저술, 특히 양차 대전 이전의 저술을 읽을 때 나는 그것이 매우 재미있다고 느꼈으며 정신성, 문화의 변화 같은 것들에 실소를 금치 못했다. 문화를 변화시킬 수는 있지만, 시각적인 차원에서 사물들을 다르게 볼 수 있도록 하는 예술의 역할을 제외하고는 예술이 중요한 변화를 시도하고 결정짓는 올바른 자리라

> 고 생각지 않는다. 예술이 (……) 단지 오늘날 세계의 조각난 단편들일 수는 없다. (……) 당신이 어떤 종류의 시각적인 진술을 하건 그것이 대량 생산되기 위해서는 먼저 패션 디자인과 가구 디자인을 통과해야 한다. 마지막으로 당신이 칠한 페인트 때문에 가스 펌프가 조금은 달라 보일 수도 있다. 그러나 그것은 예술가가 걱정할 바는 아니다. (……) 모든 사람이 고급 예술을 생산하는 것이 무엇인가에 대한 엄격한 관념들을 재평가한다. 패션은 예술의 범주로 들어왔으며 그 반대의 작용은 실제로 매우 멋진 발전이다. 패션과 예술은 더 많이 가까워졌다. 그것은 나쁜 현상이 아니다.

신표현주의 운동을 광범위하게 관찰했던 한 비평가(Moufarrege, 1982)의 제언이다.

> 예술은 급속하게 성장하는 일반 대중의 눈에 보다 큰 만족을 주고자 분투할 때 쇼비즈니스에 가까워진다. 나는 녹색환경의 80년대 예술가 역할이 60년대 록 음악가의 역할과 똑같다고 믿는다. (……) 예술가의 관객은 단지 갤러리를 자주 드나드는 공중이 아니라 군중일 뿐이다. (……) 이런 군중에게 감동을 주기 위해 어떤 예술사의 지식이 필요하단 말인가? 몇%의 군중이 트레이닝을 받았는가? 더 많은 사람에게 다가가기 위해 예술은 오락에 편승하고 있다. 심각하거나 재미를 찾아서 새롭고 다양한 관객이 몰려들고 있다. 의미 있는 변화가 발견된다. 시각예술가들은 자신의 영역을 음악, 시, 그리고 공연으로 확장한다. 군중을 움직이기 위해 예술가들은 자신을 분장하고, 자신을 명확하게 설명하고, 모든 사람에게 보여주고, 단순한 방식으로 영향을 미친다.

마이어 사피로는 예술가를 "전업 레저 전문가, 다른 사람의 감각적 기대를 그려주고 자극하는 미학적 기술자, 파트 타임 소비자"(Crow, 1983에서 재인용)로 특징지었으며, 이러한 특성은 특히 그 그룹에 적합한 것으로 보인다. 대중문화를 생산하는 예술가들처럼 (Peterson & Berger, 1975; DiMaggio, 1977) 이들 예술가는 갤러리 시스템[3]에서 막강한 영향력을 행사하는 소수의 슈퍼스타 중 한명이거나 상대적으로 덜 중요하고 힘 없는, 인기 서열이 매겨진 대규모 집단에 속하게 된다.

홀(1979)의 제안처럼 매스 미디어가 다양한 라이프스타일 목록과 현대사회의 이데올로기들을 공급하고 그들이 원하는 일종의 합의점을 제공하고자 노력하는 것이 사실이라면, 예술가들은 대안적인 비전들의 제안자가 아니라 그러한 과정의 단순한 참여자로 전락할 것이다. 앤디 워홀이 초기에 이러한 영역 속으로 진출하면서 가졌던 비판적인 양면성은 80년에는 완전히 사라져 버린 것처럼 보인다. 이러한 정향은 '그리스도, 인간 혹은 인생'이 아니라 자기 자신과 자신의 느낌에서 우러나오는 '성당'(Barnett Newman, M. Tuchman, 1970에서 재인용)을 만드는 추상표현주의자들의 자화상과는 매우 다른 것이다.

각주

1. 신표현주의자 모두는 아니지만 상당수가 동부에서 자신의 경력을 시작했다.

2. 난폭하거나 도발적인 예술가들의 발언은 종종 사용되었던 또 다른 기술이다.

3. 데이비드 살리, 줄리언 슈나벨과 같은 슈퍼스타들은 재빨리 신표현주의 운동에 합류했으며, 80년대 중반에 이들 예술가의 19%가 경매시장에 등장했다(6장 참조). 슈나벨의 작품은 1984년 8만 5,000달러에 거래되었다(미국 경매 거래가, 1982~84년).

5 예술과 의미: 재현 회화의 테제들

예술의 사회적 내용을 해석하고자 하는 대부분의 시도는 두 가지 테제에서 출발한다. 첫째는 예술이 특정 사회 집단, 특히 엘리트 집단의 가치와 믿음들을 반영하고 지지한다는 테제이고, 둘째는 예술이 이들 집단에 영향을 미치는 사회적 조건들을 설명하고 해석하는데, 특히 다른 사회 집단들과 연관된 사회적 지위를 설명하고 인간 경험의 일반적인 의미를 언급한다는 테제이다. 직접적이건 간접적이건 예술가들은 사회적·경제적·정치적 조건들을 그들 작품의 내용으로 흡수한다.

일반적으로 사회의 엘리트들이 예술작품을 구입하기 때문에 예술작품은 종종 그 집단의 이데올로기와 가치들을 표현하는 것으로 해석된다. 그라나(1971)의 주장에 따르면, 19세기 중반 이전의 예술가들은 자신들의 취향에 부합하는 주제를 선택하고 제시하는 방법을 통해 엄격하고 보수적인 사회적 구조를 정당화하는 사회적 모범을 구성했다. 예술이 사회·경제적으로 엘리트의 가치들을 반영한다는 테제는 산업화 이전의 유럽 사회에서 생산된 많은 예술작품의 경우에 무난하게 적용될 수 있지만(Berger, 1972 참조), 예술가와 패트론 사이의 관계는 19세기와 20세기에 산업화가 진행됨에 따라 변하게 된다. 울프(Wolff, 1981)가 지적했듯이, “예술작품과 문화적 생산물의 이데올로기적 특성을 인식하는 것은 매우 복잡한데, 그것들은 경제적인 그리고 여타 물질적인 사실들에 의해 결정되며, 사회 집단들의 실존과 구성, 그리고 그들의 이데올로기 및 의식의 본성과 상관성에 의해 매개된다.”

20세기 후반에는 후기 산업사회로 진입하면서 예술 감상에 필요한 교육의 기회가 늘어나고 공중의 참여가 확대되었을 뿐 아니라 예술 및 모든 문화적 형태의 중요성이 증가하게 되었다. 그와 동시에 미국 사회는 모든 사회계층의 멤버들이 자신의 소득수준과는 상관없이 그러한 지위와 라이프스타일, 그리고 태도를 열망하는 중산층 계급이 지배적인 사회로 변하게 된다(Grote, 1983). 앞서 살펴보았듯이, 많은 예술가가 교육 수준의 상승과 함께 중산층 라이프스타일을 몸에 익히게 되었다. 어떤 사람은 정치적이고 정서적인 측면 모두 대규모 사회로부터 거리를 둘 수 있는 아카데미의 역할을 강조한다. 일반적인 예술의 중요성뿐 아니라 예술가가 처한 사회적 환경의 이러한 변화들의 결과, 이 연구 범위 내의 예술 스타일에서 표현된 사회적이고 정치적인 가치들은 이제 더 이상 소외의 형식 혹은 대중문화와 중산층 가치들에 대한 저항으로서의 아방가르드적 보편 가치들이 아니다.

이 장에서 나는 포토리얼리즘Photorealism과 구상회화Figurative painting라는 두 가지의 재현 회화 스타일로 생산된 작품들이 70년대의 미국 사회를 직간접적으로 해석하고 논평하는 방식들을 검토할 것이다. 포토리얼리스트들은 거리의 장면들, 빌딩과 가정집의 외관, 특히 상업 시설들(상점과 레스토랑들), 그리고 중산층의 라이프스타일(도심 근교의 집들과 시골 술집들)과 같이 미국인의 공공적인 일상 단면들을 기록했다. 이와는 대조적으로, 구상화가들은 중산층의 사적인 삶—그들의 친구와 친척, 그들 집의 인테리어, 그리고 그들의 개인적인 소지품들을 그렸다. 나는 이러한 스타일의 예술가들이 취급한 세 가지 테마들을 탐구할 것이다. 미국 사회에서 개인들의 지위, 미국 사회의 특징, 이들의 작품에서 유추할 수 있는 범위 내에서의 미국의 사회 구조와 사회적 상황, 그들의 작품과 작품 제제와 연관성에 대한 그들의 발언에서 발견할 수 있는 리얼리티의 본질을 탐구할 것이다.

최근의 몇몇 연구는 현대 미국 사회가 문학, 영화, 그리고 텔레비전 방송에서 어떻게 해석되는지를 분석하고, 현대 회화에서 보이는 사회적 테마의 본성을 비교할 수 있는 논점을 제공했다. 이들 예술작품은 이 기간에 미국 사회가 특정한 사회 그룹에 의해 어떻게 인식되고 해석되었는가를 보여주는 문화적 지표로 간주될 수 있다. 현대 예술에 포함된 사회적 내용을 해석하는 연구들이 사실상 부재하기 때문에 예술과 사회생활의 연관성에 대한 이론적 틀과 가설을 제공하는 문학·영화 사회학에 의존할 필요가 있다. 예컨대, 오만(Ohmann, 1983)은 현대 미국 사회에서 사회의 엘리트가 스스로는 사상의 해체에 직접적으로 영향을 미치지 않는다고 주장한다. 그 대신에 "종속적인 위치에 있지만 영향력 있는 계층이 자신들의 관심과 경험을 표현하는 방식으로 문화를 문자적인 의미에서 형성한다." 그는 이 계층이 가끔은 지배적인 문화의 가치들에 비판적이지만 궁극적으로는 개인주의같이 가장 중심적인 가치들을 지지한다고 말한다. 그는 이 계층의 멤버들에 의해 생산된 모범적인 소설이 사회적 갈등들을 전적으로 개인의 부적응이나 신경증의 차원으로 제시한다고 주장한다. 욕구 불만은 병적인 증상이나 개인적인 문제로 해석되며, 사회 비판에 대한 어떠한 비판도 함축하지 않는다.

엘킨스(1977)는 이와는 달리 공상과학science-fiction 작가들은 지배적인 문화의 가치들을 비판하기보다는 강화한다는 결론을 내렸다. 이와 동시에 그/그녀는 기술 지향적인 세계관과 중산층의 전문가 영역을 표현하면서 그것들의 긴장과 역할의 충돌을 해결하고자 한다. SF소설의 관찰자들(Jameson & McQuarie, 1980에서 재인용)은 사회적 갈등 및 그 속에서 대안적인 질서에 대한 어떠한 심각한 고민들도 찾아볼 수 없다고 주장한다. 이러한 분석에 의하면 SF 작가들은 매스미디어와 공공 교육에 의해 유포된 부르주아 문화에 지나치게 깊게 빠져 있기 때문에 대안이나 비판적 관점을 제시하는 데 필요한 최소한의 간격도 유지하지 못한다. 물론, 부르주아지가 처한 상황에서 분리되어 비판적인 맹공을 퍼부을 수 있는 일정 정도의 거리를 유지하는 것이 아방가르드 예술가의 전통적인 역할이었다.

이와는 대조적으로, 롱(1981)은 심지어 동일한 문화적 형태인 베스트셀러 소설 내에서도 제도의 변화에 대한 반응들이 매우 다르다고 한다. 그녀의 베스트셀러 소설 분석에 따르면 이들 작품들의 특성이 급격하게 변한 것은 1955년 이후이다.[1] 그 작품들은 더 이상 상류층 백인 남성의 일반적인 시각에서 생산되지 않았으며 지배적인 문화의 가치들에 대한 환멸과 비판을 표현하기 시작했다. 60년대 후반과 70년대 초반에 베스트셀러들은 사회의 변화에 대한 폭넓은 반응을 드러냈지만 가장 특징적인 것은 개인의 성공 기회에 대한 비관적인 태도와 경제 발전에 바친 노력과 보상들에 대한 좀 더 현실적인 평가들이었다. 그녀는 지배적인 가설에 반대해 이 소설들이 '위기의 세계관'을 드러낸다고 주장한다. 개인적 행위와 성취의 본성을 규정하던 예전의 규칙들, 그리고 그들의 긴밀한 연관성들은 붕괴되었으며, 개인을 "매우 곤란하고 불편한 현실"로 내몬다. 롱이 시사한 바와 같이, 이러한 문제들에 대한 해결책은 이들 소설에서 매우 다양하게 나타난다. 어떤 작가들은 실제적인 이슈들에 접근하려는 독창적인 시도들을 보여주었고, 다른 작가들은 진부하고 틀에 박힌 해결책에 의존한다. 그녀는 이런 문화적 산물들은 단순히 사회 변화를 반영하지 않으며, 그들 관객의 인식과 행동에 영향을 미칠 수 있는 현실에 대한 해석을 제공함으로써 해결 방안을 모색하는 데 도움을 준다고 주장한다. 라이트(1979)가 주장했듯이, 대중문화는 문화의 향수자들에게 "그들의 사회가 어떠한 모습이고 그들이 사회의 개인으로서 어떻게 행동해야 하는지를 보여준다."

일부 관찰자들은 우리의 문화가 기업 자본주의를 지지하고 사회적 갈등과 비판을 누그러뜨리는 현실에 대한 특정한 관점을 통해서 형성된다고 주장하는 반면에, 다른 이들은 문화의 분열과 이견들을 추구한다. 지배적인 중산층 표본의 멤버들 중에서 로버트 벨라(1985)는 전부는 아니지만 많은 수가 자신의 삶을 정합적인 의미 체계의 차원에서 해석하지 못하고 있음을 발견했다.

사회의 모범으로서의 개인 혹은 소외된 반反영웅

이 연구는 몇 가지 가능성을 제시한다. 구상화가들은 개인을 상위 중산층의 라이프스타일을 지지하는 사회의 모범으로 묘사할 것이라는 기대를 가질 수 있다. 다른 대안으로, 그들은 사회적 긴장에 대한 반응으로 나타나는 개인의 신경증과 소외를 조망할 수도 있다. 끝으로, 그들은 자신이 감당할 수 없는 사회적 강압에 반응하는 개인의 무기력함과 강박관념을 강조할 수도 있다. 이런 가설들은 재현 회화의 세 가지 테마들에 대한 검토를 통해서 평가될 수 있다. 개인의 사유재산을 처리하는 방식은 식생활, 레저 활동, 그리고 기념행사와 같은 사회적 의식의 수행과 해석 방식, 특히 초상화에 나타난 개인의 특성들이다.

사회학자들은 사유재산을 공리주의적인 관점뿐 아니라 재산 소유자의 태도, 소유물을 통해서 투사하고자 하는 그들 자신의 이미지를 드러내는 지표로 바라본다(Douglas & Isherwoood, 1979). 그렇기 때문에 회화에서 방들과 거실을 포함한 재산을 표현하는 방식은 그것을 소유한 사회 그룹에 대한 예술가의 태도를 함축적으로 보여준다. 예술가들에게 그것들은 특정 시기의 개인적 실존과 사회적 삶의 본성을 나타내는 지표로 작용한다(Crary, 1976). 포토리얼리스트 작가인 클리만("Real, Really Real, Super Real", 1981)의 말처럼 "우리는 주위를 둘러싼 물건들에 자신의 개인적인 선택들과 일치하며 자신의 중요성을 나르시시스적으로 투사하는 우리 자신의 개성을 반영한다." 이와 마찬가지로, 사회적 의식을 표현하는 것은 이들 예술가가 인정하는 사회적 유대들의 본성과 중요성을 나타내는 지표로 작용한다. 마지막으로, 회화의 역사를 통틀어서 초상화는 개인의 사회적 정체성 identity, 즉 패트론의 기대에 부합한 것이든 예술가가 인식한 바의 것이든 그 자신의 이미지를 표현해왔다.

나는 포토리얼리즘과 구상회화의 두 가지 스타일로 작업하는 예술가들의 재현적인 작품들을 검토할 것이다.[2] 후자의 경우에는 모더니스트의 미학적 전통에 영향을 받은 화가들과 전통적인 회화의 접근 방식을 사용하는 화가들을 구분할 것이다.

〈표 5-1〉에서 볼 수 있듯이, 이 스타일들은 현대 생활의 각기 다른 측면들을 강조한다. 비교를 위한 잣대로 조사에 포함한 팝 예술가들처럼 포토리얼리스트와 현대 구상화가들은 전통 구상화가들이 초

<표 5-1> 재현 회화, 팝, 포토리얼리즘, 그리고 구상회화에 그려진 주제의 유형들

	주제의 유형					
스타일	비인물	초상화, 누드	풍경화, 정물화	가정의 실내장식	테크놀로지, 인간이 만든 오브제, 도시경관	*N*
팝	48	25	14	4	86	28
포토리얼리즘	35	35	25	5	63	51
현대 구상	36	38	85	31	46	39
현대적 전통 구상	13	43	83	43	48	23
전통 구상	3	68	63	24	34	38

참고: 표의 숫자는 예술가들의 대표적인 작품 내용을 분석한 결과에 근거한다 (부록 A 참조).

상화나 누드화에서 인물 그려 넣기를 선호하는 반면 모두 다 그림에서 인물을 배제시키는 경향이 있다. 구상화가들은 일반적으로 풍경화나 정물화 작업을 선호하는 반면에 팝이나 포토리얼리스트 화가들은 기계장치, 기술, 인간이 만든 제품들을 즐겨 다룬다. 이들 인물은 예술가들의 관심을 나타내는 단서로 작용할 수는 있지만 분명한 것은 그것들이 이들 주제가 함축하는 이슈들의 본질을 드러낼 수 없다.

자동차, 모터사이클, 개인용 비행기들은 포토리얼리스트들이 선호하는 소재들이다. 이러한 타입의 소유물들은 종종 중산층 소유자들에게 상당한 정도의 정서적 투자를 이끌어낸다. 이러한 태도는 다른 많은 포토리얼리스트가 이 물건들을 표현하는 방식에 반영 되었다. 재산은 아이콘icon처럼 취급된다. 론 클리만의 말이다. “나는 20세기 종교적 대상들의 현상을 기록하기 위해 항상 아이콘들을 그렸다. 경주용 자동차는 가장 명백하게 문화를 가로지르는 아이콘이다. 그러나 그것이 유일한 것은 아니다. 경주용 자동차에서 시작해서 나는 점점 증가하는 하위문화의 이미지들을 포함한 다른 소재들로 옮아갔다. 그러나 그것들은 여전히 숭배의 대상들이다”(Meisel, 1981). 일반적으로 이들 기계장치들은 밝고, 빛나고, 시각적으로 새로운, 아주 최상의 상태로 표현된다.[3] 회화의 제목은 종종 이들 기계장치의 브랜드 이름을 포함한다. 대부분의 경우, 이들 대상들은 홀로 제시되며, 주인은 보이지 않는다.

다른 회화들은 아직 구매되지도 않은 소비 제품들을 보여준다. 선호하는 소재들은 의상을 입은 마네킹, 신발, 은제품, 과자류, 캔디, 아이템들로 꽉 찬 가게 진열장, 그리고 과일과 채소를 가득 실은 이동 판매대들이다. 동물들도 가끔 묘사된다. 이들 회화의 소비 제품에 대한 관심 수준은 소유물들보다는 사회적 관계들을 좀 덜 중요시하는 미국 사회의 관점을 함축한다. 이러한 인상은 이들 예술가들이 가정집의 인테리어를 거의 그리지 않는다는 사실을 통해서도 뒷받침된다. 그 대신에 그들은 싸구려 레스토랑의 인테리어와 교외 가정집의 외관을 그린다.

이와는 대조적으로, 현대 구상화가들은 롱아일랜드Long Island나 메인Maine에 있는 그들의 여름 별장 인테리어나 뉴욕 시에 있는 그들의 아파트를 자주 그린다. 그들의 정물화는 포토리얼리스트의 정물화에서 자주 볼 수 있는 코카콜라, 케첩 병, 종이 냅킨들과는 대조적으로, 이미 19세기에서도 찾아볼 수 있는 전통적인 가재도구를 보여준다. 테크놀로지와 대중문화의 제품들은 이들 작품에서는 거의 찾아볼 수 없다. 대신에 꽃들과 전통적인 가재도구가 그들의 주요 테마이다. 다른 말로 하면, 현대 구상화가들이 묘사한 라이프스타일은 리뷰의 아래 인용문이 암시하는 바와 같이 명백히 중산층의 것이다 (Berlind, 1981).

> 소어Shorr의 실크 스카프, 특별한 보석류, 마네의 장미나 라일락 같은 도자기와 꽃들은 사회적 기품elegance과 특권의 분위기를 명시적으로 보여주는 것들이다. 그들의 사회적 자태들에는 일정한 냉담함이나 자발성보다는 속셈을 따지는 분위기가 부수적으로 따라붙는다. 회화의 지속적이고 권위적인 태도를 파괴할 수 있는 고질적인 요소들은 어디에서도 찾아볼 수 없다. 그들의 냉담함, 단순한 미에 대한 그들의 관심, 그리고 계급적 속성들을 보여주는 이러한 특성들과의 솔직한 교감을 고려할 때, 이들 회화는 사회적 기품을 암묵적으로 보여주는 현대 형식주의의 명백한 사례들이다.

포토리얼리스트와 현대 구상화가들의 회화에서는 사실상 사회적 의식들을 찾아보기 힘들다. 포토리얼리스트 회화에서 식사는 집이 아니라 패스트푸드 레스토랑에서 소비되는 스낵들이다. 현대 구상화의 정물화들은 컵, 접시, 도자기들을 자주 포함하지만 그러한 가정용품들은 일반적으로 비어 있다. 테이블들은 가끔 사회적 모임의 초점이다. 윌리엄 베일리에 대한 비평가의 논평이다(Oresman, 1982).

"그의 오브제들은 고요하고 기념비적인 구성을 하고 있는데, 직접 사용하는 물건이 아니라 먼 과거의 고전 미학의 세계에 속하는 것처럼 보인다." 거기에는 사회적 유대관계를 강화하고 19세기 프랑스 인상주의자들이 가장 좋아했던 주제인 축제, 춤, 주말 피크닉과 같은 레저 활동을 찾아볼 수 없다. 이 예술가들이 묘사한 예외적인 파티들은 썰렁한 느낌마저 든다.

초상화는 포토리얼리스트들이 자주 그리는 주제가 아니다. 그리고 대부분의 회화들에는 사람들이 풍경의 일부분으로 등장하며, 관심의 주된 초점이 아니다. 인물들은 종종 흐릿한 얼굴과 그림자 속에서 관람자를 등진 모습으로, 마치 이방인처럼 표현된다. 가끔 자동차 옆이나 도심 변두리 집 앞에서 포즈를 취하고 있는 사람들이 보인다. 체이스(1976)가 로버트 베히틀의 작품에 대해서 언급한 것처럼 심지어 가족 생활도 미국 생활의 물질적인 측면에 종속되어 있는 것처럼 보인다. "그의 가족 초상화는 '예술가의 가족'보다는 '61년 폰티악'이라는 이름이 더 어울린다." 가족은 중산층의 실존적 생활을 드러내는 또 다른 인공물처럼 느껴진다. 매우 전통적인 형식의 예술적 주제인 초상화를 대하는 포토리얼리스트의 양가적인 태도는「핑크 칫솔Pink Toothbrush」이라는 제목이 붙은 로버트 베히틀의 흔치 않은 자화상에 나타난다. 그 회화는 욕실 유리에 비친 예술가 얼굴 이미지를 보여준다(Meisel, 1981). 거실 거울에 비친 반쪽의 그의 얼굴 이미지가 그려진 또 다른 회화는「플리머스 5656 Plymouth」이라고 불린다. 플리머스 56 자동차는 그림의 오른쪽 하단에 있는 창문을 통해 보인다(Meisel, 1981).

다른 포토리얼리스트들과는 달리, 척 클로스는 오로지 초상화 작업에만 전력을 다했다. 그가 그린 친한 친구의 거대한 초상화 얼굴에는 표정이 없다(Meisel, 1981). 그의 그림에는 선과 점들의 흔적들이 나타난다. 머리는 종종 텁수룩한 모습으로 보인다. 그의 초상화에 나타나는 인물의 특성과 개성은 그 인물에 대한 방대한 양의 물리적인 정보를 전달하는 테크닉의 부수적인 효과일 뿐이다. 이 그림에서 예술가는 기본적으로 기술적인 문제를 탐구하려는 물질적인 관심을 드러내고 있다.

매우 과장된 형상을 하고 있는 클로스의 초상화는 포토리얼리스트들의 작품 중에서 가장 전형적인 인간존재의 현존이다. 몇몇 누드화를 제외하고 그의 초상화에 나타난 개인들은 매력적으로 보이려고 꾸미지 않았다. 그들은 감동적이거나 잘난 척하거나 영웅적으로 보이지 않으며, 행복하거나 불행한 것 같지도 않아 보인다. 불안감이나 소외감 혹은 환멸감의 징후는 보이지 않지만 사회적 관계성을 묘사하려는 시도가 조금 보인다. 조안 세멜은 재현 화가 중에 거의 유일하게 성교性交의 사회심리학, 특히 섹슈얼리티에 대한 여성의 관점을 탐구하고자 했다. 자신의 벗은 몸, 육체적으로 불완전한 몸을 자기 그림의 제제로 사용하여 그녀는 여성 참여자의 시각적 관점에서 성교를 그렸다. 그녀는 자신의 의도를 다음과 같이 묘사했다(Marter, 1978). "내가 추구했던 것은 (……) 어떻게 한 사람이 다른 한 개인, 또 다른 사람, 또 다른 상황들과 진실하게 관계하는지에 대한 친밀한 느낌이다. 접촉과 터치, 그리고 터치의 에로티시즘에 대한 진짜 특성이다."

또 다른 관점에서, 예외적으로 너무나 사실적인 작업 스타일 때문에 포토리얼리스트 운동으로 분류되는 조각가인 듀안 한슨은 자신의 주장처럼, 주로 "평범하고 지루하고 하찮은 일을 묵묵히 하면서 힘겹게 살아가는 노동자 계급"을(Mathews, 1981) 그렸다. 그들은 포토리얼리스트 화가들이 장면 구성을 할 때 전형적으로 포함했던 인물의 유형들이다. 예컨대, 관광객, 일광욕자, 슈퍼마켓 쇼핑객, 건설 노동자, 주부, 노인 등등. 그는 이런 사람을 "통제를 벗어난 세계의 거물 망에 사로잡혀 있는 자들"로 보았으며("Real, Really Real, Super Real", 1981), 그들을 곤궁으로 몰고 간 바로 그 인간의 나약함뿐만 아니라 그들의 무력함과 좌절감의 파토스까지 전달코자 했다. 그는 자신의 작업 목표가 "우리의 사회 환경에 내재하는 잠재적이지만 아주 명백한 폭력의 모습들"을 그리는 것이라고 말했다(Hanson, 1970).

현대의 구상화가들이 그리는 그림의 주제는 그들의 친구나 친척이었다. 그들 중에 낯선 사람은 드물었다. 직업 모델을 그린 누드화 이외에 필립 펄스타인의 주제는 주로 "화가의 주위 인물 혹은 비교적 편안한 환경에 처한 예술 애호가 동호인들 (……) 그의 친구들이나 그의 가족들, 그리고 동료였다"(Nochlin, 1981). 알렉스 카츠Alex Katz는 예술계의 엘리트들(아티스트, 딜러, 비평가)에 게 초점을 맞추었다. 그의 그림은 "뉴욕 스쿨에 대한 시각적인 사회 기록"으로 평가된다(Tillim, 1966).

펄스타인은 누드화를 주제가 아닌 오브제의 차원에서 주로 그렸으며, 그것들에 대한 자신의 관심은 그들의 심리 혹은 섹슈얼리티와 무관하다고 주장했다. 고객의 의뢰를 받아 자신이 직접 제작한 초상화에 대한 언급에서 그는 그 주제에 대해 그 어떤 것도 표현하지 않았다고 말했다(Strand, 1983). 노클린(1981)은 펄스타인의 그림 한 점을 평가하면서, "에드문트 필스베리 부부(1973)는 어떠한 감정도, 어떠한 사회적 판단도, 심지어는 소위 벙어리dumb 예술가 상과 치과용 램프의 차가운 불빛 아래 얼어붙어 있는 그의 모델의 외양 사이에 끼어들 수 있는 사물 혹은 형식에 대한 어떠한 선험적a priori 지식도 존재하지 않는다."

카츠가 많이 그린 인물은 아들 빈센트와 그의 아내인 아이다였다. 그는 아내를 20년이라는 기간 동안 무려 80번 이상 그렸다(Alloway, 1984). 이 기간에 그가 그린 그녀의 초상화는 매우 스타일화되고 이상화되었다(Gallati, 1981). 아이다는 더 이상 성숙하거나 나이가 들지도 않았다. 매우 다양한 상황들로 표현되었음에도 그녀의 침착한 태도는 좀처럼 변하지 않았다. 칼라스에 따르면 "케이츠의 초상화는 난공불락으로 남아 있다. 그는 비개인적이고 공공적인 것의 현존에 집중하기 위해서 직접적이거나 모든 것을 노출하는 표현 방식은 멀리했다(1968).”

현대 구상화가들의 그림에는 포토리얼리스트들의 그림에서보다 사람이 더 자주 등장함에도 그들의 사회적 관계가 그림에는 좀처럼 드러나지 않는다. 대부분의 그림에서 개인이 다른 사람들과 의미있게 교감한다는 느낌을 찾기 힘들다. 오히려 사람과 사람이 거주하는 환경은 동등한 중요성을 갖는다. 그들 사이의 교감은 매우 피상적이거나 존재하지 않는다.

포토리얼리스트와 현대 구상화가들이 자신들의 그림에서 인간 존재를 재현하는 데 양가적인 태도를 보인 반면에 대부분의 전통적인 구상화가들은 인간 형상의 포함을 필요로 하는 인본주의적 접근 태도를 견지했다. 슈바르츠(1974)에 따르면, 인본주의자로서 예술가는 “인간의 공동체 생활을 용이하게 해줄 수 있는 상호 융합적인 전망을 추구한다. (……) 인본주의humanism는 불신의 사막에서 신화를 찾는 것과 같다.” 전통적인 구상화가들 중 일부는 자신의 작품을 기존의 가치들을 담는 저장고라고 생각했던 윌리엄 베커만(“Real, Really Real, Super Real”, 1981)이나 “그림은 민중을 더 나은 방향으로 이끌 수 있다”(Cottingham, 1980)는 뚜렷한 의도를 가지고 자신의 작품에 ‘도덕적인 교훈’을 포함하고자 했던 잭 빌처럼 자신의 작품에서 전통적인 도덕의 가치를 재현하고자 했다.

많은 수의 전통적인 구상화가들이 자신들이 내세우는 인물을 이상화하고자 한 반면에, 앨프레드 레슬리는 개인 초상화에서는 개성을, 집단 초상화에서는 인간 관계를 드러내는 데 능숙함을 보여주었다. 그는 수많은 자화상 중 하나에서 자신의 삶에서 특별히 힘들고 취약했던 시기를 배를 노출하고 날갯짓하는 모습으로 보여주었다. 레슬리는 중년 여성의 생일 파티에서 발생한 비극적인 자동차 사고를 세밀하게 재구성하여 보여주면서 매우 폭넓은 주제들을 다루었다. 현대인의 삶의 본성에 대한 메타포로 받아들여질 수 있는 이미지들을 창조할 수 있었던 그는 옷가지 속에 둘러싸여 있는 텔레비전 세트와 전화기가 있는 자신의 정물화에서 테크놀로지를 기반으로 하는 소통의 형태들과 결합되어 있는 현대인의 삶과 그 고독함의 특수성을 제시하였다. 그는 자신의 그림이 "대립적인 접근 방식"을 취한다고 말한다(Henry, 1975).

> 나는 사람의 행동을 교화敎化하는 다비드[4]의 예술처럼 예술을 하고 싶다. 이런 목적을 달성하기 위해서 나는 다비드를 연구함과 동시에 색, 선, 공간, 원근법, 빛, 소묘와 구성에 이르기까지 내가 할 수 있는 모든 것을 제거하고자 한다. 개별 인간들의 독특한 특성들과 개성을 더욱 강조하기 위해 나는 볼 수 있는 모든 것을 기록하고자 한다. 또한 그림의 크기를 키웠는데 이렇게 함으로써 그림이 의심의 여지없이 대중의 관람과 제도적인 삶과 서비스를 위해 존재할 수 있을 것이다. 나는 이러한 그림을 대립적인 예술이라고 부른다.

지금까지 살펴본 바와 같이 전통적인 구상화가들은 모더니스트의 미학적 전통을 거부해왔으며 고전적인 회화의 전통을 부활시키고자 했다. 몇몇 이런 화가들은 모더니즘처럼 의미의 해석에는 도움이 되지 않는 미학적 이슈들을 선점하고자 노력했다. 크래머(1973)는 리랜드 벨의 작품을 평가하면서, 그가 "삶과의 대화를 추구하기보다는 과거의 그림들과 패쇄적인 대화를 추구한다"고 말했다. 다른 비평가들은 폴 비젠펠드를 혹평했는데 그 이유는 그가 베르메르에 대한 배움을 결코 멈춘 적이 없다고(Mangan, 1974) 말했지만, 그것의 의미에 대한 어떠한 단서도 제시하지 않으면서(Fort, 1981) 오브제와 상황들을 '중성적neutral'으로 제시했기(Cray, 1976) 때문이다. 틸림의 역사화에 나타난 인물들은 전쟁과 파괴라는 주제에도 "조각상에 가까울 정도의 매우 안정적인 느낌을 가진다는 평가를 받는다"(Yau, 1978).

이 그림들에 나타난 인간의 이미지들은 영웅이라기보다는 반영웅antihero의 모습에 가깝다. 거기에는 소외나 저항 혹은 정신병적인 증상이 거의 없다. 그 대신 대부분 이들 화가들의 주된 관심사는 중산층의 삶의 본성이나 그들의 개성 혹은 그들의 실존에 대한 반응이라기보다는 그들의 삶을 둘러싼 환경과 인공물들에 집중되어 있다.

자연 그리고 인간이 만든 환경: 사회적 충돌 혹은 사회적 조화?

이러한 경향의 그림들이 수많이 창조되는 기간이었던 60년대 후반과 70년대 초반의 미국 사회는 인종 분쟁, 전투적인 여성주의 운동의 발생, 환경 공해에 대한 높은 관심, 동남아시아 전쟁의 필요성에 대한 격렬한 논쟁, 정부 고위 관리직의 정치적 스캔들로 특성지울 수 있는 격동의 시기였다. 어떤 사회학자들은 수많은 미국인이 사회제도에 대한 신뢰성을 상실한 기간이 바로 이 기간이었다고 주장했다(Bergesen & Warr, 1979). 롱(1981)은 2차 대전 이후 10년 동안 출판되었던 베스트셀러 소설에는 사회 변화가 반영되지 않았다는 사실을 발견했으며, 1955년 이후에는 "사회 변화들이 거대한 힘과 함께 공상의 세계로 들어갔다"는 사실을 발견했다. 다른 한편 그로트(1983)는 텔레비전의 상황극 코미디situation comedy를 분석하면서 '시트콤sitcom'은 전통적인 코미디와는 달리 "공격적이기보다는 방어적이며, 미래보다는 현재 혹은 과거에 정향되어 있으며, 재산은 성스러운 것이며, 가족은 영원하며, 부모는 항상 옳으며, 권위가 항상 승리하는 코미디"라고 주장했다.

이러한 예술가들이 시골과 도시의 환경을 묘사하는 방식은 그들이 어떻게 미국의 사회와 제도들을 바라보는가에 대한 암시로 파악될 수 있다. 비평가인 마이나르디(1979)의 말처럼 "비록 최근의 풍경화들이 장소의 기록이라는 특성을 많이 보여주지만, 거기에는 또 다른 사실, 즉 기록되는 것이 우리 자신이라는 것을 느낄 수 있다." 시골 풍경은 구상화가들이 즐겨 찾는 주제이며 풍경, 숲, 그리고 정원은 주로 가정의 인테리어 배경으로 사용된다. 풍경화를 그리는 현대 구상화가들 중의 상당수는 프랑스 인상주의의 영향을 받았지만 그들 작품은 단지 피상적으로만 인상주의를 닮았다. 레나트 앤더슨은 자신의 풍경화에 대해 말하면서 "나는 19세기의 모티프에 심취해 있다. (……) 그러나 세상이 그 당시와는 다르기 때문에 동시에 그것이 다소간 거짓말이라고 느낀다"(Gussow, 1972). 비평가가 회화적 사실주의자의 풍경화를 언급하는 자리에서(Smith, 1982) "현대 풍경화의 본성에 관한 언표로서 그들의 작품은 다소 핵심을 벗어난 것처럼 보인다. (……) 전폭적인 관심을 끌 수 있는 성취감의 느낌에 영감을 줄 수 있는 세계의 조건 혹은 그들이 물려받은 추상 언어에 대한 투쟁적인 반성이 충분하게 보이지 않는다."

다른 한편으로, 좀 더 전통적인 구상화가들의 풍경화에서 가끔 암시적인 비판의 흔적들이 나타난다. 랙스트로 다운스가 종종 공장으로 뒤덮인 풍경을 기록했다면(Ellenzweig, 1975c), 윌라드 미드게트는 남서쪽의 시골을 보호구역 바깥에 거주하는 인디언들의 불편한 관계를 대립적으로 보여주는 배경으로 사용했다(Midgette, "Real, Really Real, Super Real", 1981).

포토리얼리스트는 풍경화가가 아니기 때문에 그들이 재현한 자연을 사회 이미지의 암시로 해석할 수 없다. 그럼에도 그들의 '도시 풍경'은 인간성이 단지 부차적인 역할밖에 하지 못하는 사회를 암시한다. 이러한 사실은 주간에만 사람들로 북적거리는 뉴욕 시를 텅 빈 도시로 묘사한 그들의 그림에 잘 나타난다. 리처드 이스트가 인간의 형상을 이용하는 방식에 대해 비평가인 사이츠(1972)는 다음과 같이 말한다.

> 그의 그림에는 종종 유령 같은 인물이 등장한다. 그러나 이것들은 일반적으로 도로의 반대편 전화 부스 안에서 번쩍거리는 금속성 표면과 가게 창문에 왜곡된 형상으로 반영되거나 그것을 통해 조각난 파편으로 보인다. 이러한 도구를 통해 그 인물은 미로 같은 연동 장치 안에 갇혀 비인

간화되어 보인다.

포토리얼리스트가 포착한 도시의 이미지는 거대 기업들이 입주한 빌딩들에 지배당하는 세계의 모습이며, 그들의 이름은 가끔 그림 그 자체 혹은 그 제목에서 명확하게 읽을 수 있다. 때로는 기호 자체가 관심의 중심이 되기도 한다(Robert Cottingham, Meisel, 1981 참조). 이러한 그림들 중의 일부는 라이트(Wright, 1976)의 서부 영화의 진화에 대한 평가와 다르지 않은 결론을 제시한다. 서부 영화 공식의 최근 버전은 초기와는 달리 개인이 행위나 영향력을 행사할 기회를 거의 가질 수 없는 세계를 제시한다. 라이트에 따르면, 개인 영웅은 음악회에서 연주하는 전문가들로 대체되었으며 반드시 인민의 이익을 위해 봉사해야 하는 것은 아니다.

혹자는 그들이 선택하는 제제가 바로 그들의 진술을 간접적으로 시사하는 것이라고 추론할 수 있지만, 포토리얼리스트들은 사회적 혹은 도덕적인 관여가 자신들의 관심사는 아니라고 강조한다. 미국 사회의 어두운 면이 묘사된 정도를 보면 그것은 곧바로 중산층의 관점을 대변한다는 것을 알 수 있다. 이웃이 지저분한 것과는 상관 없이 보도步道는 깨끗하고 빌딩은 밝은 색이다. 로버트 베히틀의 말이다. "비록 다른 사람들이 당연하게 품을 수 있는 그러한 해석적 관점을 의식하고 있지만 나의 관심사는 사회를 풍자하거나 비판하는 것과는 거리가 멀다(Meisel, 1981). 나는 그들의 일상들 — 친숙한 것 속에 숨어 있는 것 — 에 관심을 가지며 그러한 일상적인 것에서 예술을 만들면서 성취감을 느낀다."

아이델 베버가 그림을 그리면서 뉴욕 시의 거리에 쌓인 쓰레기 더미에 관심을 갖는 것도 역시 사회비판적인 메시지를 전달하고자 함이 아니다(Lubell, 1977). 버려진 차를 그리는 존 솔트도 비슷한 태도를 보인다. "자동차는 흉측하고 쓸모없고 덩치만 컸으며 나에게 유난히 눈에 거슬리는 존재였지만 이제는 관심을 갖게 되었다. 그럼에도 내가 그것들을 그리는 이유가 그것들이 중요하거나 어떤 메시지를 전달하기 때문이 아니다. 그것은 단지 거부할 수 없는 그림의 제제이기 때문이다"("Real, Really Real, Super Real", 1981).

현대 구상화가들의 작품에서 도시는 창문 너머로 보이는 배경으로 자주 등장하지만, 관심의 중점은 언제나 꽃병이나 과일 바구니 같은 다른 곳에 있었다. 이와는 대조적으로 캐서린 머피의 작품에서 도시 풍경은 정원 너머 저 멀리, 대기 저편으로 보인다. 그들이 그리는 도시 풍경과 농촌 풍경은 비슷한 정감을 가졌다. 전통적인 구상화가들에게 보이는 두드러진 특성은 도시나 농촌에서 발견하는 제제들 위에 설명할 수 없는 어떤 신비한 아우라를 덧붙인다는 사실이다. 다른 이는 도시의 거리에는 보이는 것 이상의 어떤 것이 있다는 암시를 통해 거리 풍경을 의미심장하게 그렸다. 존 부턴의 황량한 도시 거리는 수수께끼 같은 몽환적인 분위기를 보여준다(Ellenzweig, 1975b). 시드니 굿맨의 작품에 대한 비평가의 논평에 따르면 "이것들은 특정한 시간대에 포착된 현대적인 주제들이지만 그것들에는 신비한 기운이 충만하고 현재가 아닌 과거에 속하는 것처럼 보인다"(Tannenbaum, 1977).

헨리(1981b)는 밀레 안드레제빅이 "우리보다 더 의미있고 더 마술적인 리얼리티를 추구한다"고 논평했다. 레나트 앤더슨과 토머스 코넬 같은 사람은 고전 신화의 주제들을 자신의 작품으로 가져왔다(Strand, 1983; Wallach, 1980). 시드니 틸림과 같은 사람은 역사적인 에피소드들을 재해석했다(Yau, 1978). 이러한 작품들은 완벽했던 과거에 대한 향수를 불러일으킨다. 피터 딘과 같은 다른 부류의 사람들은 실재의 현실 세계를 우회적으로 비판하기 위해서 판타지 월드를 창조하기도 한다(Anderson, 1977; Welish, 1981). 오라 레만과 조지 길레스피 같은 사람은 세계를 매우 개인적인 시각에서 바라보는 자서전적인 작품을 창작하였다(Marter, 1982; Davies & Yard, 1977).

스미스가 논평한 바와 같이(1982) 전체적으로 이들 화가에 의한

"세계의 조건 개선을 위한 투쟁"의 시도는 미미했다. 노클린(Nochlin, 1981)이 지적한 바와 같이, "노동, 사회 정의, 가난뱅이, 억압받는 계급들과 개인들의 이미지와 같은 유형의 소재素材subject matter는 재현 화가들의 작품에서는 전적으로 배제되었다. 19세기 사실주의 작가인 밀레가 생각한 주제가 공장이나 도시 슬럼가라면, 우리 시대의 새로운 사실주의 작가들의 주제는 가난한 흑인과 노동자가 될 것이다."[5]

재현 회화의 리얼리티는 실체인가 환영인가?

대부분의 재현 화가들에게 겉으로 드러나지는 않지만 매우 근본적인 관심은 리얼리티reality의 본성에 대한 것이다. 19세기 후반이 될 때까지 수많은 예술가와 과학자들은 자신들의 활동을 통해서 묘사되거나 이해될 수 있는 오직 하나의 객관적인 리얼리티가 있다는 생각을 가지고 있었다. 다른 말로 하자면, 예술가와 과학자 모두가 자신들의 노력에 의해 리얼리티는 정확하고 모호함 없이 파악될 수 있다고 믿었다. 과학자와 마찬가지로 예술가도 가능한 한 정확하게 리얼리티를 묘사하고자 했으며, 리얼리티에 대한 이해를 심화하기 위해 실험에 의존하기도 했다. 리얼리티를 제시하기 위한 19세기 접근방식의 핵심은 미국 화가인 토머스 에이킨스의 작품에서 찾아볼 수 있다. 에이킨스는 그림이란 매우 정확한 과학과 같다고 믿고 행동했다(Russell, 1982). 예컨대 어떤 사건을 묘사할 경우에 사건이 발생한 달과 날짜 및 시간까지 정확히 식별할 수 있을 정도로 정확하게 그 효과를 계산하면서 그림을 그렸다. 러셀은 이렇게 말한다. "그는 절대적인 정밀성을 대변한다. 그것이 말馬의 움직임이든 정밀한 기계장치의 작동이든 장기 공연 말미에 극장의 기본 소품으로 사용된 침대 시트의 오염도 정도이든, 모든 것은 아주 정확하고 올바른 방식으로 그려져야 한다는 것이 그의 예술을 지탱하는 기본적인 사상이었다."

19세기가 끝나갈 무렵에는 과학과 예술 모두에 공통적이었던 세계관은 큰 변화를 겪게 된다. 가블릭(1977)이 보여준 바와 같이 과학의 주제였으며 예술이 탐구했던바, 오직 하나로 존재하는 객관적인 리얼리티의 개념은 사라졌으며 동일한 현상에 대해서도 관찰자의 입장에 따라 상이한 해석이 가능하다는 관점이 부각되기 시작했다.

> 현대의 이론물리학은 하이젠베르크가 주장하듯, 절대적 실재ultimate reality라는 개념을 포기했으며 '물 자체a thing in itself'를 발견할 수 있다고 생각지 않는다. 상대성relativity이란 세계를 구체적인 개별 사건이 아니라 이들을 추상화한 관계성으로 이해하는 것이다. 모든 시각을 총괄하는 상대성의 관점에서 사물을 보는 현대 물리학의 경향은 큐비즘 예술에서 동시에 나타난다. 큐비즘 예술가는 대상을 한 시점의 원근법만으로는 파악할 수 없으며, 만약에 가능하다면 모두가 동등하게 중요하고 다양한 공간 프레임과 시점을 통해서 파악할 수 있다는 직관적인 깨달음에 따라 행동한다.

20세기가 되자 수많은 아방가르드 예술가들이 리얼리티를 기록하는 그들의 관심을 포기하고 그 대신에 새로운 형식의 리얼리티를 발견하거나 심지어 만들어내고자 했다. 그러기 위해서 변화와 예측 불가능성의 요소를 자신의 작품에 함축하게 하는 콜라주와 같은 테크닉에 의존하거나 폭넓은 시각적 연관성을 체계적으로 탐구하기 위한 수단으로 수학(일반적으로 기하학)을 사용하였다. 이러한 접근 방식 중에 가장 극단적인 경우가 미니멀리즘Minimalism이었다. 미니멀리즘은 우리가 살펴본 바와 같이, 대상이 아니라 관계성이나 패턴에 관심을 갖는 예술가들을 포함하며, 이러한 경향은 의미의 본질에 대한 탐구를 포기하는 것이다(Wollheim, 1968 참조).

20세기 후반의 재현 화가들에게 리얼리티의 본질에 대한 일관된 해석이 부족하다. 이들 중 일부, 특히 모더니스트의 미학적 전통에 영향을 받은 예술가들은 자신들이 그린 리얼리티는 구성된 것이며 그것이 그들의 실재적인 주제와 맺는 연관성은 일시적일 뿐이라는 입장을 취한다. 이 관점에 대한 자넷 피시의 설명이다("Real, Really Real, Super Real", 1981).

> 나는 세계의 겉모습이 고정되어 있다고 생각하지 않는다. 나와 당신이 보는 방식에서 특정한 관습을 서로 받아들인다고 하더라도 겉모습을 분석하고 재구성하는 것은 상상력의 문제일 뿐이다. 어떤 사람이 리얼리스트라고 말하는 것은 접근 방식에 대한 표명이지 사실의 문제에 대한 진술일 수는 없다.

제임스 발레리오의 말에 따르면, "내가 더 많은 정보를 가지면 가질수록 리얼리티가 더욱더 모호해진다는 사실을 발견한다. 하나의 리얼리티만이 있을 수는 없다"("Real, Really Real, Super Real", 1981).

이들 화가 중의 일부는 "화가는 리얼리티를 정확하게 복제할 수 없을 뿐만 아니라 자신이 복제를 시도할 때마다 리얼리티의 또 다른 버전을 생산할 뿐"이라고 믿는다. 웨인 티바우드는 이러한 태도를 다음과 같이 표현했다("Real, Really Real, Super Real", 1981).

> 우리는 리얼리스트의 그림이 리얼리티를 정확하게 복제한다고 생각하는 경향이 있다. 그러나 그것은 단지 우리가 사용하는 장치일 뿐이다. (……) 당신이 그림을 그릴 때처럼 대상을 뚫어지게 바라본다면 그 대상에 대한 탐구의 여정을 결코 멈출 수 없을 것이다. 당신은 단지 바라보고 또 바라볼 수밖에 없다. 만약 당신이 진정한 리얼리스트라면 당신이 하는 것이 어마어마한 수용, 즉 적응과 변화임을 깨닫게 될 것이다. 그리고 정말 문제가 되는 것은 그러한 행위의 끝이 보이지 않는다는 사실이다.

찰스 카조리의 작품에 대한 비평가(Turner, 1981)의 언급에 따르면 "한 대상에 대해 지속적으로 일어나고 사라지는 시각의 증식은 결국

불일치의 증폭으로 귀결될 뿐이다"라고 한다. 화가이자 비평가인 메이나르디(1978)는 루이스 핑켈스타인의 작품이 "모호하고 결말이 열려 있는 그림 — 아마도 경험의 본질에 대한 핑켈스타인의 태도를 가장 잘 진술한 말이다 — 이기 때문에 그것은 결코 완성될 수 없으며, 항상 형성되고 있으며, 다른 읽기와 해석에 열려 있다"

어떤 예술가는 "패러다임의 부재不在 때문에 일부 문제가 발생한다"는 주장을 제시했다. 여기서 패러다임이란 이 예술가들에게 실재와 실재가 아닌 것을 구분할 수 있는 해석의 원형을 자의적으로 지정함으로써 리얼리티의 정의에 대한 불일치의 문제를 해결할 수 있는 세계관이다. 그녀는(Gretna Campbell, Passlof, 1976에서 재인용) "무엇이 실재적인가? (……) 우리는 지금 당장 문화적 요구에 답변을 제시할 수 있는 자연을 해석할 수 있다는 믿음에 동의할 수 있는 그림 구성의 체계를 가지고 있지 않다. 우리 시대에 실재의 정의는 (……) 르네상스 시대로 회귀하는 경향이 있으며 사진의 경계에 머물러 있다"라고 했다.

그와 동시에, 리얼리티에 대한 또 다른 이견異見이 이들 예술가들 중 일부에 의해서 제시되었다. 마이어(1963)는 그러한 세계관이 추상표현주의의 두 번째 단계, 미니멀리즘, 존 케이지와 그의 추종자들 음악의 기저를 이루고 있으며, '새로운' 모던 소설에서 대상 그 자체는 가치의 가장 중요한 원천이라고 주장했다. 지식은 추상적이고 인간이 만들어 구축한 것이라고 생각하는 많은 현대 과학과 과학 철학의 기저를 이루고 있는 방향성과는 반대로 이들 예술가들은 실존 (……) 그리고 직접적으로 경험된 감각sensation의 가치를 재확인한다(Meyer, 1963). 이런 태도의 요소들이 포토리얼리스트들의 작품에서 발견된다.

어떤 포토리얼리스트는 랠프 고잉스의 "매우 까다롭고 힘든, 즉 복사"라는 말처럼 렌더링rendering을 통해 대상을 가능한 한 정밀하게 묘사하고자 한다(Meisel, 1981). 마이젤(1981)은 트럭, 승합차, 식당 등을 그렸던 고잉스를 인용하면서 "리얼리티는 내가 기획할 수 있는 그 어떤 전망보다도 더 역동적이고 정교한 시각적인 질서와 논리에 사로잡혀 있다. 나는 이 광경을 가장 객관적으로 인식하려고 노력하는 동시에 가장 그럴듯하게 진짜같이 보이도록 렌더링한다. 리얼리스트 그림에서는 시각적으로 음미할만한 리얼리티를 찾을 수 있다"는 주장을 피력했다.

리처드 맥리언은 프랑스 신新소설가인 알랭 로베그릴의 다음 인용문이 리얼리티에 대한 자신의 태도를 핵심적으로 요약하고 있다고 말했다. "제스처와 오브제는 어떤 것이 되기 이전에는 그냥 그곳에 있을 것이다. 그리고 그것들은 그 이후에도 그 자신의 '의미'를 조롱하면서 굳건하고, 변하지 않고, 영원히 현존하면서 여전히 그곳에 머물 것이다"("Real, Really Real, Super Real", 1981).

굿이어(1981)는 일부 구상화가들을 현상학자라고 부르는데, 그 이유는 그들이 '데이터 수집'에 관심을 갖고 본 것을 그대로 옮겨 놓기 때문이다. 그는 윌리엄 베크만의 "나는 리얼리티를 축소, 왜곡 혹은 이상화하기를 거부한다"라는 말을 인용하였다. 랙스트로 다운스가 말하기를 "내 그림은 '사물' 그 자체가 나의 흥미를 유발했다는 최소한의 이유 때문에 매우 실재적이 되었다." 나를 이끌고 그들의 있는 그대로의 모습을 보여주게 만든 것은 바로 그 사물들이다("Real, Really Real, Super Real", 1981).

리얼리티를 데이터의 원천으로 보는 화가들은 마치 가능한 한 많은 정보를 제공하려고 노력하듯이 매우 복잡하고 정교한 재현을 창조하였다. 반면에 현대 구상화 그룹의 멤버들은 주로 대상들을 복제하기보다는 암시하는 것처럼 보이는 작품을 제작했다. 예컨대 랙스트로 다운스는 "우리 주변 환경과 직접적으로 만나는 것과 거의 동등한 가치를 지니는 희귀한 만남들을 그렸다"(Storr, 1984). 그와 동시에 리얼리티 그 자체에 대해 그가 기울인 관심의 결과는 그의 작품에서 자신의 개성을 완전히 배제하는 결과로 나타난다. 스토(1984)는 그것이 "예술가 자신의 흔적을 완전히 지워버리는 것"이라고 말했다.

리얼리티를 대할 때 확연히 차이가 나는 두 가지 태도가 이런 스타일을 교차하고 있다. 첫째는 리얼리티는 결코 완전하게 이해될 수 없으며 두 명은 그것이 대상이든 그림이든 관계없이 결코 사물을 똑같이 관찰할 수 없다는 믿음이고, 두 번째는 리얼리티가 되도록 적은 왜곡과 심리적인 함축을 배제하면서 기록한다면 발견될 수 있다는 믿음이다(Chase, 1975a).

마이어(1963)가 지적했듯이, 현상학적 접근은 인간을 그 자신과 자신을 둘러싼 환경을 통제할 수 있는 우주의 중심으로 생각하는 서구 문명의 휴머니즘적인 지향성을 거부한다. 이 관점에 따르면 인간은 이제 더 이상 사회적인 우주의 중심이 아니므로 그의 감정과 반응 또한 예술적 발언이 될 수 없다. 예컨대 포토리얼리스트는 사진이 피사체의 특정한 국면에 부여하는 우위성을 제거하려고 노력하면서 그 효과 면에서 그림의 모든 요소가 동등하게 가치를 지닐 수 있도록 노력했으며, 따라서 각각의 그림에서 "흥미의 초점은 무한하다"고 할 수 있다(Raymond, 1974). 이와는 대조적으로, 르네상스 이후의 화가들은 우주의 위계질서와 인간의 사회적 지위의 중요성에 따른 위계질서를 반영하여 그들 그림의 여러 대상들 각각에 상이한 가치들을 부여했다. 이런 유형의 위계질서는 포토리얼리스트의 작품에서 찾아볼 수 없다. 체이스(1975a)가 논평했듯이, "포토리얼리스트는 예술가의 개성, 해석의 관점을 시각적 사실의 기록으로 대체하였다."

일반적으로 포토리얼리스트 화가의 대상에 대한 태도는 레이먼드(1974)의 다음과 같은 언급에 잘 나타나 있다. "이중 창문 너머의 하늘도 창문처럼 견고하게, 그리고 배경의 차들도 전경의 차와 똑같은 초점으로 그렸으며, (……) 그 어떤 것도 다른 것보다 좋거나 나쁘거나 중요하지 않았다. (……) 열정은 작품의 모든 면에 골고루 퍼져 있다."

전통과는 다른 이러한 세계관을 고수하는 수많은 현대 구상화가들이 있다. 이들 그룹에 속하는 나이든 예술가들 중에는 프랑스 인상주의자들로부터 그 혈통을 이어받아 순간순간 빛과 그 빛의 효과가 어떻게 변화하는가에 관심을 보이면서 그러한 태도를 표명하는 자들이 있다. 몇몇 이런 화가들은 캠벨(1976 재인용)이 "빛이 변화되기 이전의 순간을 포착하려는 욕구"라고 말한 것처럼, 빛이 분산되어 사라져버리기 이전의 특수한 효과를 포착하는 데 자신의 역량을 집중했다. 자넷 피시 같은 화가들은 피사체를 하루 동안 여러 번에 걸쳐 그렸기 때문에 그 그림들은 "그것이 그려진 순간들의 여러 조건을 종합한 것"(Yourgrau, 1980)이 되어버렸다. 피시의 말이다. "겉모습이란 끊임없이 변화하기 때문에 나는 수많은 순간의 분석을 통해서 그림을 구성한다"("Real, Really Real, Super Real", 1981).

그럼에도 다수의 화가들은 여전히 우리 주위의 세계를 보는 일상적인 혹은 특이한 지각방식의 문제를 해결하기 위해 골몰하고 있다. 예컨대, 우리는 마천루를 한 번의 연속적인 시각으로 바라본다고 생각하지만 실재로 우리 마음은 안정성이라는 환영을 도모하기 위해 조각들을 이어서 바라본다는 것이다(Campbell, 1982). 돈 에디는 현대 물리학을 근거로 우리는 하나의 통일된 방식으로 리얼리티를 '볼 수' 없다고 주장한다("Real, Really Real, Super Real", 1981). 그 대신에 가공되지 않은 시각의 데이터를 정합적인 세계관으로 받아들이기 위해 다양한 조직(인지·본능·문화)시스템을 사용한다. 그는 그림에서의 이미지를 실재와 비교하는 것은 적절한 연관성이 없다고 믿는다. 오히려 그림은 가공되지 않은 데이터를 실재에 대해 주어진 문화적 이해의 근사치로 조직화하는 조직적 시스템들의 특수한 조합을 대변한다고 믿는다.

몇 명의 젊은 화가는 특수한 시각적 자극들이 재현되는 방식의 다양함을 설명하는 데 심혈을 기울인다. 이들 화가 중 상당수는 인식론적인 불확실성이라는 주제를 풀기 위해 거의 강박증에 가까울 정도로 집착하고 있다. 포토리얼리스트는 두 개의 유리가 정면으로 서로 반사하거나 유리가 거리의 물체나 사람들을 반사하는 방식을 통해 그 주제를 매우 상세하게 탐구했다. 톰 블랙웰의 말이다("Real, Really Real, Super Real", 1981).

> 반사면-평면 유리 창문, 크롬, 스테인리스 스틸, 가열 에나멜, 그리고 도처에 있는 자동차와 모든 반사물체-이 우리의 세계를 지속적으로 변화시켰다. 내 그림의 주제는 빛과 인간이 만든 모든 종류의 반사면과의 상호작용들인 반사, 굴절, 왜곡 그리고 대상과 반사면을 가진 사람들 사이의 상호작용이다. 즉, 현대 세계와 우리가 세계를 바라보는 방식에 관한 것이다.

현대 구상화가들은 가정집 거울에 반사된 것들 혹은 정물화에서 물체들이 서로 반사하는 방식 등을 탐구했다. 토마르 레빈의 그러한 그림에 대해 한 비평가는(Thomas, 1979) "병과 껍데기Bottles and Shell에서 유리병은 그것을 둘러싼 것들을 병의 표면에 반사하고 그 다음에는 그 병이 놓인 매우 광택이 나는 초록색 바탕에 반사된다"고 평가했다. 로버트 벌린드는 각각의 판유리가 상이한 조망을 보여주는 창문을 제시하면서 이런 이슈를 탐구했다(Yau, 1981). 작은 판유리가 만나서 코너를 이루는 두 개의 벽이 있는 다른 그림에서, "각각의 유리판은 그 표면의 왜곡으로 인해 발생하는 독특한 이미지를 통해 자신의 개별성을 내세운다. 벽면은 물론 서로를 반사한다. 이 그림 앞에 서면 마치 거울의 복도에 서 있는 것 같이 느껴지며, 무한히 뒤로 후퇴하는 공간의 반사를 볼 수 있을 뿐이다."

두 명의 야심가는 반사가 암시적으로 제시하는 인식론적인 불확실성의 기저에 놓여 있는 이슈들을 탐구하면서 리얼리즘의 철학적 난제를 풀기 위해 현대 화가들이 나아갔던 두 가지 대안적인 방향을 보여주었다. 포토리얼리스트인 벤 손자이트의 최근 작품에서 예견되었던 첫 번째 방향은 동일한 주제(박물관의 '뮤직 룸')를 시리즈로 계속 그리는 것이다. 이들 작품은 (일반적으로 서로 다른 방식으로 보이는, 동일한 주제에 대한 수많은 버전을 그렸던 모든 시기의 화가들과는 달리) 동일한 맥락으로 보이도록 의도되었다. 그 주제에 대한 각각의 버전은 다른 것들과 근본적으로 차이가 났으며 그 주제에 대한 하나의 가능성 있는 버전을 구성했지만, 그것들을 모두 같이 볼 경우에는 그 주제에 대한 아주 방대한 정보의 축적물로 보인다. 이미지들의 다양성은 그림의 일부를 평가한 다음의 글에서 찾을 수 있다(Mackie, 1979).

> 처음의 그림이 차분하고 평온한 느낌이었다면 두 번째는 격동적이고 다소 현란했으며, 세 번째(마일라Mylar, 거울)에 와서는 – 거기에 있다가 없어지고, 다른 것들을 포함하기도 하고 그렇게 지속적으로 변하면서, 실재에 대한 어떠한 가이드도 제공하지 않는 – 변덕스러움을 보여주었다. 그럼에도 역설적이게도 우리는 거울의 반사 이미지를 모든 이미지 중에서 가장 신뢰할 수 있는 진실한 묘사로 생각한다.

맥키의 주장에 따르면, 그 그림의 요점은 리얼리즘 회화를 구성하는 것이 무엇인가에 대한 우리의 가정들을 테스트하는 것이다. 손자이트는 작품 토론회에서 자신에 대해 말하기를("Real, Really Real, Super Real", 1981), "그것은 당신이 어떻게 보는 방식을 선택하고 그것에서 무엇을 이끌어내고 그것을 어떻게 해석할 것인가 혹은 어떤 리얼리티를 조합하고 리얼리티가 무엇이라고 생각할 것에 대한 것이다. 당신이 생각하는 리얼리티에 다가가면 갈수록 당신은 점점 더 미로에 빠질 것이다."

다른 포토리얼리스트와 몇몇 구상화가들과 함께 손자이트가 물리적 실재에 내재하는 그러한 모호성을 탐구할 동안, 윌라드 미드게트와 앨프레드 레슬리는 이들 화가가 자주 다루지 않았던 주제, 즉 사회적 리얼리티의 애매한 본성을 다루었다. 윌라드 미드게트가 만년에 제작한 후기작 중 하나는 예술가의 다락방loft을 재현하는 방의 시리즈로서 건축물의 한쪽 벽면을 꽉 채우고 있다. 이것은 거실, 침실, 그리고 예술가의 다락방을 포함하는 '환경'을 구성한다. 다락방의 어떤 요소들은 진짜real이다. 진짜 현관에서 위쪽으로 뻗어 있는 계단과 다른 것들을 그렸다. 정교한 이 그림의 핵심사항은 시각적 지각에 내재한 모호성에 관한 것뿐만 아니라 인간관계의 복잡성과도 연관되어 있다. 그것의 환경에서 시각적 연관성뿐만 아니라 일련의 감정적인 요인들도 느낄 수 있다. 각각의 방은 벽에 걸린 그림 및 초상화에 묘사된 인물 — 연인, 모델을 그리는 예술가, 아내와 말싸움하는 예술가 — 의 태도와 행위에 따라서 다른 분위기를 풍긴다. 비평가 로잔드(1971)의 말이다.

> 개별 사건들은 – 그것이 미움이든 사랑이든, 가정사이든 전문적인 일이든, 사적이든 공적이든, 남성적이든 여성적이든, 개방적이든 폐쇄적이든 – 작품의 주제적인 통일성을 제공할 수 있는 불협화음을 양산한다. (……) 소설에서와 같이 등장인물은 전체 맥락에 대한 충분한 고려를 바탕으로 풍부하게 그 삶을 드러낼 수 있다. (……) 환경적 구조를 고려할 때 적절한 내적 연관성과 양가적 충돌까지 포괄할 수 있는 매우 고차원의 세련되고 풍부한, 개인적이고 전문적인 예술가 삶의 이력을 관통하는 자기분석이 가능하다.

미드게트는 실제로 인간의 모습은 너무나 복잡하고 역동적이기 때문에 전통적인 틀, 특히 모더니즘이라는 중립적인 장치로는 담아내기 어렵다고 말한다(Rosand, 1971). 다른 말로 표현하자면, 현대 리얼리즘의 규칙에 따라 통상적인 방법으로 인간의 모습을 다루는 것은 현대인의 실존實存적인 본성 및 특성과 연관된 매우 광범위한 이슈들을 배제하는 꼴이 된다. 미드게트의 접근방식은 휴머니즘으로 귀결되지만 그것은 현대적 가치를 이상화한 것이라기보다는 단지 현대적인 태도에 기반한 것일 뿐이다.

사실상 리얼리즘의 딜레마는 일반적으로 물리적 실재reality의 본성을 이해하는 문제로 거슬러 올라갈 수 있기 때문에 사회적 실재를 둘러싼 모순들을 그 딜레마의 결과로 볼 수 있다. 물리적인 실재의 경우와 같이 사회적 실재에 대한 우리의 인식은 그 실재를 검토하는 데 사용되는 방법론에 의존한다. 의미 체계들systems of meaning은 서로 겹쳐 있기 때문에 다양하고 서로 충돌하는 관점으로부터 사회 경험의 인식 습관을 발전시킬 수밖에 없다. 수많은 예술가의 반영reflection에 대한 집착은 물리적 실재보다는 현대사회의 사회적 실재의 모호성과 함수 관계에 있다. 개인은 각기 상이한 인생의 시기에서 서로 다른 정체성을 가진 자기 자신을 인식한다고 사회학자들은 강조한다. 직업적 정체성과 사적인 정체성 사이의 공통분모가 부족하기 때문에 그 각각의 정체성이 매우 이질적으로 느껴진다(Wuthnow, 1984 참조). 개인은 다양한 방법으로 자신의 정체성을 설계하고 변화시킬 수 있으며, 또한 그들 자신의 정의가 타인들에 의해 바뀔 수밖에 없다. 반영에 대한 예술가의 관심은 실제로 개인의 정체성 변화에 대한 예술가 고민의 상징이라 할 수 있다. 톰 블렉웰의 그림은 이러한 해석에 시사점을 던져준다. 그 그림은 뉴욕 시에 있는 벤델Bendel 백화점의 쇼윈도를 보여주는데, 쇼윈도의 마네킹과 거리에 있는 사람이 평판 유리 창문에 반사되어 보이고 있다. 체이스(Chase, 1980)의 논평이다. "블랙웰이 인조인간—마네킹—을 가지고 유희를 즐겼던 일종의 시각적 이이러니는 진짜 사람은 단지 유리창 속의 키메라—신화 속 괴물chimeras—일 뿐인 반면에, 그림과 실재 대상이라는 맥락 내에서 발견할 수 있다.

손자이트와 미드게트 작품의 복잡하고 다층적인 모습에서 우리는 단 하나의 그림으로는 현대적 실재의 다차원적 특성들을 유의미한 방식으로 포착하기 어렵다는 사실을 발견할 수 있다. 이는 부분적으로는 신표현주의와 패턴 회화와 같은 다른 사람의 최신 경향에서 수많은 다양한 원천으로부터 이끌어온 이미지의 다양성으로 캔버스를 채우는 경향을 볼 수 있다.

결론

동일한 기간의 미국 현대사회에 대한 재현 회화와 베스트셀러 소설의 해석적 입장은 큰 차이를 보인다. 롱(1981)은 소설에서 경제적 성공과 업적의 중요성에 대한 미국의 지배적인 가치에 대한 환멸과 결합한 점증하는 염세주의를 발견했다. 재현 회화에서는 염세주의적 표현이 현격하게 감소함을 볼 수 있다. 이들 예술가의 작품에서는 사회적 연관성의 궁핍화가 암시적으로 보이는 반면에, 자기 작품에 대한 예술가들의 진술은 그 연관성을 부정했다. 포토리얼리스트가 새로운 타입의 주제들을 재현 회화에 소개해주었지만 특정한 타입의 주제들, 예컨대 노동, 사회적 정의, 빈곤층, 소수자에 대한 이미지들은 이들 작품에서 완전히 배제되었다.

개인에게 불리하게 작용하는 사회 변화에 대한 베스트셀러 소설가들의 반응 중에 한 가지 타입은 종종 폭력과 노골적인 섹스를 포함하는 현실도피주의자의 공식에 의존하는 것이다. 이에 상응하여, 비록 매우 다른 방식으로 나타나기는 하지만 일부 화가들이 사적이고 매우 수동적인 세계로 침잠하는 경우를 볼 수 있다. 이 두 스타일(포토리얼리즘과 구상회화)의 많은 작품에서는 조용하게 저변을 흐르는 수동성의 느낌이 전달된다. 포토리얼리스트와 교류했던 조각가들 중의 한 명인 존의 말처럼(Pollock, 1972) "나는 적어도 나의 조각에서만은 나 자신의 세계를 세웠으며 그것은 매우 평화로운 세계다. 그들 인물은 매우 조용하고 (……) 많은 수의 새로운 리얼리스트들이 (……) 나와 같은 수동적 세계관을 가진다". 구상화가들에 대한 리뷰들은 이들 작품의 평온함을 언급한다. '명상적 고요함' 그리고 '청명함'(Ellenzweig, 1975a) 같은 구절이 이들 작가 작품의 리뷰에 자주 등장한다. 로버트 고프레이에 대한 한 비평가의 말에 따르면, "그의 작업에서 풍기는 어떤 풍만한 느낌이 있다면 그것은 우리의 시야를 넘어선 정적인 섬세함으로서의 침묵과 정적이다"(Kelly, 1980). 페어필드와 랙스트로을 평가한 다른 비평가(1984)의 말이다. "이 두 예술가는 끔찍

하고 황량한 세계의 도발로부터 한 걸음 물러선 평화로운 초대—문명화된 사회에서 소수자의 사건과 비교할만한 감각적 발견들에 자유롭게 몰두할 수 있는 자발적인 가택연금—를 제공한다."

이러한 많은 예술가가 그들 자신의 환경에 깊이 침잠했다. 자넷 피시에 대한 한 비평가의 말이다. "피시의 그림은 최근까지는 자신의 스튜디오를 넘어선 어떤 세계에 대한 명시적인 암시가 없었지만, 스튜디오의 작업세계에 대한 상징 지표iconic reference의 기능을 담당한다. (……) 피시의 그림은 현대인의 삶에 대한 진술이라기보다는 예술에 참여하는 자신에 대한 진술에 가깝다"("현대 미국 리얼리스트 8인", 1977). 다음의 논평을 보면 이들 예술가들에게서 자주 발견되는, 리얼리티를 한 발짝 물러서서 바라보는 그녀의 태도를 느낄 수 있다(Henty, 1981a). "프라이리처 그림의 모든 것은 구성 장치들이다. (……) 그림의 활력은 마치 반성이 하나의 행동 스타일인 것처럼 바로 작가의 그 자의식에서 발생하는 것처럼 보인다. 프라이리처 그림은 그림에 대한 그림의 형태를 취한다. (……) 그 구성 장치가 예술가에게는 결국 리얼리티라 할 수 있다."

자신의 갤러리에서 다수의 포토리얼리스트 작품을 전시했던 이반 카르프는 이들 화가의 그림 주제에 대한 냉담함에 감명을 받았다(Karp, 1975). "그 메시지는 뚜렷하고 장엄하고 심플하지만 어떤 최종 결론을 제시하지는 않는다. 오직 물질성의 사실만 있을 뿐이다. 네온 전등과 플라스틱, 대낮의 그림자, 그리고 시간의 흐름." 듀안 핸슨의 현대 리얼리즘에 대한 언급 또한 이 지점을 지적하고 있으며 그와 동시에 또 다른 대안을 촉발한다(Pollock, 1972).

> 신新리얼리스트 그림은 일상, 우리가 생각하는 것들 혹은 당신이 인식하는 어떤 것이나 당신이 만나는 이미지들을 반사reflect한다. (……) 그것은 관점을 제시하기보다는 대상을 단지 취할 뿐이다. (……) 나에게는 이런 것들이 부족하게 느껴진다. 나는 관점을 제시하고 싶다. (……) 나를 위해

서 나는 인과성, 진화 등등에 대해 말하고 싶다. 나는 세계를 만족스럽게 보지 않는다. 그렇다고 당신이 세계를 바꿀 수 있다고 생각하는 것은 아니다. 단지 그러한 불만족의 느낌을 표현하고 싶었을 뿐이다. (……) 만약 예술이 삶을 반영하고 삶에 대한 어떤 교훈을 제시하지 않는다면, 그것은 오랫동안 살아남을 예술이라고 생각할 수 없다. 달리 표현해서, 장식물, 벽에 걸기 좋은 것들은 즐거움을 줄 수는 있지만, 그것들이 얼마나 의미 있다고 할 수 있을까? 그것은 존재하지도 않는 세계에 대한 행복에 찬 반영일 뿐이다.

이들 재현 회화의 특성을 설명하는 다른 방식은 그것을 19세기의 프랑스 인상주의자 및 후기 인상주의자 그림과 비교하는 것이다.[6] 프랑스 인상주의가 미적 전통에서 모더니즘의 시작을 알렸다면, 현대 미국의 재현 회화는 이러한 미적인 방향이 다소 소진할 시기에 달했을 때 나타났다. 이 두 스타일은 어떤 지점에서는 비슷하지만 다른 점에서는 차이를 보인다. 두 스타일의 예술가는 모두 빛과 지각의 문제에 심취했다. 두 그룹의 멤버들은 폭넓은 중산층의 분위기를 묘사했다. 그러나 각각의 그룹은 이런 주제를 다루는 방식과 태도에서 전형적인 차이를 보였다.

인상주의와 후기 인상주의자들은 빛의 본성에 큰 흥미를 가졌으며, 그것을 자신의 작품에서 보여주길 원했다. 빛과 시각적 현상에 대한 그들의 관심을 현대 미국의 재현 화가들이 구분하는 것은 이런 현상은 실제적으로 이해될 수 있으며 시각적 현상으로 보여주는 것과 연관된 문제는 해결될 수 있다는 그들의 확신이었다. 미국 재현 화가들도 이들과 비슷한 문제에 관심을 가지고 있었지만 그들의 작품 기저에 놓인 태도는 이러한 문제는 원천적으로 이해가 불가능하다는 점이다. 그 문제들이 탐구될 수는 있지만 그것의 궁극적인 해답은 없다는 것이다.

이들 화가 그룹의 두 번째 차이점은 인상주의자들과 그 추종자들은 인간 삶의 질적 수준의 변화와 덧없음에 흥미를 가진다는 사실에 있다. 그들은 시간이 영원히 지나가 버리기 전의 특징적인 순간을 포착하는 데 큰 관심을 갖고 있다(Grana, 1971). 블라트(1984)의 말처럼, "그들은 자신들이 삶의 본질이라고 생각하는 순간, 흐름, 불안정, 자발적 사건의 일시성을 포착하고자 한다. (……) 르누아르와 드가는 개인의 특정 행위의 순간을 재현함으로써 시간의 순간을 포착하고자 했다". 이와는 대조적으로, 많은 미국 화가는 그들이 묘사하는 장면에서 일관되고 변하지 않는 것을 재현하고자 했다.

세 번째로, 인상주의자들은 종종 연인 혹은 소그룹의 친밀한 순간들과 같은 사회적 관계를 묘사했다. 그라나(1971)의 말이다. "인상주의자들이 처음으로 개인을 개인으로 묘사한 것은 아니지만, 번화가의 사람들 사이에서 호기심에 번쩍거리는 자각의 순간과 같이, 공공장소의 사적인 순간들을 그린 것은 그들이 처음이다." 인상주의자들은 매우 세분화된 사회 계층 관계에서 발생하는 긴장을 표출하고자 했다. 마네는 유명한 자신의 그림 「풀밭 위의 점심」에서 중산계급의 관습을 공격하는 데 주저하지 않았다. 그는 여종업원이 중산계급 손님과 마주보고 있는 「폴리베제르의 술집」이라는 자신의 그림에서 계급간의 관계 또한 묘사했다.

이와는 대조적으로, 대인관계의 뉘앙스는 일반적으로 미국 화가들의 작품에서는 보이지 않는다. 인상주의자와 후기 인상주의자 화가들이 종종 공공장소의 사회적 모임들—술집, 레스토랑, 극장, 그리고 무희들—을 묘사했지만, 그러한 주제들은 현대 재현 회화에는 매우 드물게 보인다.[7] 계급을 지칭하는 어떤 것도 미국 작품에서는 찾아볼 수 없다. 그들의 작품은 사회적 계급들의 연계성이 전혀 문제가 되지 않는 사회를 암시한다. 대부분의 경우, 그들의 주제들은 여지없이 중산계급인 반면에, 프랑스 화가들은 중산계급뿐만 아니라 연예인, 기능인, 동료 화가들과 같이 범위의 사회적 환경을 그린다(1971).[8] 마지막으로, 프랑스 화가들은 종종 중산계급의 사회적 삶을 아주 아이로

니컬하게 묘사했다(예컨대, 폴 시냑의 파리시 부르주아의 딱딱하고 어색한 일요일 분위기 그림). 미국인들의 그림에서는 중산계급의 라이프스타일에 대한 풍자는 보이지 않는다.[9]

이들 두 그룹 사이에 발생하는 차별성의 이유들은 단지 추론할 수 있을 뿐이다. 레인(1972)은 현대 미국 화가의 특징들이 예술적 요인이 아닌 사회적 요인들 때문이라고 주장한다. 그의 주장에 따르면, 이들 예술가들이 직면했던 가장 큰 어려움은 보편적인 중요성을 가지는 이미지나 주제를 발견하는 것이다. 이와는 반대로, 바난달이 보여준 바와 같이, 15세기 이탈리아의 패트론patron과 화가들 모두 그 시기의 지배적인 문화적 가치를 대변했던 종교적 가치들을 표현할 수 있는 매우 정교한 도상학적 지식을 가지고 있었다. 오늘날에는 그것을 대체하는 것들을 아마도 대중문화의 이미지와 주제들에서 발견할 수 있을 것이다. 현대인의 삶을 표현할 수 있고 누구나 공감할 수 있는 또 다른 도상학이 부재하기 때문에 현대 예술가들은 과거 예술적 전통의 도상학에 의존하거나 대중문화로부터 기호들을 끌어들인다.

프랑스 인상주의자들은 자신의 사회를 이해하고 해석할 수 있다는 믿음을 가지고 있는 것처럼 보였으며, 결과적으로 사회적 관계의 본성에 대한 의견을 제시하는 데 주저하지 않았다. 반면에 미국 화가들은 그들 사회에 대한 어떠한 종류의 해석에도 관여하길 꺼려했다. 이 사회가 해석하거나 풍자하기에는 그들의 이해 범위를 넘어선다는 판단을 함축적으로 내릴 수 있다. 벨(1976)은 다음과 같이 그 상황을 설명했다. "만약에 있다고 해도 문화는 사람이 사는 사회를 거의 반영하기가 어렵다. 사회적 관계의 시스템은 너무 복잡하고 이질적이며, 경험은 너무나 전문화되고, 복잡하고, 이해 불가능하기 때문에 하나의 경험을 다른 것과 연관시킬 수 있는 공통의 상징symbol을 찾기가 힘들다."

그러나 우리가 살펴본 바와 같이 현대 소설에 반영된 미국 사회의 풍경 또한 매우 이질적이며, 우리는 이들 차별성의 부분적인 이유를 추론할 수 있을 뿐이다. 작가와 비교할 경우 예술가의 사회적 배경을 원인으로 설명하는 경우(Long, 1981)가 있으며 다른 두 그룹도 이와 비슷하다. 두 그룹의 대부분 멤버들은 대학교육을 받은 남성[10]으로 중서부 지방의 도시 혹은 서부 해안 출신이다. 작가들은 주로 출판, 잡지 혹은 오락 매체에 종사하는 반면에 화가들은 전문대학이나 대학(63%)에서 전임 혹은 비전임으로 학생들을 가르치는 경우가 대부분이다. 그들이 아카데미와 맺은 관계들은 작가들의 세계관 형성에 기여한 경제적 현실에 대한 급격한 노출을 방지해준다.

다른 시각의 해석에 따르면, 회화 및 조각과 비교할 때 문학에서 모더니즘의 영향은 상대적으로 적었다고 할 수 있다. 앞서 살펴본 바와 같이, 모더니즘은 이들 예술가 대부분에게 아주 강한 영향을 미쳤으며 그들의 관심을 사회적·정치적인 관심으로부터 멀어지게 하였다. 베스트셀러 소설은 주로 리얼리즘 소설의 전통에 기반하는 경향이 있으며, 독자를 위해 그들 경험의 연장으로서 실재적인 상황을 재창조하거나 독자들이 자신과 그들이 사는 사회를 이해하는 데 영향을 미치는 행동 모델을 제공하려고 노력한다.

마지막으로, 가장 중요한 요인은 이런 두 가지 문화 형태에 대한 독자들의 본성일 것이다. 소설의 가격이 그림의 가격보다 상당히 낮다는 것은 독자층인 전자의 사회계급이 후자의 관람객보다 훨씬 넓다는 것을 의미한다. 책은 다양한 독자 인구의 하부 소그룹으로 판매될 수 있다. 그 독자는 비록 대부분이 중산계급일지라도 아마도 상당히 폭넓은 사회 해석과 비판에 대해 수용적인 태도를 보일 것이다. 현대 화가는 개인 컬렉터들이 일반적으로 경제적 관점의 중산계급 혹은 상부계급이라는 사실뿐만 아니라 공공의 컬렉터 또한 매우 보수적인 조직—미술과 대기업—이라는 상황에 영향을 받는다.[11] 어떻게 자신의 조각을 창조하는가라는 질문에 대한 듀안 핸슨의 답변은 이런 관점을 잘 드러낸다(Pollock, 1972). “물론 내가 조각에 다소간의 생기를 불어넣을 수 있다. 그러나 당신은 매우 신중해야 한다. 나는 군인처럼 행한다. 나는 거의 대부분 조각들을 캐나다의 미술관에 판매한다. 그러나 미술관들의 조각에 대한 관여는 너무 심하다. 그들은 군인들의 머리에서 너무 많은 수혈을 하는 데 반대한다. 그렇다, 수혈은 적절해야 한다."

레슬리처럼 상대적으로 적은 수의 화가들이 판매가 아니라 단지 전시를 위해서 그림을 그렸다. 그는 의도적으로 매우 큰 사이즈의 캔버스로 창작했는데, 이는 "이 그림들은 기관들의 공공작품을 위해 그려진 것이며, (……) 나의 자화상과 다른 초상화들이 그것들의 크기로 인해 판매 가능한 크기를 넘어선 것들로서 구매욕을 꺾어버려 결국에는 소유하는 그림이 아니라 이해되는 그림으로 보이길 원했기" 때문이다(Van Devanter, Frankenstein, 1974).

각주

1. 50년대 중반에는 다른 문화적 형태들의 내용도 매우 급격하게 변화를 겪는다. 피터슨과 버거(1975) 그리고 라이트(1976)를 참조.

2. 이 장에서 언급한 시각 자료들에 대한 분석 방법론은 부록 A 참조. 이들 스타일의 미학적 측면에 대한 논의는 3장과 4장 참조.

3. 예외적으로 존 솔트는 버려진 자동차 그림을 그렸다.

4. 자크 루이 다비드: 프랑스 화가(1748~1852). 그의 작품에 대한 사회학적 논의를 위해서는 하지니콜라우(1978)를 볼 것.

5. 미론 하이제의 뉴욕 42번가 장면처럼 듀안 핸슨의 베트남 전쟁 장면과 이민 노동자를 묘사한 극사실주의 조각은 이런 일반화에 해당되지 않는다.

6. 수많은 미국의 재현 회화에 대한 조사를 위해 굿이어(1981), 프랑스 인상주의에 대한 조사를 위해 블라트(1984)와 "The Jeu de Paume Museum"(1983)을 참조했음. 블라트에 의하면 인상주의는 "마네, 모네, 드가, 르누아르 등의 작품으로 대변되며 반 고흐, 쇠라, 세잔을 포함하는 후기 인상주의에 정점에 달한다"(Blatt, 1984).

7. 굿이어(1981)가 조사한 현대 미국의 재현 회화는 143점에 달한다. 그것들 중에는 선술집, 레스토랑, 극장 혹은 춤을 묘사한 것이 하나도 없다. 레슬리는 에델무어의 생일을 침침한 분위기로 그렸으며, 카츠가 소호의 칵테일 파티를 다루는 방식 역시 즐거움이 엿보이지 않는다.

8. 이 그림에 대한 다른 관점의 해석을 위해서는 클락(1984) 참조.

9. 닐의 초상화는 풍자적인 요소를 포함한다. 그러나 그녀의 공격은 사회계급보다는 개인사에 집중되어 있다.

10. 포토리얼리스트의 대부분(85%), 베스트셀러 작가의 75%, 그리고 구상화가의 65%가 남성이다. 베스트셀러 작가는 거의 대부분 아이비 리그 대학을 다녔다(구상화가 42%, 포토리얼리스트 31%와 비교할 경우 50%의 베스트셀러 작가).

11. 미술관과 갤러리를 방문하는 공중은 폭넓은 사회 계층으로 구성된다고 주장할 수 있다. 미술관 방문 관객의 경우에 그것은 사실일 수 있다(O'Hare, 1974). 그러나 하케(1976)는 갤러리 방문객의 대부분이 예술가이거나 미술대 학생임을

발견했다. 어느 경우에도 미술관과 갤러리 관객이 동료 작가, 딜러, 컬렉터보다 작가의 작품에 더 큰 영향을 미치지는 않는다.

6 신화 판매하기: 아트 갤러리들과 미술시장

예술 스타일들의 발전에는 보상 시스템reward system들이 필요하다. 예술가 그룹들은 자기 자신의 인식적·기술적 목표들을 채택하지만 그것들은 상징적인 혹은 물질적인 보상을 위해 경쟁하는 그러한 물적 기반 내에서 작동한다(Becker, 1982; Crane, 1976; Moulin, 1967; White & White, 1965; Zolberg, 1983). 미술작품을 판매, 전시, 홍보하는 기관들의 수와 규모의 변화는 이들 기관의 상호교류에 영향을 끼치며, 이들 기관이 미술계의 수문장守門將, gatekeeper 역할을 수행하는 데에도 영향을 미친다(White & White, 1965; Hirsh, 1972).

앞서 살펴보았듯이 초기에는 현대 아방가르드 미술시장의 규모가 미미했다. 소수의 갤러리들만이 소규모 컬렉터 집단을 위한 수문장 역할을 했을 뿐이다. 60년대에 예술가 및 갤러리의 수적 증가와 함께 컬렉터의 유형과 수가 증가함에 따라 예술시장의 성격이 변하게 된다. 경제학자들이 발전시킨 시장행동이론에 의하면, 수많은 소규모 기업들이 서로 경쟁하는 구조 속에서는 경쟁이 치열해지고, 다양한 제품들이 생산된다(Peterson & Berger, 1975). 시장의 규모가 커지면 몇몇 기업이 지배적인 위치를 차지하게 되고, 이들은 경쟁의 수위와 혁신의 의지를 제한하게 된다. 이러한 상황에서 특정 갤러리들은 독과점 자본처럼 행동하게 될 것이고, 대다수 구매자의 입맛에 맞는 스타일만을 선택하게 될 것이다. 이 경우 극단적으로 새로운 스타일이 선택되기는 어렵다.

이 장에서 나는 갤러리의 수문장 역할이 조직화된 기관들과 그것들을 둘러싼 환경 사이의 변화에 의해 어떻게 영향받았는지를 보여줄 것이다. 그렇다면 수문장은 예술가의 작업 방향이나 예술적 혁신의 수용에 어떤 변화들을 일으켰는가?

대부분의 경우, 아트 갤러리는 소규모 사업체이며 주인이 관장을 겸하고 몇 명의 보조원만을 거느리는 경우가 전형적 이다. 흔히들 미술관과 갤러리의 차이점을 대기업과 중소기업의 차이점에 비유하곤 한다. 어디서나 작은 조직은 더 혁신적이기 마련이다. 이런 상황에서, 신진 작가를 처음으로 만나는 곳은 갤러리이다. 이들 신진 작가들이 광범위한 관람객을 만날 수 있는 것도 결국은 갤러리 직원들의 지원에서 비롯된다. 신진 작가들에게 데뷔할 기회를 주는 결정을 할 때, 갤러리 주인과 직원들은 스스로의 판단에 의존할 수밖에 없다. 비평가들이 작품이 전시되기도 전에 특정 작가에 관해 글을 쓰는 일은 좀처럼 없다. 미술관이 갤러리를 통해 소개되지도 않은 작가의 작품을 전시하는 경우는 극히 드물다. 더욱이 신진 작가의 경우, 갤러리는 형성된 가격이 없는 신진 작가의 작품을 판매해야 하는 어려움에 직면한다.

다시 말하면 예술을 판매하는 비즈니스는 매우 특별한 것이다. 이는 '신화 판매'라고 표현할 수 있는 상품commodity 그 자체의 본성 때문이다. 예술 '상품'은 자신을 팔기 위해 그 자신의 매력에 의존할 수밖에 없으므로 사업 기회를 합리적으로 계산하거나 또 다른 형태의 광고를 내세우기보다는 단지 작품을 전시하는 것으로 스스로의 가치를 내세울 수밖에 없다.

아방가르드 예술을 취급하는 갤러리의 환경은 매우 신중하게 디자인 되는데, 이는 일상적인 비즈니스 세계뿐만 아니라 심지어는 일상적인 바깥 세계와도 완전히 분리되어 있다는 인상을 주기 위해서이다. 창문도 없고, 소음도 없는 흰색의 아방가르드 갤러리는 모든 시선과 관심이 현재 전시 중인 예술가의 작품에 집중되는 무대 세트와 흡사하다. 오도르티(1976)가 지적했듯이 외부 세계를 지시하는 모든 것은 예술가를 향한 완전한 몰입을 위해 억압된다.

> 예술작품은 그 자체의 평가를 방해하는 모든 것으로부터 유리된다. 이러한 공간은 특정한 가치체계가 반복적으로 수행됨으로써 관습이 유지되는 여타의 공간들이 갖고 있는 그러한 현재감을 준다. 교회의 신성함, 법정의 절차가 주는 딱딱함, 실험실의 실험이 주는 신비로움 등등이 세련된 디자인과 결합되어 독특한 미적 공간을 만들어낸다.

아방가르드 갤러리의 고객이 극소수의 대체적으로 부유한 수집가였을 경우에는 이렇게 세상과 동떨어진 귀족풍의 분위기가 딱 맞아떨어졌다. 그러나 예술시장이 변함에 따라 갤러리도 일반대중을 끌어들이는 것을 고민해야 했다. 이러한 기관 컬렉터들의 주목을 받을 수 있게 하기 위하여, 미술작품들은 대중매체를 포함한 광범위한 장소에서 보다 빈번히 전시되어야 했다. 오도르티가 "스튜디오와 거실 사이의 애매한 공간, 그러면서도 두 공간의 관습이 만나 서로를 중화시키는 그러한 공간"이라고 말했듯이, 갤러리는 자신이 갖고 있던 특권적인 지위의 일부를 지역 미술관, 심지어 기업 건물의 메인 라운지 같은 곳에 양도해야 했다. 60년대 중반의 신랄한 비평가였던 골딘(1966)은 이러한 상황을 다음과 같이 표현한다.

> 오늘날 예술작품이 가치를 형성하기 위해서는 공공 전시가 필수적이다. 하나의 스타일이나 한 개별 예술가의 작품이 중요하게 여겨지는 것은 그 작품이 전시되고, 작품과 관객의 만남 그 자체가 의미 있다고 여겨지기 때문이다. 이러한 요인은 갤러리들의 고충을 더하게 되는데, 왜냐하면

갤러리가 판매점의 역할보다 극장의 역할을 해야 하기 때문이다. 관객의 반응이 연극의 가치를 측정하듯이, 관객의 관심을 끌 수 있는 능력이 작품의 가치를 결정하는 조건이자 척도가 된 것처럼 보인다.

그림 판매상의 숫자가 증가하게 되자 경쟁도 그만큼 더 격렬해진 것으로 보인다. 상당수의 소규모 갤러리와 소수의 대규모 갤러리가 존재했지만 이들이 판매하는 것들은 모두 비슷비슷했다. 몰린(1967)은 미술시장에서 모든 상품은 저마다 다르고 본질적으로 대체 가능하지 않다고 주장했다. 말하자면 경제학적인 의미에서의 경쟁은 미술품 시장에서는 존재하지 않는다. 그러나 경쟁이라는 용어가 경제학에서 사용되는 것과 마찬가지 의미로, 미술시장에서도 치열한 경쟁이 존재한다고 주장하는 것 역시 가능하다. 예술계의 이데올로기에 의하면 예술가는 다른 모든 예술가로부터 구별되는 독특한 작품을 만들어내는 개별자로 간주되지만, 같은 스타일 혹은 긴밀히 연관된 스타일을 사용하는 작가들의 작품 중에서 차이점을 구별해내고 파악해내는 데에는 상당한 양의 훈련과 취미의 세련화가 요구된다.

아방가르드 예술시장을 다른 시장과 구별하는 요소는 다름 아닌 판매되는 대상의 가치에 관한 매우 극단적인 모호성이다. 한편으로 보면 모든 미술작품이 비슷하지만(예를 들어, 회화는 캔버스 위에 물감이나 그 밖의 다른 재료들을 칠한 것이라는 점에서) 가격에서는 엄청난 차이가 존재한다. 가치는 다른 상품시장에서처럼 상품 제작에 소모된 제작비에 의존하지 않으며 미술작품들을 상품화하는 데 드는 비용에 조금 관계될 뿐이다. 대신에 가치란 전적으로 비평가, 미술관 큐레이터, 그리고 일정 정도는 유명한 수집가와 같은 전문가에 의해 내려진 평가에 의존한다. 그러나 이들이 질적인 평가를 내리기 위해 사용한 비평의 기준들은 스타일이 변함에 따라 같이 변하며, 이러한 평가는 종종 일관성을 잃는다. 예술작품에 대한 초기 평가와 최종적인 가치평가 사이에는 매우 적은 상관관계만이 존재한다. 뉴욕현대미술관the Museum of Modern Art이 추상표현주의 작품들이 선을 보이자마자 일부 구매하기는 했지만, 추상표현주의 작품들에 대한 초기 평가는 좋은 것이 아니었다. 그렇지만 5년 만에 이들 미술작품들의 가치는 세 배가 넘게 뛰었다(Ashton, 1973).

이런 상황 속에서 미술품 판매자들에게는 세 가지 기본적인 전략이 존재했다. 첫째는 자신이 판매하는 작품들과 다른 작품들의 차별성을 극대화하는 것이고, 둘째는 자신이 판매하는 작품들을 널리 소개하는 것이고, 셋째는 자신의 규모를 키우거나 가장 널리 알려지고 눈에 많이 띄는 작가들을 포섭함으로써 시장에서 지도적 위치를 획득하는 것이다. 몇몇 갤러리가 뉴욕 미술시장을 좌지우지한다는 가설이 주장되기도 했는데, 이는 증명될 수 있는 가설인가?

딜러가 자신이 보유한 작품을 다른 딜러들의 작품과 차별화시키는 가장 성공적인 방법은 새로운 스타일을 선보이는 것이었다. 사실 이 책이 다루고 있는 시기에 새로운 갤러리의 수가 불어남에 따라 새로운 스타일의 수 역시 지속적으로 증가하였다. 순전히 경제적인 관점에서만 보면 이렇게 새로운 스타일이 번창한 것은 시장 구조 측면에서 당연한 일이었다.

바이스트린(1978)이 밝혀낸 바에 따르면, 40년대와 50년대 말에 일부 딜러들은 특히 예술적 혁신에 적극적이었는데, 이는 지속적으로 새로운 스타일을 선보일 준비를 했다는 것을 의미한다. 반면에 다른 이들은 약삭빠른 사업수단을 동원하여 상품 판매에 열을 올렸다. 특정 스타일의 작가를 다섯 명 이상 소개하는 것을 새로운 스타일에 적극적이라고 정의한다면, 내 연구에서 다룬 갤러리들 중 오직 27%만이 하나 이상의 스타일에 적극적인 투자를 했다. 이들 36개 갤러리들 중에서 86%인 31개 갤러리는 같은 스타일의 작가를 다섯 명 이상 보유했고, 11%인 네 개 갤러리는 두 개의 스타일에, 그리고 한 갤러리만이 세 가지 스타일의 작가들을 보유했다. 만약 수문장이라는 역할을 하나의 스타일에 속하는 작가 5인 이상에 투자하는 것으로 좁게 본다면, 이러한 역할을 1회 이상 수행한 갤러리의 수는 매우 적다. 이들 갤러리의 대부분은 특정한 스타일에 전력하지 않았으며, 오히려 이들은 특정 스타일에 속하는 작가라기보다는 작가 개인에게 더 큰 관심을 보였다.

이러한 자료들을 검토해보면 일부 갤러리들은 특정한 스타일에 기반을 둔 자신만의 시장을 만들어내었으므로 여기에 덧붙여 새로운 스타일을 발굴해내야 할 이유가 존재하지 않았다. 이러한 사업형태에 영향을 준 좀 더 미묘한 원인이 존재했다고 볼 수 있다. 일부 딜러들에게 있어서 특정 스타일에 목을 맨다는 것은 특정한 세계관에 목을 맨다는 것으로, 이런 경우 대안적인 스타일에 주목하는 것이 어렵게 된다. 바이스트린이 '갤러리 수문장'의 예로 제시한 바 있는 베티 파슨스가 바로 그러한 경우이다. 40년대 말에 파슨스는 다른 비평가들이 전혀 관심을 보이지 않았을 때, 추상표현주의 선두 작가들의 전시회를 열었다. 후에는 미니멀리즘 작가들의 전시회도 열기는 했지만, 파슨스는 다른 스타일의 작품들에는 일절 손을 대지 않았다. 50년대에 재스퍼 존스의 전시를 거부하기도 했던 파슨스는, 후일 "그 당시에는 그를 전혀 알아보지 못했다"(Tomkins, 1975)고 말했다고 한다. 70년대와 80년대의 대표적인 딜러였던 이반 카르프에 의하면 각각의 갤러리들이 특정한 관점, 즉 사물을 바라보는 특정한 방식을 대변했고, 이들에게는 이 관점이 거의 유일한 배타적인 관점이었다고 한다(인터뷰, Archives of American Art, 1969).

사실 이들 36개의 '수문장' 격 갤러리들에게는 특정한 패러다임이나 세계관을 받아들이는 특정한 종류의 스타일에 특화되었다는 증거가 존재한다. 이들 중 33%는 추상표현주의, 팝 아트, 미니멀리즘처럼 이미 확립된 스타일만을 받아들였으며(즉, 다섯 명 이상의 작가를 지원했으며) 19%는 패턴 페인팅, 포토리얼리즘과 같은 새로운 스타일에만 전념했고, 39%는 구상회화만을 전시했다. 오직 8%의 갤러리들만이 위

카테고리 중 두 개 이상을 지원했다.

'수문장' 격인 갤러리들이 예술시장에서 지배적인 위치를 차지했다는 징조가 있었는가? 한 가지 증거라면, 이들 작가의 작품을 유명 미술관에서 구매하거나, 이들 작가들의 회고전을 미술관에서 갖거나, 유명한 미술관에서의 전시회, 빈번한 전시회, 미국과 해외로의 순회전시회, 유명한 수집가에게 판매, 개인적인 홍보, 경매 판매 등을 이용한 전술로 자신의 작가들 작품을 눈에 띄게 했다는 것이다. 일부 뉴욕 딜러들은 자신이 확보하고 있는 작가들의 작품을 주기적으로 전시하는 미국 내 다른 지역 딜러들과 일종의 연합회association를 결성하기도 하였다(Tomkins, 1980b). 다른 이들은 갤러리 소속 작가들이 대중매체의 관심을 받을 수 있도록 광고회사를 고용하기도 하였다. '수문장' 격인 갤러리들이 가장 대표적인 작가들을 소개했다는 점은 명확하다(〈표 6-1〉 참조). 다시 말하자면 이들 갤러리들이 가장

<표 6-1> 수문장 격 갤러리와 보상체계

	갤러리 유형[a]
지도력[b]	.61[c]
예술적 성공: 경매 판매[d]	.63
예술적 성공: 회고전[e]	.82
예술적 성공: 미술관 구매[f]	.74

a. 이 카테고리는 독과점적인 수문장이었다. 수문장; 타자 (이들 용어의 정의는 본문에 나옴)

b. 지도력은 특정 화가를 처음으로 전시한 갤러리로 정의되었다. 갤러리들은 하나 이상의 스타일 혹은 오직 한 가지 스타일에 지도적 위치에 있거나, 어떤 스타일에도 지도적이지 못했던 갤러리들로 구별되었다.

c. 감마계수(Goodman and Kruskal)

d. 예술적 성공: 경매 판매는 경매에서 판매된 작품의 작가를 전시한 회수에 의해서 결정되었다.

e. 예술적 성공: 회고전은 회고전을 갤러리에서 연 작가들의 수로 결정되었다(0, 1~5번, 5번 이상).

f. 예술적 성공: 미술관 구매는 MoMA에 의해 구매된 작품의 작가를 전시한 수에 의해 결정되었다.

빈번히 회고전에 초대되거나 작품이 가장 빈번히 유서 깊은 미술관에 판매되는, 이 책에서 언급된 작가들을 대표했다. 뉴욕현대미술관이나 휘트니 미술관 혹은 그 밖의 다른 미술관이 구매한 작품들의 작가를 다섯 이상 보유했다면 이들 갤러리들은 다름 아닌 바로 이 그룹의 구성원들이었다.[1] 이들 갤러리들은 또한 특정 화가의 작품을 처음으로 전시했다는 의미에서 십중팔구 선구자적 지위를 누렸다. 수문장 격인 갤러리들 중에서 다수의 스타일을 적극적으로 소개한 11개의 갤러리들이 다른 갤러리들보다 성공적인 작가를 더 많이 보유하게 된 것은 너무나도 당연했다.[2]

수문장 격인 갤러리들이 지도자적 역할을 했다는 또 다른 징표는 이들이 경매시장에 손을 뻗칠 수 있었다는 것이다. 1970년 이전에 미국의 현대 아방가르드 작가들의 작품은 간간이 경매에 붙여졌을 뿐이다. 본 연구에서 다루고 있는 작가들의 3분의 1이 채 안 되는 작가들만이(28%) 경매시장에 발을 들여 놓기는 했지만, 70년대 이후에는 이들 작품들에 대한 경매가 보다 빈번해졌다. 선도적인 11개 수문장 갤러리의 딜러들에게 속해 있던 팝 아트, 미니멀리스트, 포토리얼리스트, 그리고 구상회화 작가들은 다른 작가들에 비해 경매시장에서 작품을 팔 가능성이 훨씬 높았다(이 그룹의 감마계수는 0.71이었다).[3]

다섯 개 스타일 모두 경매시장에서의 가격은 천차만별이었다(〈표 6-2〉 참조). 각각의 스타일의 경우에 소수의 작가들은 매우 높은 가격을 붙일 수 있었지만, 다른 이들은 중간 정도의 가격에, 그리고 대부분은 상대적으로 매우 낮은 가격에 거래되었다. 각각의 스타일에 있어서 중간가격과 최고가의 차이를 보면, 가장 인기 있는 작가와 '일반rank and file' 작가 사이에는 가격차가 존재했음을 보여준다.

〈표 6-2〉에 나타나듯이 스타일에 따라 가격도 천차만별이다. 가격이 가장 높은 경우는 추상표현주의였고 다른 스타일의 경우에는 현저히 낮았다.[4] 추상표현주의를 제외한 그룹에서는 중간가격이 보여주듯이 팝 아티스트들이 가장 높은 가격을 받았다. 흥미로운 것은

<표 6-2> 스타일별 경매가격(1970~82)

	스타일				
가격($)	추상 표현주의	팝	미니멀 리즘	포토 리얼리즘	구상 회화
~5,000	11	22	68	43	53
5,001~20,000	5	22	14	37	32
20,001~50,000	21	22	7	16	16
50,001~100,000	5	6	4	0	0
100,000~	59	28	7	5	0
합계	101	100	100	101	101
N	19	18	28	19	19
평균가격	$128,750	$25,000	$3,684	$6,875	$4,250
최고가격	$550,000	$240,000	$420,000	$130,000	$26,000
경매 거래비율(%)	90	64	35	37	15

참조: 위의 가격은 이 기간 동안에 개별 작가가 받은 최고의 가격이다(미국 예술가의 경매가격 1970~78; 1978~80; 1980~82).

"예술작품이 상품이다"라는 개념에 반하는 작품을 의도적으로 제작해온 미니멀리스트들이 여러 스타일 중 가장 낮은 가격을 받았다는 점이다.

경매에서 높은 가격을 받는 요소는 스타일에 따라 다양했다. 추상표현주의에 있어서 높은 경매가격(10만 달러 이상)과 가장 깊은 연관을 갖는 것은 예술가의 죽음이었다. 신작의 가능성을 원천적으로 막아버리는 예술가의 죽음은 그 예술가의 작품을 귀하게 만들었다.[5] 다른 스타일에 속하는 화가들 중 높은 가격으로 작품을 판 이들의 80%가 수문장 격인 갤러리들 중에서도 11개 선두주자들 중 하나와 연결되어 있었다.[6] 여성작가는 대체적으로 경매시장에서 소외되었다. 경매에 나온 몇 점도 높은 가격을 받지 못했다. 이러한 수치는 일부 갤러리들이 돈 많은 수집가와 친분을 유지했고, 이들 수집가는 점차적으로 회화를 월스트리트에서 주식을 사고팔 듯 투자로 간주하기 시작했다는 것을 시사한다. 다른 한편으로 부록 [표 B-3]이 보여주듯이, 수문장 격 갤러리와 연결되어 있다고 해도 모든 작가가 비싼 경매가격을 부를 수 있는 것은 아니었다. 수문장 격 갤러리와의 연결이 가장 결정적이었던 작가들은 팝 아티스트였으며 구상회화 작가들은 연관이 가장 적었다. 다른 요소들 역시 작용했는데, 구상회화 화가들의 경우에는 뉴욕 예술보상제도artistic reward system로부터 인정을 받는 것이 보다 중요한 요소였다. 다른 스타일의 경우에는 이러한 '인정'은 다른 요소들보다 더 중요한 것은 아니었다.

이 연구에서 다루고 있는 시기가 끝날 무렵, 뉴욕에는 두 개의 예술시장이 존재했다. 하나는 소수의 주도적 갤러리들에 의해 접근이 통제되는 경매시장이고, 다른 하나는 판매자의 수 그리고 경쟁의 정도가 점진적으로 증가하는 일반 미술품시장이었다. 이는 독점적 지위를 지닌 일부 갤러리들에 비해 아방가르드 작품의 판매자들이 상대적으로 낮은 생존율을 보였다는 것으로도 증명된다.[7]

지금까지 보아왔듯이 가장 경제적으로 큰 보상을 받은 이들은 바로 몇몇 주도적 갤러리와 연관을 맺은 일부 작가들이다. 그러나 생존해 있는 많은 작가의 경매가격이 70년대와 80년대 초기의 인플레이션을 따라잡지 못한 것에서 알 수 있듯이,[8] 경매시장 역시 위험이 상존하는 불안정한 상황이었다.[9] 〈표 6-3〉이 보여주듯이, 이들 화가들 중 약 3분의 1의 경매가격은 실질적으로 오르지 않았다. 오래된 스타일들 중 팝 아트와 미니멀리즘의 경우, 이 시기에 경매된 작품들 중 절반 이상이 가격 하락을 경험했다.

경매시장 외부의 가격에 대해서는 거의 알려진 바가 없다. 켄트에 따르면 1년에 시장에 나온 이젤 회화easel painting의 1% 미만이 실제로 팔렸다고 한다(Kent, 1959). 70년대 내내 점점 더 많은 작품이 만들어졌으므로 딜러들이 이들 작품을 적절히 평가하는 것도 점점 더 어려워졌다. 어떤 딜러들의 경우 평균적으로 일 년에 새로운 작가들

<표 6-3> 스타일별 미술작품의 (인플레이션을 고려한) 가치변화

스타일	스타일별 경매가격(1970~82)				
	100% 이상 증가	1~100% 증가	감소	합계	N
추상 표현주의	72	11	17	100	18
팝	21	21	57	99	14
미니멀리즘	31	13	56	100	16
포토리얼리즘	44	22	33	99	9
구상	69	8	23	101	13
모든 스타일	49	14	36	99	69

의 작품 수천 세트를 검토해야 했다고 고백하기도 한다. 그리고 많은 작가가 갤러리를 구하지 못했다. 새로운 발전을 수용할 전시공간 마련을 위한 대안 공간이 만들어지기도 했다. 이들 새로운 조직들은 점점 더 새로운 스타일에 저항적으로 되어가는 기존 갤러리들에 대한 대안이었다.

다른 한편으로, 뉴욕 예술시장은 계속해서 새로운 스타일에 관심을 보였는데, 이는 새로운 갤러리들이 계속 생겨났기 때문이다. 대안 공간이나 협동조합 스타일의 갤러리들이 상업갤러리의 부족한 면을 보완하는 한편 새로운 수문장 격 갤러리들이 이전 수문장 갤러리들을 대체해나갔다. 이렇게 토대가 계속해서 확장되지 않았다면 이들 스타일의 역사는 지금과는 많이 차이가 났을 것이다.

각주

1. 감마계수(the gamma coefficients)는 각각 0.74, 0.93, 그리고 0.68이었다.

2. 이들 갤러리 중 다섯 갤러리는 샘플에 포함되어 있는 스타일 중 두 개 이상의 스타일에 다섯 명 이상의 작가들을 보유했다. 이들 중 여섯은 한 가지 스타일에만 전념했지만 다른 스타일의 작가들을 다섯 명까지 보유하기도 했다.

3. 이러한 관련은 추상표현주의나 패턴 페인터의 경우에는 보이지 않는다. 두 명의 추상표현주의 작가를 제외하곤 모두가 경매시장에 작품을 내놓았지만, 패턴 페인터의 경우에는 여섯 명만이 참여했다.

4. 패턴 페인터 중 여섯 명만이, 그리고 신표현주의 작가 중 일곱 명만이 경매 판매를 했기 때문에 이 두 스타일은 〈표 6-2〉에 포함되지 않았다. 그러나 가격의 격차는 이 스타일들에서도 보인다. 신표현주의는 경매시장으로 매우 빠르게 진입해 들어갔으며 다른 최근의 스타일들에 비해 짧은 시간에 매우 높은 가격을 부여받았다. 1982~84년 경매 시즌에 추상표현주의와 팝 아트에서 최고가 상당으로 올랐는데(165만 달러 그리고 42만 달러), 이는 몇몇 유명 화가의 작품 가격이 뛰었음을 반영한다(Auction Prices of American Artists, 1982~84).

5. 1976년에 사망한 근대 구상회화 작가인 페어필드 포터의 작품들이 경매시장에서 순식간에 값이 올라간 것을 보면 작가의 죽음 효과를 알 수 있다. 80년대 초반에 그의 작품들은 2만 8,000달러 이하로 경매되었다. 1984년 그의 작품 중 하나는 15만 4,000달러에 팔렸으며(Walker, 1984), 이는 구상회화 그룹 작가로서는 최고가였다.

6. 스타일별 감마계수는 부록의 [표 B-3]을 보면 된다. 높은 경매가격을 받은 작가의 95%가 수문장 격 갤러리 중 하나와 연관되어 있었다. 높은 경매가격은 또한 ① 유명 미술관의 구매(MoMA 그리고 휘트니), ② 회고전을 가졌거나, ③ 뉴욕에서 전시회를 열어 준 갤러리의 수(부록 [표 B-3])와도 역시 관련되었다. 앞에서 보았듯이 갤러리의 전시유형은 ①, ②와도 관련되었다.

7. 독과점에 속하는 갤러리들은 모두 1970년대 이전에 건립되었다. 이들 중 91%는 1977년 현재 아직도 존재하고 있다. 다른 123개 갤러리들 중에서 75개가 1970년 이전에 건립되었는데, 이들 중 37%만이 1977년 현재까지도 건재하다.

8. 이러한 결론은 패터슨(Patterson)에 있는 예술시장 토론에 의해서도 제기되었다.

9. 다음 분석을 위해서 가격은 대통령 경제보고서(Economic Report of the President, 1983)에 있는 정보를 근거로 1972년 가치로 환산되었다. 회화작품의 크기는 다양하고, 가격은 크기와 비례하므로 가격은 1스퀘어 인치(1×1 inch)로 계산되었다.

1. 잭슨 폴록, 하나(제31번), 1950

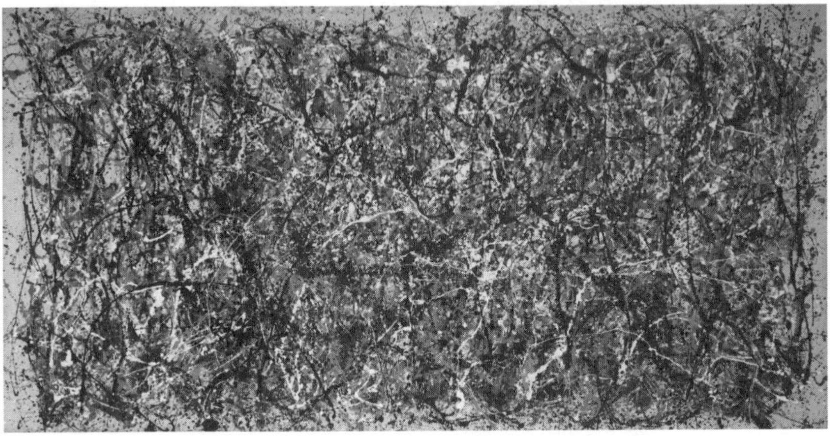

2. 윌렘 드 쿠닝, 여자 1, 1950~52

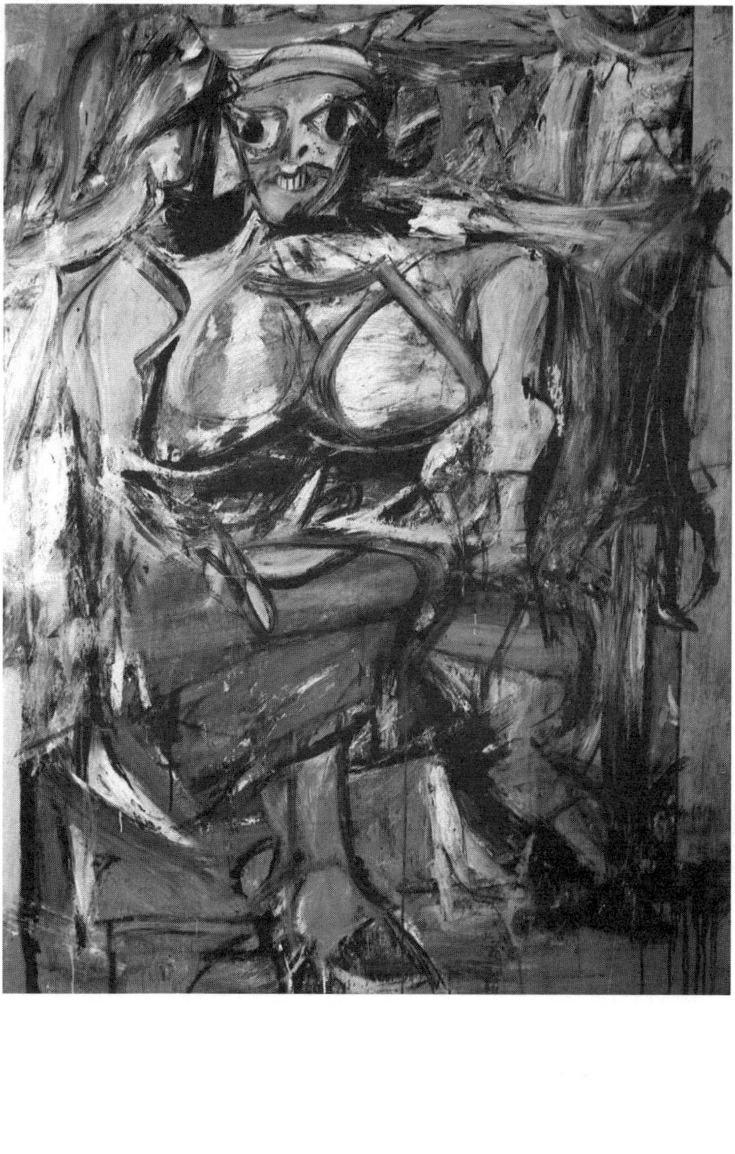

3. 로버트 마더웰, 항해, 1949

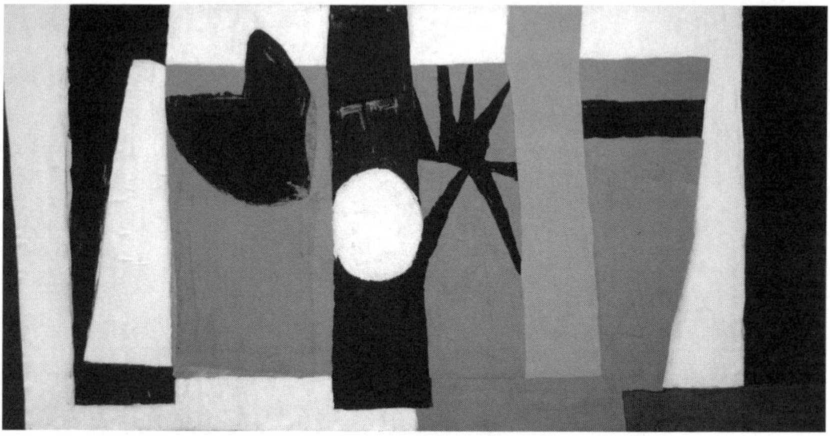

4. 마크 로드코, 넘버 18, 1948

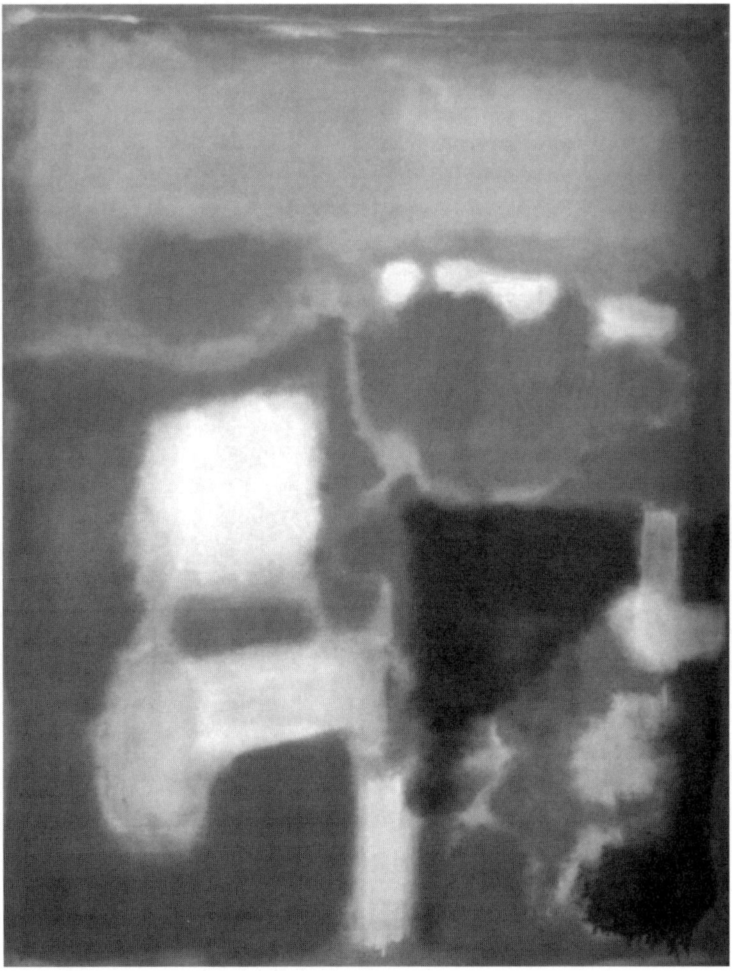

5. 프랭크 스텔라, 그랜 카이로, 1962

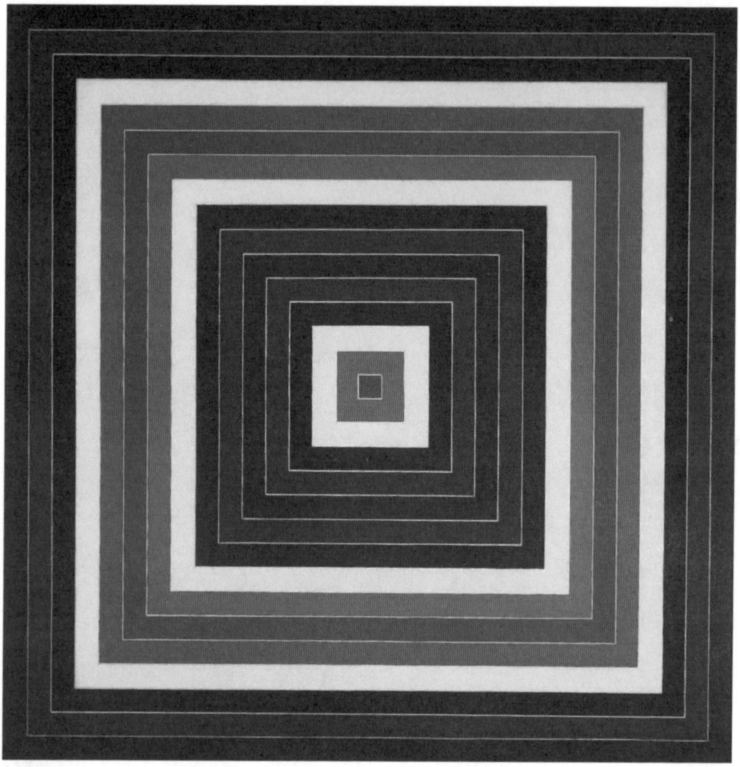

6. 찰스 로스, 프리즘 아일랜드, 1967

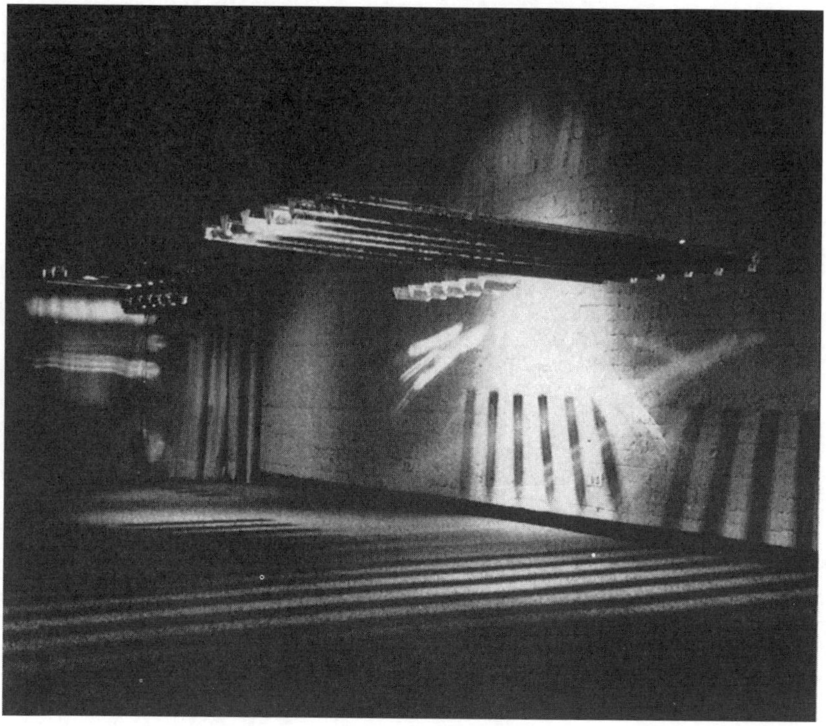

7. 도널드 저드, 무제, 1965

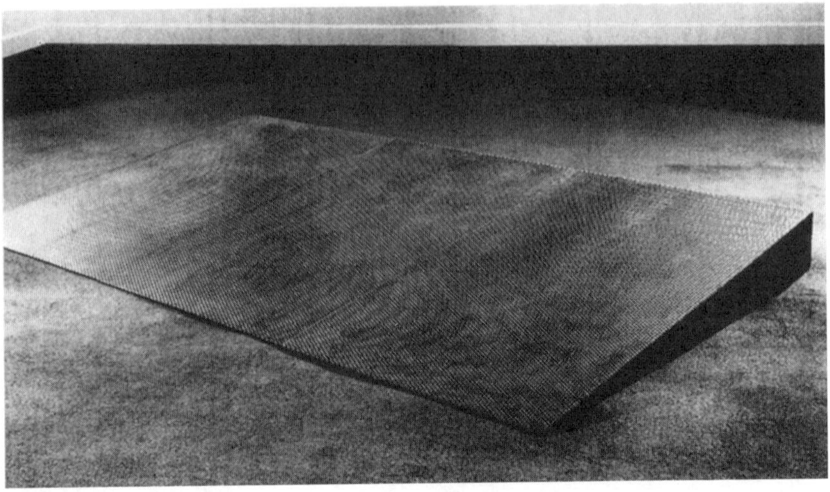

8. 미리엄 사피로, 황금 팬, 1979

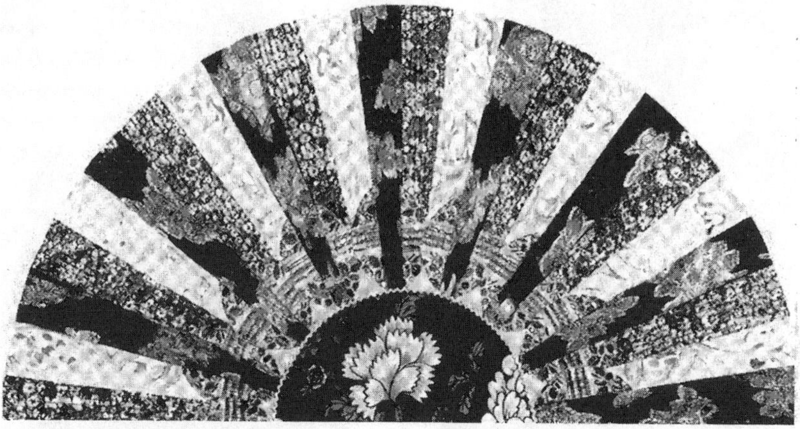

9. 윌리엄 콘론, 핼리 혜성, 1979

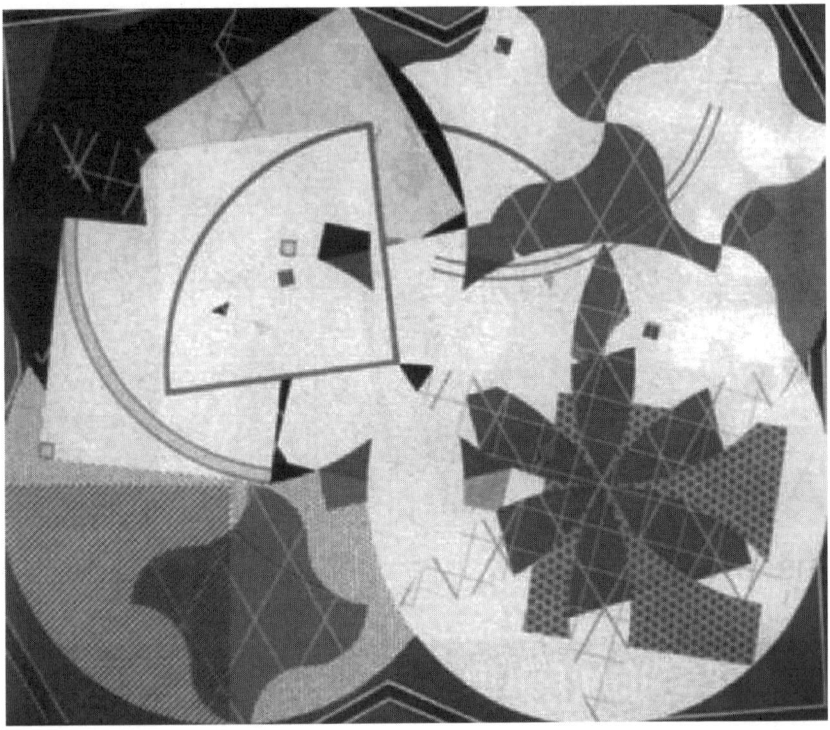

10. 클래스 올덴버그, 부드러운 변기, 1966

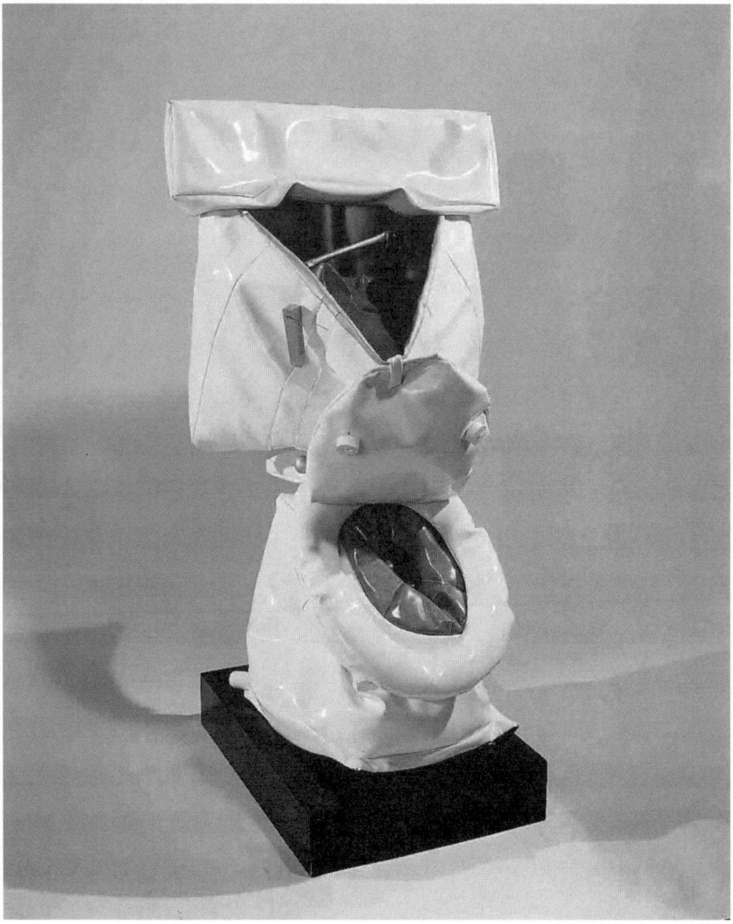

11. 앤디 워홀, 36개의 에델 스컬 초상, 1963

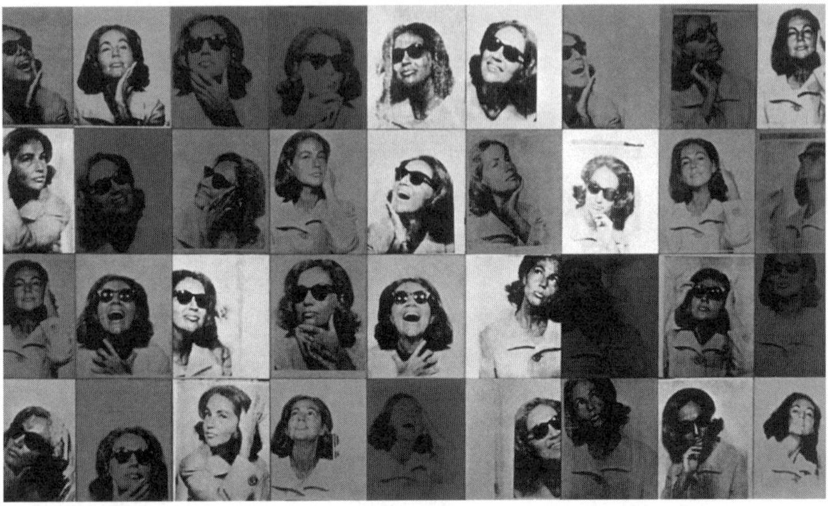

12. 로이 리히텐슈타인, 쾅!, 1962

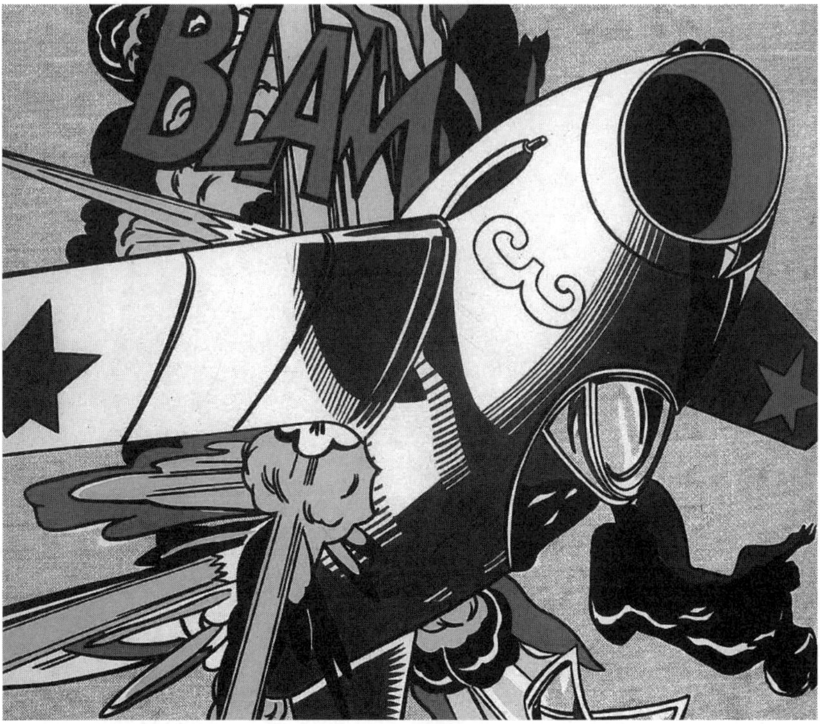

13. 톰 웨셀만, 정물 #20, 1962

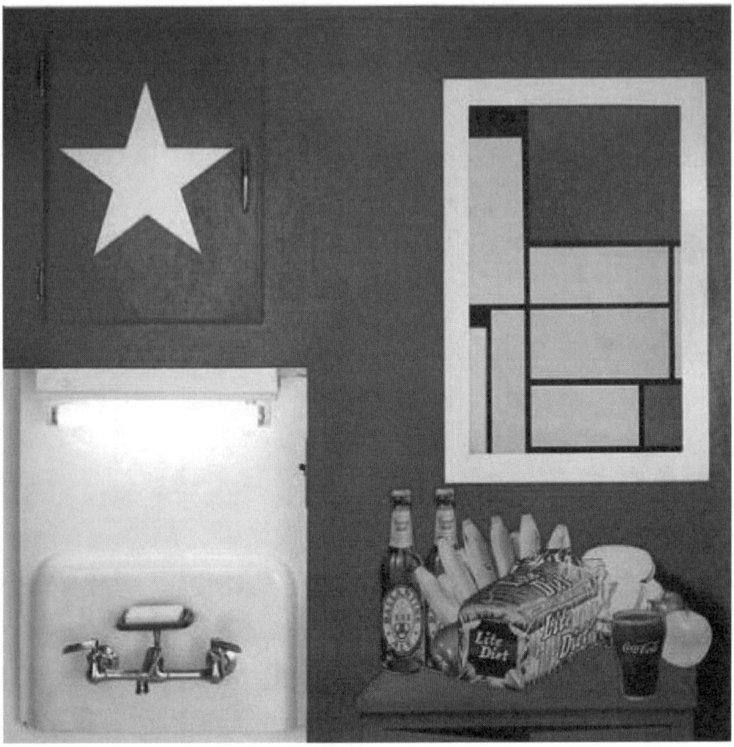

14. 로버트 인디애나, X-5, 1963

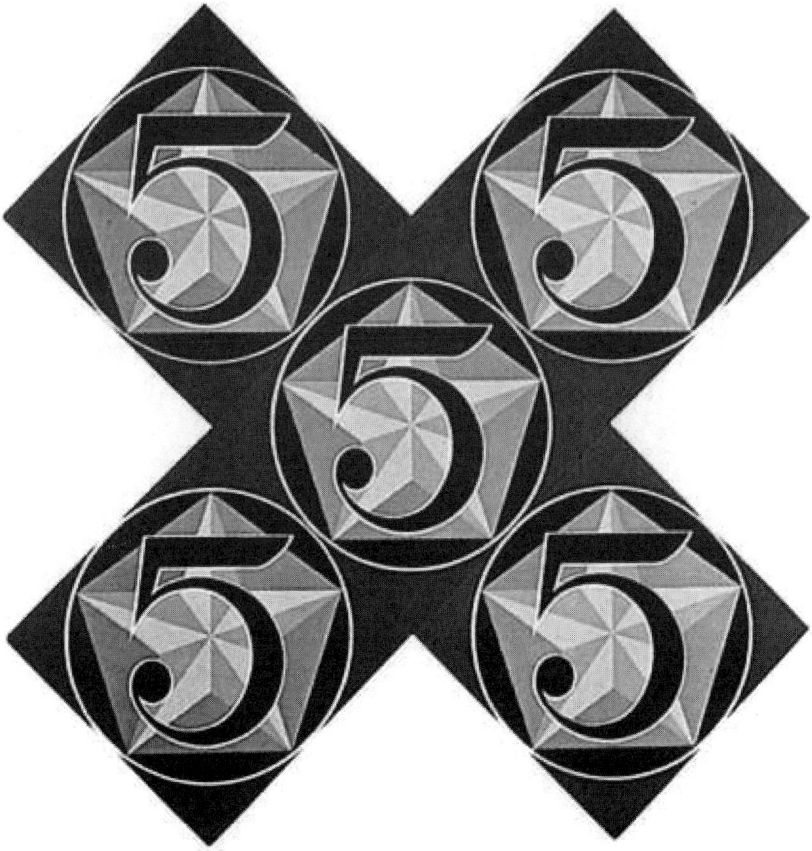

15. 론다 즈빌링거, 자유 아니면 로맨스를 달라, 1983

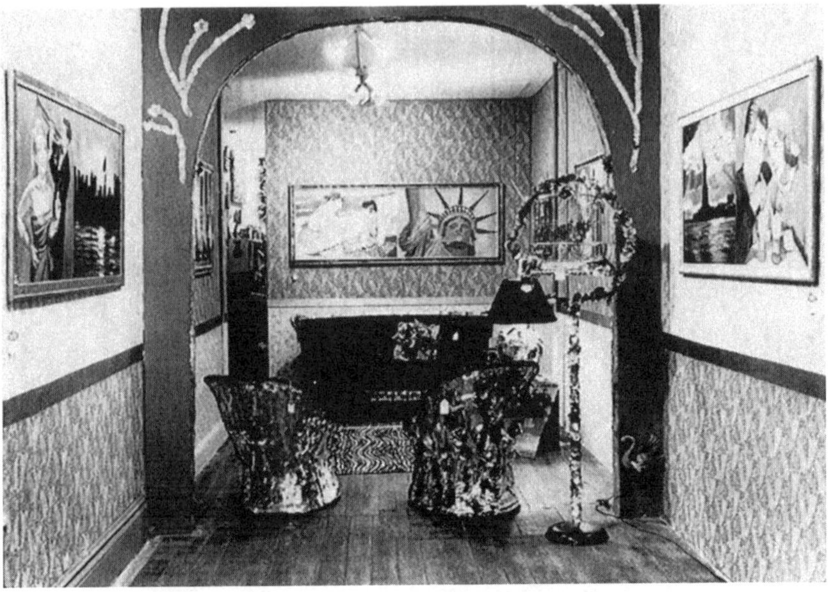

16. 케니 샤프, 세계가 충돌할 때, 1984

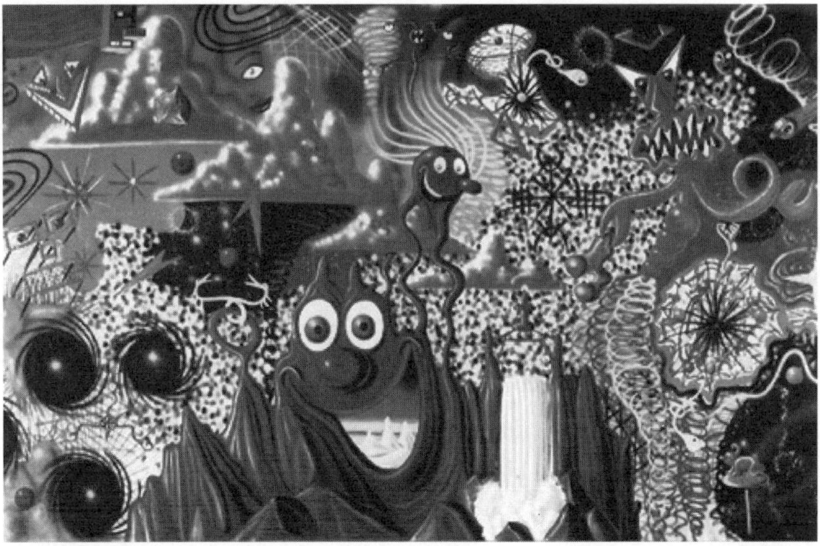

17. 로버트 롱고, 재즈의 달인, 1982~83

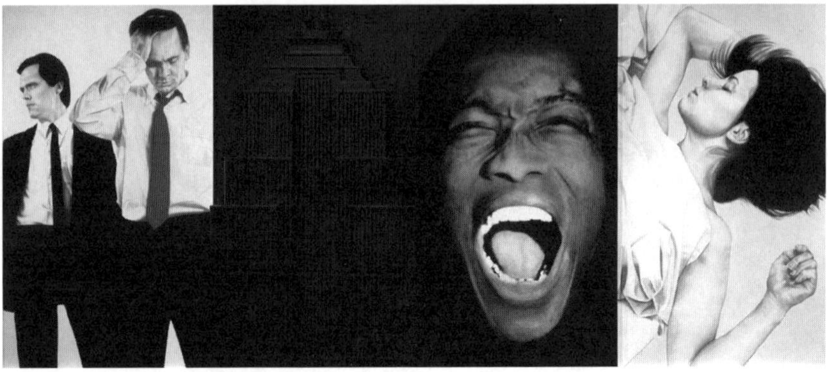

18. 장-미셸 바스키아, 할리우드 아프리카인, 1983

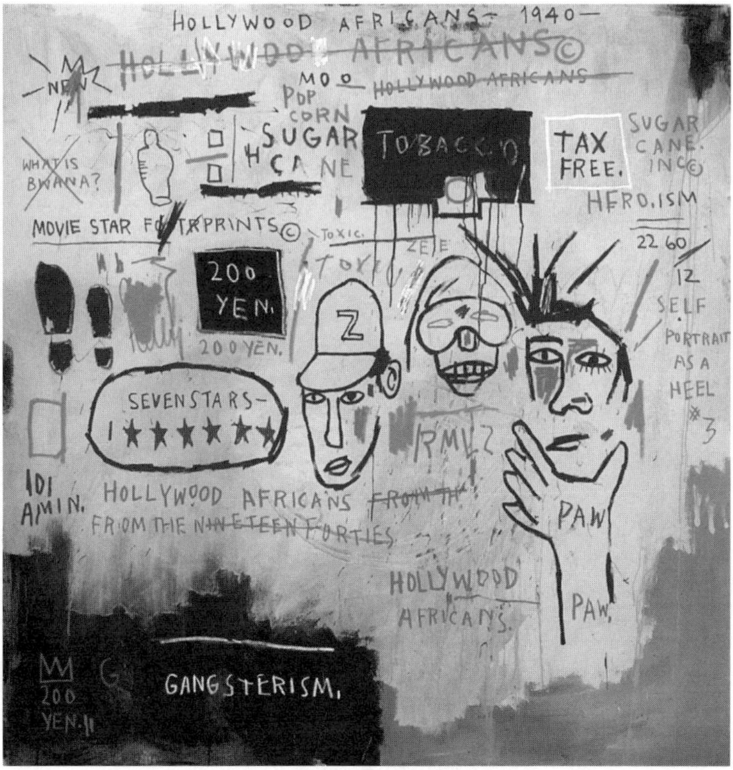

19. 척 클로스, 자화상, 1968

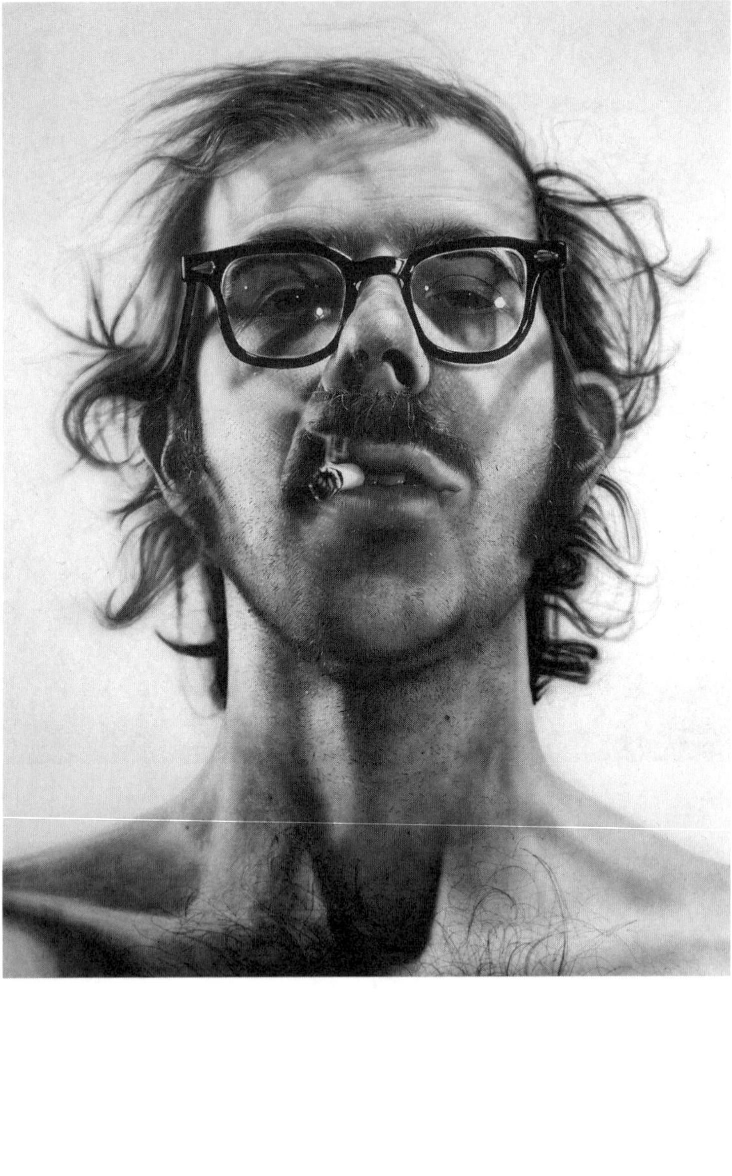

20. 리처드 이스테스, 센트럴 은행, 1975

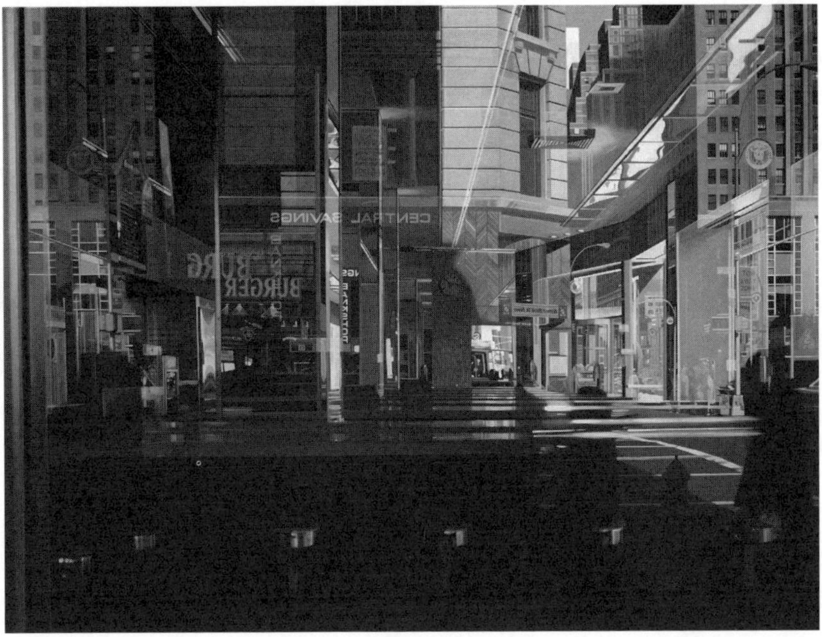

21. 랠프 고잉스, 올림피아 트럭, 1972

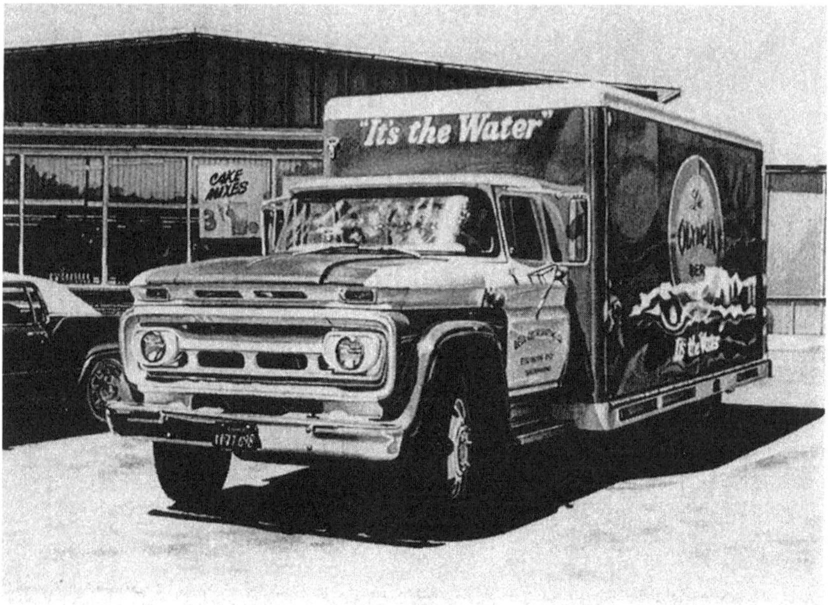

22. 로버트 베히틀, 61년식 폰티악, 1968~69

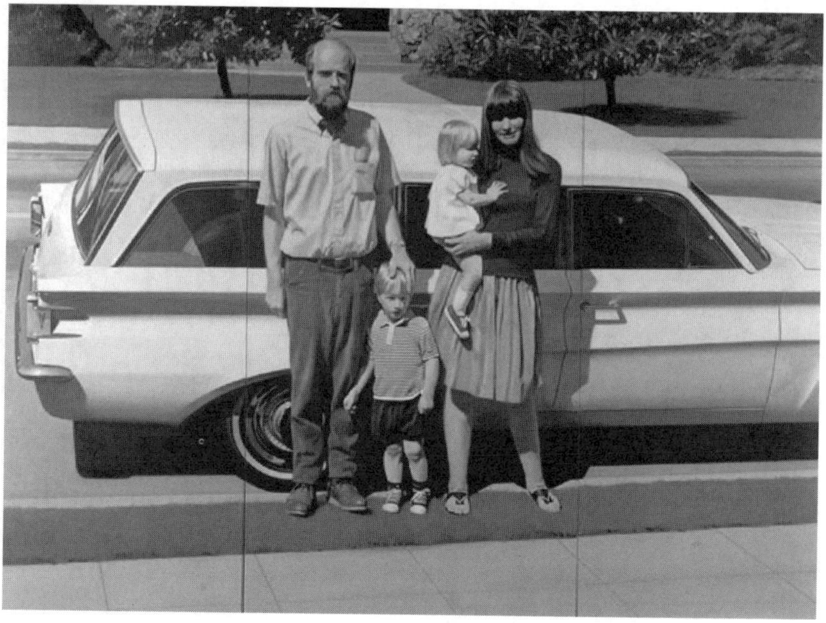

23. 벤 손자이트, 음악실, 1977~78

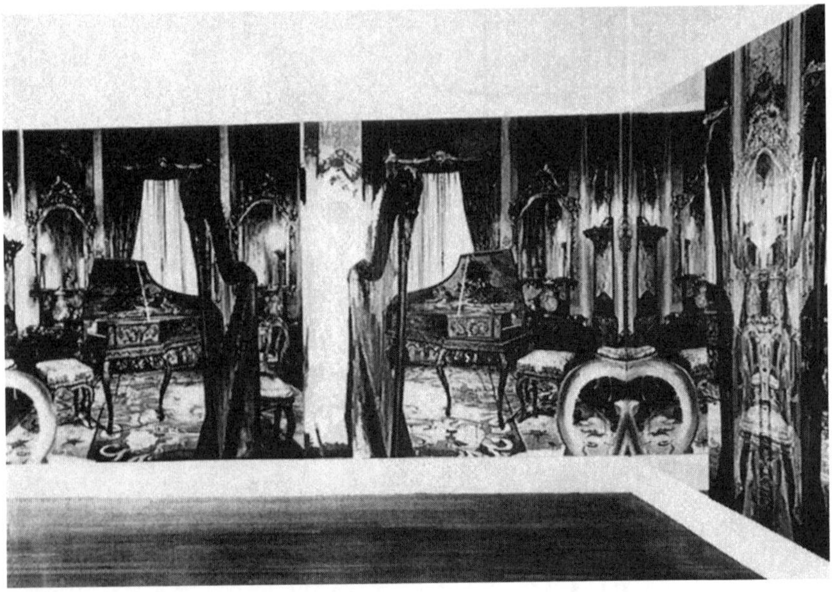

24. 제인 프라이리처, 느긋한 오후, 1979

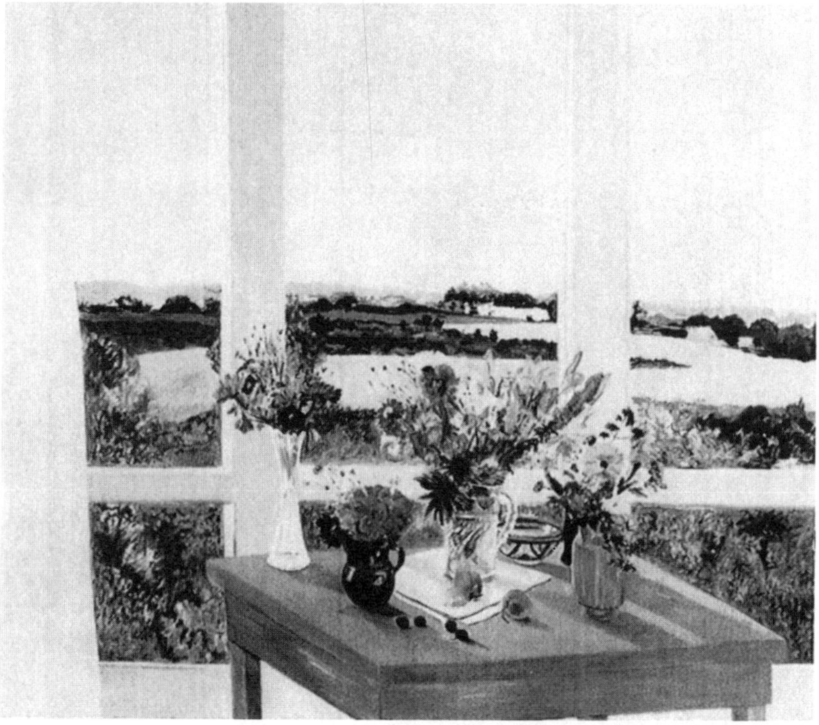

25. 페어필드 포터, 대낮의 실내장식, 1965

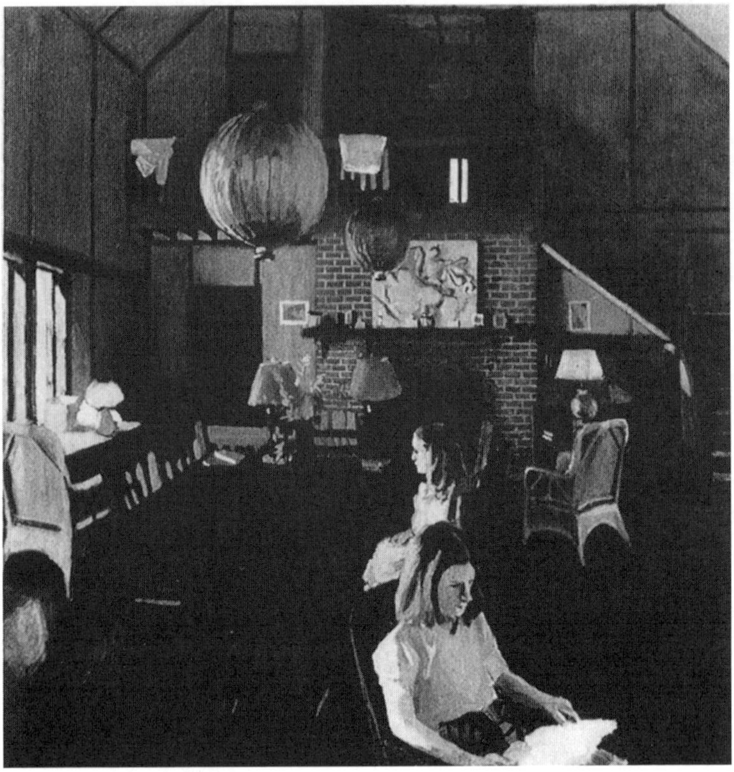

26. 필립 펄스타인, 거울과 카펫 위의 여자 모델, 1968

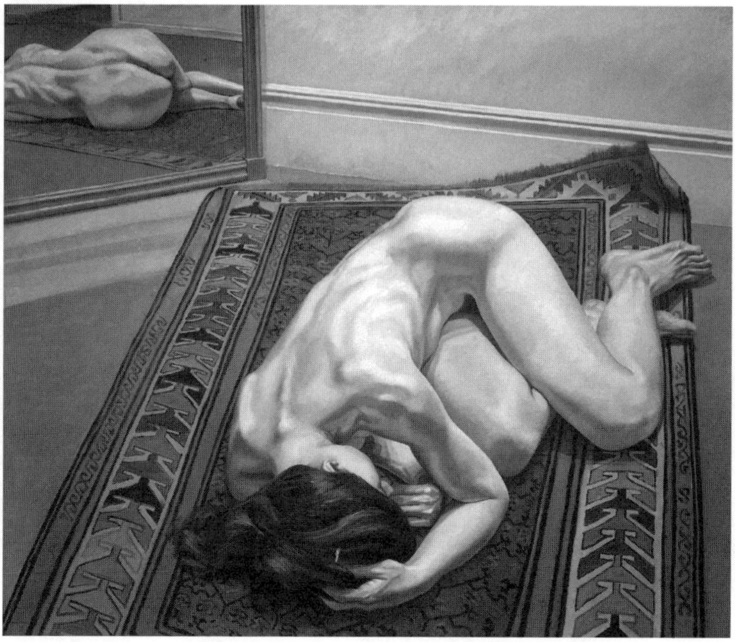

27. 알렉스 카츠, 붉은 미소, 1963

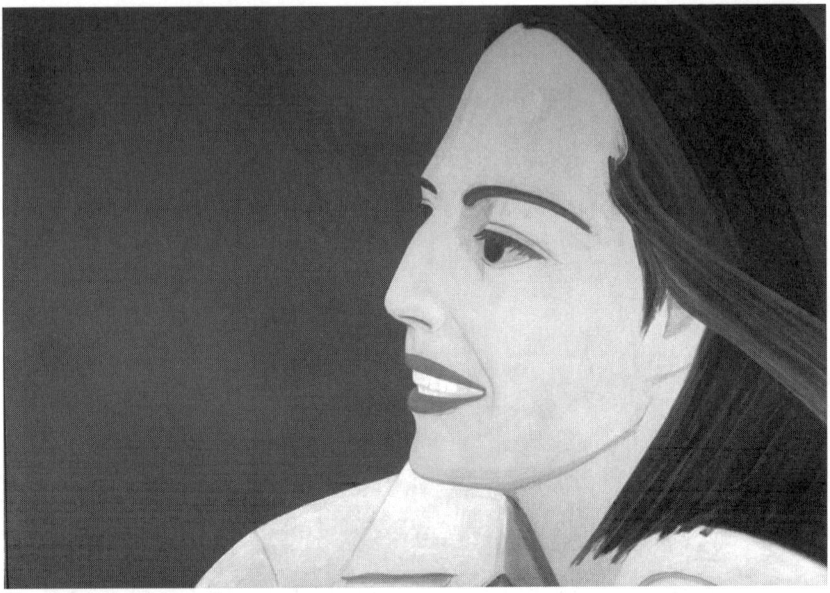

28. 윌리엄 베일리, 몽테 미기아나 정물, 1979

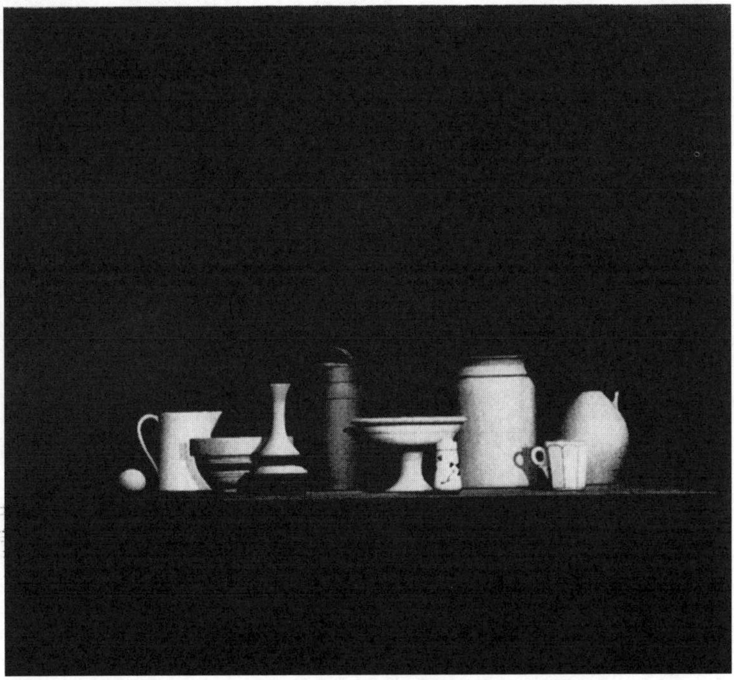

29. 랙스트로 다운스, 지평선의 상점, 1979~80

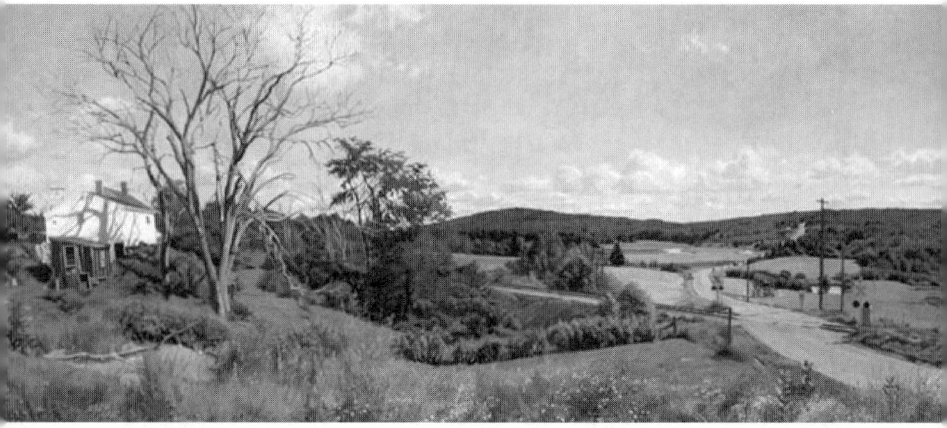

30. 레나 앤더슨, 마크의 놀이터, 1969~75

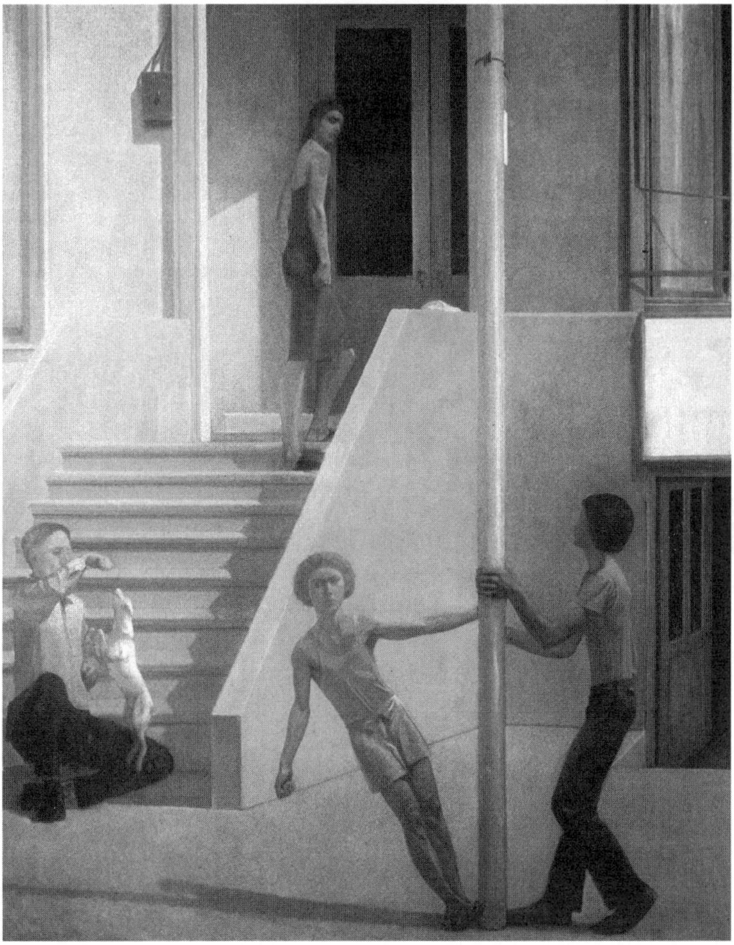

31. 윌라드 미드게트, 다락방(모델과 침대), 1971

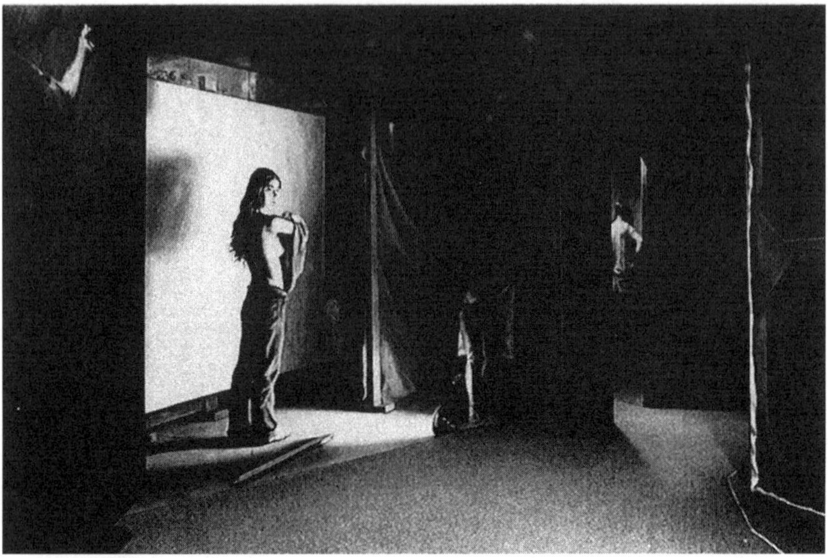

32. 자넷 피시, 채색된 물컵들, 1974

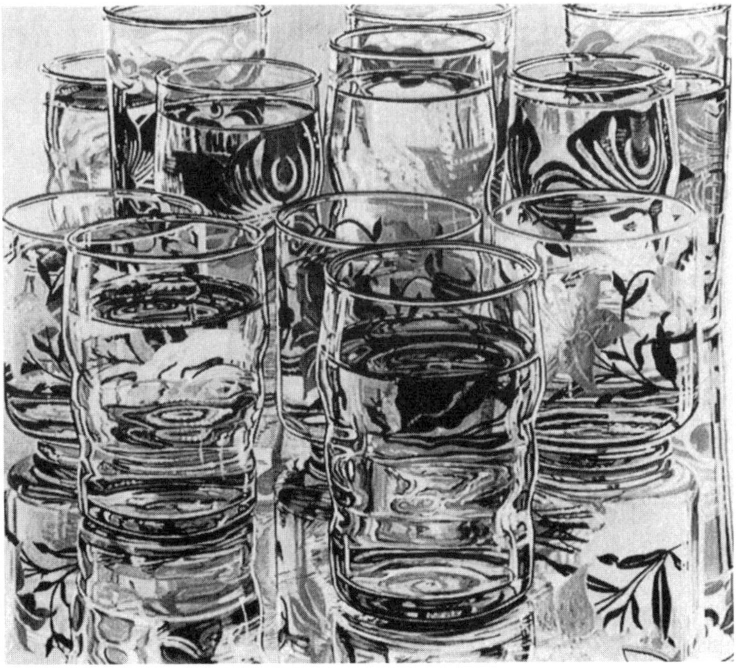

7 미술관 그리고 아방가르드 미술 스타일의 수용

1차 세계대전과 2차 세계대전 사이에 뉴욕에는 뉴욕현대미술관(1929), 휘트니 미술관(1931), 솔로몬 구겐하임 미술관(1937) 등을 포함하는 다수의 미술관들이 생겨났다.[1] 그러나 이들 미술관이 이후에 미국의 아방가르드 미술이 된 작품들에 관심을 갖기 시작한 것은 40년대 중반에 와서다. 그 이전에 이들 기관과 대부분의 갤러리들은 유럽 미술, 아니면 사실주의 스타일의 미국 미술에 관심을 가졌다(Rose, 1975a). 이들은 대부분 추상미술에 무관심했다(Ashton, 1973). 30년대의 아방가르드 화가들은 추상미술의 인정을 위해 로비활동을 벌였던 미국 추상미술가American Abstract Artists 같은 자신들만의 조직을 만들었다. 1940년에 몇몇 추상미술가들은 뉴욕현대미술관 앞에서 자신의 작품을 무시하지 말고 관심을 가져달라고 피켓 시위를 벌이기도 했다(Barr, 1977).

이 연구가 다루는 기간 중의 뉴욕의 미술관들 중에서 예술 발전에 가장 큰 영향력을 끼쳤던 두 곳은 뉴욕현대미술관MoMA과 휘트니 미술관이었다. 앞으로 살펴보겠지만, 미니멀리즘과 팝 아트의 등장에는 구겐하임 미술관과 유대인 박물관이 큰 기여를 하기도 하였지만, 구겐하임 미술관, 유대인 박물관, 메트로폴리탄 미술관, 그리고 브루클린 미술관들과 같은 여타 미술관이 예술발전에 끼친 역할은 미미했다. 나는 이 장에서 이들 기관들이 새로운 예술 스타일이 나타났을 때 어떻게 받아들이고 수용했는지, 그리고 이들 기관들에게 새로운 스타일은 어떤 의미를 가졌는지 살펴볼 것이다. 새롭게 등장한 이들 작가의 작품을 구입하고 전시하는 결정에 미술시장 전체의 변화는 어떠한 영향을 미쳤는가? 이들 기관은 이 기간에 어떻게 스스로 변신했으며 그 변화는 수문장으로서의 자신의 역할에 어떻게 영향을 미쳤는가? 달리 말해, 새로운 스타일의 지속적인 등장에 직면했을 때, 이들 기관들은 미적 경향의 큰 변화를 보여주는 새로운 스타일을 수용하지 않고, 저항했을 것이라고 예상할 수 있다.

나는 이들의 행동을 설명할 답변 세 가지를 검토해볼 것이다. 첫째, 한 가지 패러다임의 고수이다. 여러 스타일 중에서 특정 스타일들만을 지속적으로 선정했다는 것은 미술관 큐레이터들이 서로 공유하는 '세계관'이나 패러다임을 고수함으로써 그 패러다임에 속하지 않는 그림들의 장점을 보지 못했음을 시사한다.

둘째, 관료화이다. 아방가르드 예술에서 가장 영향력이 컸던 미술관 두 개를 포함하여 뉴욕 미술관들 중 일부는 이 시기에 상당히 규모가 커졌다. 제2차 세계대전 전에는 상당히 규모가 작았던 뉴욕현대미술관MoMA의 직원 규모는 1947년에 167명이었고, 1959년에는 246명, 그리고 1970년에는 537명이었다(Goldin & Smith, 1977). MoMA 정도는 아니라 하더라도 휘트니 미술관 직원 수도 역시 증가하였다. 이러한 사실은 이들 미술관의 규모가 커지고 관료화됨으로써 새로운 미술운동에 주의를 덜 기울이게 되었음을 시사한다. 60년대 말과 70년 초반의 뉴욕 미술관들에 대한 알렌의 연구는 1974년 이들 미술관에 두 개의 상이한 행정구조가 생겨났음을 보여준다. 하나는 미학적 결정을 내리는 큐레이터 부문이고, 다른 하나는 예산을 결정하는 사업-행정 부문이다. 후자가 전자보다 더 관료적이었는데, 특히 70년대에 예산을 철저히 통제할 필요가 생기면서 영향력이 증가하였다.

셋째, 미술관 역할에 대한 인식의 변화이다. 이들 미술관의 미술품 수집정책에 대한 세 번째 해석은 이 시기에 미술관의 역할에 대한 인식의 변화가 생김으로써 미술관 활동에서 이 시기에 발전된 현대미술 스타일이 덜 중요하게 되었다는 점이다. 형식상으로는 이들 미술관의 역할은 미적 대상들aesthetic objects을 보전하고 역사적인 전통에 입각하여 그 작품들의 가치를 평가하는 것으로 인식되어왔다. 이들의 주 고객은 수집가, 후원자, 평론가, 학자 등 2장에서 기술된 바 있는 사회적 네트워크였다. 이 시기가 끝날 무렵 뉴욕 미술관들이 자신의 역할을 새롭게 정의하기 시작했는데, 하나는 좀 더 광범위한 대중을 상대해야 하고 전시작품의 영역을 확대시켜야 한다는 것이었다. 동시에 지역 미술관 수와 기업 소장품의 증가는 예술작품이 유통될 새로운 시장이 생겨났다는 것을 의미했다.

뉴욕 미술관들과 아방가르드 예술

뉴욕현대미술관: 유럽 대 미국

1930대에 뉴욕현대미술관MoMA은 주로 유럽, 특히 프랑스의 예술적 아이디어를 소개하는 통로로 중요성을 지녔다. 앞에서 보았듯이, 19세기 후반과 20세기 초반의 유럽, 특히 프랑스 화가들은 지금까지 다루었던 작가들 대다수에게 엄청난 영향을 끼쳤다. 겔트잘러(1959)가 언급했듯이 뉴욕에 와 있던 유럽 작품들은 전후 미국 화가들, 특히 추상표현주의 화가들의 성장에 큰 영향을 끼쳤다.

그러나 뉴욕현대미술관은 추상표현주의 회화작품들이 갤러리에 걸리자마자 이들 작품들을 구매하기 시작했다.[2] 예를 들어, MoMA는 1943년 금세기미술 화랑The Art of this Century Gallery에서 있었던 잭슨 폴록의 첫 번째 전시회에서 작품 하나를 구입했다. 1948년까지

<표 7-1> MoMA와 휘트니가 수용한 예술 스타일(특정 기간 동안 구매된 작가들의 비율)

스타일별 구매 작가 비율	기간			
	생산연도	5년 후	10년 후	N
MoMA				
추상표현주의	1943	33	57	21
팝	1958	29	43	28
미니멀리즘	1963	23	50	80
구상	1968	9	10	126
포토리얼리즘	1972	12	27	51
패턴	1975	15	18	61
휘트니 미술관				
추상표현주의	1943	19	52	21
팝	1958	7	61	28
미니멀리즘	1963	35	44	80
구상	1968	21	25	126
포토리얼리즘	1972	20	27	51
패턴	1975	23	30	61

참조: 데이터의 인용 근거; 바(1977), 레그(1977), 휘트니 미술관(1975, 1986), 미술관 연차 보고서, 그리고 예술가 연보

MoMA는 이 그룹에 속하는 21명의 작가 중 일곱 명의 작가의 작품을 구매했으며(33%), 1953년에 이르러서는 12명으로 늘어났다(57%)(〈표 7-1〉 참조)(Barr, 1977; Legg, 1977).[3] 1980년에 이르러서는 그룹 소속 작가 전원의 작품이 MoMA 수집품에 포함되었다(〈표 7-3〉 참조).

아마도 당시 뉴욕 예술계에 광범위하게 존재했던 이들 작가들에 대한 태도 때문이었겠지만, 1948년 이전에는 이들 작가 중 2명만이 MoMA 전시에 포함되었다. 그러나 1953년까지 이들 작가 중 거의 3분의 2가 MoMA에서 전시를 하였다(〈표 7-2〉 참조). 1980년까지 81%

<표 7-2> MoMA와 휘트니가 수용한 아트 스타일(특정 기간 동안 전시회를 가진 예술가의 비율)

스타일별 전시작가 비율	생산연도	5년 후	10년 후	1980년 기준 전시 3회 이상 작가	회고전	N
			MoMA			
추상표현주의	1943	10	62	81	24	21
팝	1958	29	39	18	7	28
미니멀리즘	1963	34	41	16	3	80
구상	1968	13	17	2	0	126
포토리얼리즘	1972	16	18	0	0	51
패턴	1975	18	21	0	0	61
			휘트니 미술관			
추상표현주의	1943	33	52	71	29	21
팝	1958	11	54	46	4	28
미니멀리즘	1963	55	61	39	5	80
구상	1968	30	33	16	2	126
포토리얼리즘	1972	35	37	14	0	51
패턴	1975	51	51	0	0	61

참조: 데이터의 인용 근거; 예술가 연보

가 세 번 이상의 전시회를 가졌고 그중 다섯 번 (24%)은 생존해 있는 작가에게는 커다란 명예라고 할 수 있는 회고전을 가졌다. 예술가의 경력에 있어서 MoMA 전시회의 중요성은 알렉산더 칼더가 "성공이 크고 적고를 떠나서, 내 성공은 1943년 MoMA에서 가졌던 전시회 덕분이었다"(Barr, 1977)라고 말한 점에서도 알 수 있다.

MoMA는 이후 발전된 스타일들에 대해서는 그다지 빠른 대응을 보여주지 않았다. 팝 아트가 도래한 지 5년이 지난 1963년에는 이들 작가 중 여덟명의 작품을 구매했다(29%). 10년이 지난 1968년에

<표 7-3> 스타일별 뉴욕 미술관들의 컬렉션(1983)

	컬렉션 작가 비율(%)					
스타일	MoMA	휘트니	구겐하임	메트로 폴리탄	브루클린[a]	*N*
추상표현주의	100	95	71	90	57	21
팝	64	64	43	43	43	28
미니멀리즘	56	50	23	15	14	80
구상	21	25	2	17	23	126
모던	23	31	0	28	31	39
모던-전통	13	30	4	4	17	23
전통	37	32	3	18	29	38
미분류	4	4	0	8	4	26
포토리얼리즘	25	27	22	8	39	51
패턴	18	30	10	8	8	61

참조: 데이터의 인용 근거; 바(1977), 부르클린 미술관(1979), 레그(1977), 휘트니 미술관(1975, 1986), 미술관 연차 보고서, 그리고 예술가 연보. 1983년까지 유대인 미술관은 이 연구에 인용된 작가 중 오직 두 명의 작품들을 구매했을 뿐이다.

a. 부르클린 미술관의 이 스타일 작가의 33%을 대표하는 그림들이 1979년 혹은 그 이후에 구매되었다.

는 43%를, 1983년에 이르러서는 64%를 구매했다(〈표 7-1〉과 〈표 7-3〉 참조). 이 스타일이 소개된 이후 처음 5년 동안 MoMA는 이들 작가 중 29%를 전시했지만 10년이 지난 후에도 겨우 39%만을 전시했다(〈표 7-2〉 참조).

미니멀리즘에 대한 반응 역시 유사했다. 미니멀리스트 작가들 중 23%가 처음 5년 안에 구매되었지만, 10년 동안 50%만이 구매되었다(〈표 7-1〉 참조). 〈표 7-2〉가 보여주듯이, MoMA가 이들 작가의 작품을 전시한 비율은 팝 아트의 경우와 유사했다. 즉,처음 5년 동안은 34%, 그리고 처음 10년 동안은 41%였다. 팝 아티스트나 미니멀리즘 작가의 경우, 상당수의 작가들이 처음 5년 안에 전시회를 열기는 했지만, 1인당 전시회 수나 회고전의 수는 추상표현주의에 비하면 낮았다(〈표 7-2〉 참조).

그 후에 등장한 스타일들에 대해서 MoMA는 이보다도 훨씬 적은 관심을 보였다. 처음 5년 동안 패턴 페인팅 작가의 15%만이 MoMA 소장품에 포함되었다. 그러나 18%는 개인전 혹은 그룹전의 형식으로 MoMA에서 전시할 수 있었다. 포토리얼리즘 작가의 경우 12%만이 처음 5년 안에 MoMA의 구매가 이루어졌고, 16%는 전시회를 가졌다(〈표 7-1〉과 〈표 7-2〉 참조). 이 스타일들은 70년대 초반에 생겨났는데, 주변 환경은 또 다시 변해 있었다. 즉, 이 시기는 다수의 다양한 스타일로 특징지어지는 다원주의의 시기였다. 패턴 페인팅이나 포토리얼리즘 그 어느 쪽도 비평가나 대중매체로부터 폭넓은 주목을 받지 못했다.

MoMA가 최소한의 관심만 보인 스타일이 구상회화였다. 1973년까지 MoMA는 이 그룹에 속하는 작가들 중 오직 9%만 구매했을 뿐이다. 이들 작품의 구매 대부분은 60년대 초반에 이루어졌는데, 이는 아마도 1958년과 1960년에 MoMA의 수집목록에서 소외되었던 사실주의 작가들의 시위 영향일 것이다(Barr, 1977). 1973년에서 77년까지 구상회화 작가들의 활동이 꾸준히 늘었지만 이 그룹에 속하는 작가들의 작품이 MoMA에 의해서 구매된 경우는 거의 없었다(〈표 7-1〉 참조). 1978년까지 오직 17%만이 전시회를 가졌듯, 구상회화 작가들의 경우 MoMA에서 전시하는 경우가 거의 없었다(〈표 7-2〉 참조). 신표현주의Neo-Expressionism를 제외하면 새로운 스타일에 대한 MoMA의 태도는 40년간 점점 더 보수적이 되었다. 신표현주의 작가들 중 22%가 구매되었으며, 46%의 작가들 작품이 80년대 초반에 전시되었다(〈표 7-1〉과 〈표 7-2〉에는 표기되어 있지 않다).

휘트니 미술관: 미국 예술에 대한 기여

뉴욕현대미술관MoMA과는 달리 휘트니 미술관은 생존 미국 화가들을 돕기 위한 목적으로 건립되었다. 따라서 휘트니는 현대미술과 미국 미술 양자를 고수할 의무가 있었다. 비록 휘트니는 MoMA에 비해 추상표현주의나 팝 아트에 대한 대응이 느렸지만, 10년이 경과한 후에는 이들 스타일의 작품 수집 규모가 MoMA를 능가하였다(〈표 7-1〉 참조). 휘트니가 MoMA에 비해 이후에 나온 새로운 스타일의 작품 수집에 대해 좀 더 적극적인 환경을 제공하기는 하였지만, 지역 미술관 전체에는 못 미친다(〈표 7-6〉과 〈표 7-7〉 참조). MoMA와 마찬가지로 휘트니 미술관은 다른 새로운 스타일에 비해 신표현주의에 대해서는 열광적으로 반응하였다(80년대 초반에 이들 작가들 중 35%가 구매되었다).

휘트니 미술관은 전시회를 강조했으며[4] 결과적으로 이러한 스타일의 작품을 구매하기보다는 이들 작가의 작품 전시에 더 적극적이었다. 추상표현주의와 팝 아트를 제외하면 휘트니가 MoMA보다 그 밖의 모든 스타일에서 더 높은 비율의 작가들 전시회를 열었다(〈표 7-2〉 참조). 특히 휘트니는 (팝 아트를 제외하면) 이들 스타일이 발전하던 초기에 (이들 스타일의 작가들 중 더 높은 비율의 작가들을) 전시했다(〈표 7-2〉 참조). 바로 이 점에 있어서 휘트니는 이 연구가 다루고 있는 스타일들, 즉 포토리얼리즘, 구상회화, 그리고 특히 패턴 페인팅과 신표현주의의 수용에 있어서 MoMA보다 더 적극적이었다(신표현주의의 경우 작가들의 62%가 80년대에 전시회를 가졌다). 부분적으로 이는 휘트니가 매년 혹은 격년제로 전시회를 여는 운영방침의 표현인데, 이 경우 직원들이 새로운 예술적 아이디어를 파악해내고 전시하는 데 상당한 노력을 기울였다. 그러나 이 연례 혹은 격년제 전시회에서 작품을 발표한 작가들을 분석한 고럽(1973)에 따르면 비록 휘트니 미술관이 이러한 전시회에 새로운 작가를 포함하기도 하였지만 이들이 재차 초대되는 경우는 거의 없었다고 한다. 대신에 이미 자리를 잡은 작가들은 재차 초대되곤 했다. "휘트니 미술관은 이미 만들어진 평판을 공고히 하는 강력한 힘이었다"고 고럽은 결론짓는다.

그 외 뉴욕 미술관들

추상표현주의와 팝 아트의 경우를 제외하면 구겐하임과 유대인 미술관은 이 연구에서 다루는 스타일의 작가 작품을 거의 구매하거나 전시하지 않았다(〈표 7-3〉과 〈표 7-4〉 참조). 비록 구겐하임이 추상표현주의 작가들 중 상당수의 작품을 전시했지만, 이는 60년대의 일이고, 이때는 이미 이 운동이 절정에 달한 지 한참 지난 후였다. 그렇지만 이 두 미술관은 팝 아트와 미니멀리즘이 태동할 무렵 이 두 스타일에 매우 적극적이었다. 이 두 미술관은 미니멀리즘을 하나의 운동으로 정의하는 데 기여한 중요한 전시회들을 기획해내었다.[5] 유대인 미술관은 이제 막 작품활동을 시작하는 팝 아티스트 두 명에게 회고전을 열 수 있도록 하였으며 이들을 서너 개의 단체 전시회에 포함시키기도 하였다.[6]

반면에 구겐하임 미술관이 미니멀리즘에 보인 관심은 비구상적 회화에 대한 관심으로부터 발전한 논리적 귀결이며, 이러한 관심은 장기적인 지원commitment으로 이어졌다. 골딘과 스미스(1977)에 따르면 "구겐하임에서 이루어진 가장 대담하고 강렬한 전시회는 종종 미니멀리즘으로 향하거나 미니멀리즘으로부터 온 것"이었는데, 이러한 경향은 70년대에도 계속된다.

이들 중에서 다른 미술관들보다 '과거'에 좀 더 막중한 사명감을 느끼고 있는 메트로폴리탄 미술관은 현대미술의 발전에 간간히 참여했을 뿐이다. 80년대에 거대한 규모의 20세기 관twentieth-century wing을 열기까지 메트로폴리탄 미술관의 현대예술 소장품과 전시회는 일관된 정책이라기보다는 주로 특정 미술관 직원의 개인적인 노력의 결과였다. 다양한 역사, 교육 분야에 관심이 분산되어 있기에 브루클린 미술관 역시 70년대 말까지는 현대미술에 대해 약간의 관심만을 표명했을 뿐이다. 70년대 말 이전에 브루클린 미술관이 구매한 작품들은 수준이 낮은 작품들이었다고 평가된다(Goldin & Smith, 1977).

<표 7-4> 1980년까지의 스타일별 뉴욕 미술관 전시

	1980년까지 전시 작가 비율(%)						
스타일	MoMA	휘트니	구겐하임	Jewish	메트로폴리탄	브루클린	*N*
추상표현주의	100	90	86	14	33	5	21
팝	54	78	29	29	4	4	28
미니멀리즘	41	61	51	57	13	3	80
구상	17	30	2	3	2	17	126
모던	18	38	0	5	5	21	39
모던-전통	9	26	0	0	4	13	23
전통	26	42	8	5	3	21	38
미분류	8	4	0	0	4	8	26
포토리얼리즘	18	37	4	0	0	10	51
패턴	20	49	7	5	4	8	61

참조: 예술가 연보 자료 인용

결론적으로 40년에 걸쳐 뉴욕의 미술관들은 점차적으로 새로운 미술 스타일에 대해 무뎌졌다. 다양한 스타일 중에서 특정 스타일을 고를 때에는 상당한 정도의 일관성이 존재했다. 이러한 현상은 어떻게 설명될 수 있을까?

한 가지 패러다임의 고수

이러한 주장은 고드프리(1979)와 크레이머(1977)에 의해서 제기되었다. 이들은 비평가들이나 큐레이터들이 특정한 노선을 따라 끊임없는 혁신을 요구하는 모더니즘의 교시precepts를 전적으로 받아들였으므로 이들에게는 예술가들이 과거의 예술을 새롭게 하거나 되살리는 현대 구상회화는 고려 대상이 아니었다는 것이다. 그렇지만 흥미롭게도 MoMA, 휘트니 그리고 브루클린 미술관의 소장품으로 선택된 구상회화 화가들 중에는 전통적인 화가들이 대다수이거나 최소한 모더니즘에 영향받은 화가들만큼 빈번히 선택되었다(〈표 7-3〉 참조). 이러한 사실은 이들 미술관에 의해 상대적으로 소외된 구상회화를 설명하는 데 있어서 추가적인 설명이 필요함을 시사한다. 60년대 말에 서너 건의 중요한 보직사임이 발생하였고, 이로 인해 70년대 초반에 MoMA의 정책방향에 중요한 변화가 생겨났다(Barr, 1977). 현대회화 작품 구입이라는 미술관 정책을 밀고나간 이들은 이미 미술관이 뛰어난 소장품을 지니고 있는 20세기 초반 회화를 고수했다(Goldin & Smith, 1977). "특히 1970년 이래로 MoMA는 역사적 시기라든가 예술적 스타일, 전시회 유형 등에서 중간 항을 비워둔 채 양극단에 경도되어 운영된 것처럼 보인다"라고 골딘과 스미스는 적고 있다.

골딘과 스미스는 또한 — 이러한 특징을 우리는 뉴욕의 다른 미술관들에서도 볼 수 있는데 — MoMA가 미니멀리즘에 대한 전폭적 지원이란 태도를 바꾸지 못했으며, 특히 전시 문제에 있어서 그러했다고 지적한다. 70년대에 휘트니 미술관 관장은 현대라는 시기가 아닌 20세기 미술 전반을 강조했다(Goldin & Smith, 1977).

관료화

두 번째 설명은 이러한 미술관들이 미술의 새로운 경향에 대해 무관심했는데, 그 이유는 이들의 규모가 커지고 관료화되었기 때문이라는 것이다. 그러나 우리가 다루고 있는 여섯 개의 미술관은 70년대 초반에 12명의 직원밖에 없었던 유대인 미술관에서부터 같은 시기에 760명의 직원을 거느린 메트로폴리탄 미술관에 이르기까지 상당히 차이가 난다(Allen, 1974). 규모가 큰 미술관이 작은 미술관보다 관료화의 위험이 더 크다고 예상할 수 있겠지만, 규모가 작은 미술관도 새로운 스타일에 무관심하기는 마찬가지였다. 예를 들어 비슷한 수준의 다른 미술관보다 기본재산endowment에 있어서 규모가 컸음에도 직원 수는 상대적으로 적었던 구겐하임 미술관은 "60년대 회화의 묘사적pictorial 가치"를 고수하는 작품들을 지속적으로 구입했다 (Goldin & Smith, 1977).

60년대 후반과 70년대 초반의 뉴욕 미술관들에 관한 연구에서 알렌은 이들이 그다지 관료적이지 않았다는 사실을 밝혀냈다. 일반적으로 결정은 형식적인 규칙이 아닌 전문성에 기반을 두고 이루어졌다. 알렌의 결론은 다음과 같다(1974).

> 결정이 합리적이고 일상화된 조직에서는 규칙이 명백히 규정되어 있고 무리 없이 적용되며, 책무에 따라 권력의 위계질서가 잘 잡혀 있는 반면, 미술관에서는 형식화되지 않은 유연성이 필요하다. 즉, 규칙과 절차는 상명하달식이 아니라 효율성을 중요시하며 권력은 전문성에 기반을 둔다.

그러나 규모가 큰 미술관들이 내·외부적 압력에 의해 점점 더 관료화되어가는 방향으로 움직여갔다는 징표들이 존재한다. 70년대 초반에 MoMA는 재정적자와 70년대 내내 지속된 노사문제에 시달렸다. 휘트니 미술관 역시 재정적자와 갑작스런 정책의 변화와 큐레이터들의 이직을 경험했다(Goldin & Smith, 1977). 1969~70 회계연도에 작품구매 예산이 약 29만 달러였는데, 이것이 1970~71 회계연도와 1975~96 회계연도 사이에 4분의 1 혹은 2분의 1로 줄었다(휘트니 미술관 소식지, 1978). 1971년에 215개의 작품을 구입했지만 1976년에는 53개의 작품으로 수가 감소했다(휘트니 미술관 소식지, 1982).

조직의 양태style가 변화한 주요 요인은 재정적자로 보이는데 (Allen, 1974), 그 요인은 작품구매, 전시회 개최, 직원들의 월급, 중요성이 점점 더 증가하고 있던 대중의 요구에 대한 부응 등등에 영향을 끼쳤다. 이는 다시 새로운 목표설정으로 이어졌고 이러한 목표를 달성하기 위한 조직 내부 변화를 불러왔다. 다시 말하면 미술관 운영의 기준이 예술 전문적이라기보다는 행정적이고 재정적으로 변화해갔다는 징표들이 존재한다(Allen, 1974).

미술관 역할에 대한 개념적 변화

70년대에 들어서면서 뉴욕의 미술관들은 자신의 역할을 새로이 정의하는 방향으로 나아갔다. 이 새로운 역할은 바로 미술관들이 좀 더 광범위한 대중의 요구를 받아들이는 것이었고 미술관의 전시품목 범위 또한 확장하는 것이었다. 자신의 작품들이 소외되고 있다고 느낀 예술가 그룹의 시위와 노사문제 또한 이러한 새로운 방향으로의 변화를 촉진시켰다. 그 결과, 70년대 들어 미술관들의 초점이 수집가, 후원자, 비평가, 학자, 작가, 딜러 등의 사적관계로 연결된 네트워크에서, 한편으로는 전시회와 행정에 필요한 자금을 보태주던 정부기관들과 기업을 포함하는 조직들 간의 네트워크(Allen, 1974) 그리고 다른 한편으로는 일반 대중(Hightower, 1970)으로 이동했다. 70년대에 이들 미술관에 의해 조직된 수많은 전시회는 아방가르드 미술 그 자체와는 거의 관련이 없었고, 다양한 방식으로 사회적 변화와 사회적 문제들에 대응하려 시도한 것이었다.[7]

MoMA 관장이었던 올덴버그는 기업과 정부의 지원이 확대됨에 따라 "특히 일부 야심차고 중요한 전시회"를 열 수 있었다고 언급한 바 있다(Wilson, 1978). 휘트니 역시 전시회를 위해 기업과 정부 보조금을 받아내는 데 큰 공을 들였다(Goldin & Smith, 1977). 구겐하임 원장이었던 메서 역시 비슷한 강조를 했다(Diamonstein, 1979).

> 최근 몇 년 동안 다양한 수준에 걸쳐 정부의 개입이 증대되어왔다. 우리가 뉴욕 주 의회와 연방예술기금NEA: National Endowment for the Arts으로부터 상당한 액수의 지원을 받을 수 있게 된 것은 참으로 다행스러운 일이다. 이러한 지원이 없었다면 운영 자체가 불가능했을 것이다. (……) 우리의 계획은 증가하고 있는 회원들의 지원을 받고, 최선의 노력을 다해 정부 보조금을 받아내고, 그리고 기업의 지원을 받는 것이다.

미술관 직원 수가 적고 예술가나 딜러들과 개인적인 친분을 쌓을 수 있었던 초기에는(Tomkins, 1971) 새로운 발전이나 경향을 파악해내거나 이러한 경향에 대한 감을 잡는 것이 가능했다. 70년대에 들어서면 이런 종류의 네트워크 활동은 미술관에서 덜 중요하게 되었다. 왜냐하면 수가 늘어난 미술관 직원들은 기업과 정부기관의 요구를 충족시키는 데 전력을 다해야 했으며, 미술관이 얼마나 폭넓게 대중의 관심을 받고 있는지 보여주기 위해 입장객 수를 늘리는 데 전념해야 했다.

결과적으로 위계화되어 있지 않은 네트워크로 이루어졌던 시스템이 예술가, 비평가, 딜러들을 한 축으로 하는 사적인 네트워크와 공식적 기관들로 계층화되었다. 이러한 조직의 직원들은 매개자들, 즉 주로 딜러들을 매개로 예술가들과 접촉했는데, 이러한 관계는 대중문화산업, 즉 예를 들어 대중음악산업과 이 산업에 판매할 상품을 생산하고 공연하는 대중예술가의 관계와 유사했다(Hirsch, 1972). 앨러웨이(1977a)는 70년대에 휘트니 같은 미술관들이 전시회에 초대할 예술가들을 선정하는 데 있어서 소수의 갤러리들에 의존했다는 사실을 밝혀내었다. 팝 아트처럼 이미 자리를 잡은 스타일과 주제의 측면에서 연결되어 있기도 하였지만, 신표현주의 작가들의 빠른 상업적 성공이 이러한 미술관들로부터 쉽게 받아들여지는 데 중요한 요소가 된 것으로 추정된다.

미술관들이 작가들과의 접촉을 적게 가지기 시작했다는 또 다른 징표는 70년대에 젊은 예술가들의 작품을 전시하거나 구매하지 않았다는 사실이다. 이 시기에는 작가의 나이와 뉴욕의 주요 미술관들로부터 구매되거나 전시되는 것에는 상관관계가 존재했다. 이러한 관련은 팝 아티스트나 추상표현주의의 초기 구매나 전시에서는 나타나지 않았던 것이다. 이 스타일들에 속하는 작가들 대부분은 최초 전시회나 최초로 작품을 판매했을 때 나이가 25~40세 사이였으나, 나중에는 이 정도의 나이로는 미술관으로부터 비슷한 대우를 받지 못했다. 이러한 현상은 미니멀리즘에서 나타나기 시작하여 포토리

<표 7-5> 새롭게 등장하는 스타일에 대한 뉴욕 미술관들의 세대별 수용(1980)

	1930년 이전	1930~39년	1939년 이후
스타일	구매 작가 비율(%)		
구상	63	41	11
N	(41)	(29)	(45)
포토리얼리즘	14	48	29
N	(7)	(27)	(17)
패턴	43	75	31
N	(7)	(12)	(36)
	전시 작가 비율(%)		
구상	70	52	22
N	(41)	(29)	(45)
포토리얼리즘	43	56	35
N	(7)	(27)	(17)
패턴	71	83	58
N	(7)	(12)	(36)

얼리즘, 패턴 페인팅, 그리고 특히 구상회화에서 두드러지게 나타났다(〈표 7-5〉 참조). 이에 수반하여 소수의 작가들이 이들 미술관들로부터 집중적인 관심을 받았다. 26명의 작가가(이들 중 22명은 추상표현주의, 팝 아트, 미니멀리즘 계열의 작가였다) 뉴욕의 주요 미술관 두 곳 이상에서 세 차례 이상 전시회를 가졌다. 이 그룹에 속하는 작가들의 3분의 2가 1970년 당시 40세 이상이었다. 앨브라이트(1980) 의 주장에 따르면, 이전 시기에 비해 70년대에 젊은 작가들이 더 많이 소개되었지만 대부분 그룹전 형식이었다고 한다. "작가가 계속해서 전시회를 가지면서도 한 번도 특별한 관심을 받지 못하기도 했다. 앞으로는 다양한 색깔과 능력을 지녔지만 영원히 '신진emerging'일 뿐 결코 '기성emerge'이 될 수 없는 그러한 화가 혹은 화가 지망생들로 우글거리는 미래를 맞이하게 될지도 모른다."

대중의 관심을 끌려는 노력이 점증했음에도 이들 미술관 중 일부는 이 시기에 연간 관람객 수가 줄어드는 현상이 벌어졌고, MoMA와 휘트니만이 상당수 정도의 증가를 경험했다(부록 [표 B-4] 참조).[8] 같은 시기에 후원 기업 항목이 크게 확대되었다. 휘트니 미술관의 후원 기업 수는 1967~68년에 14개에서 1981~82년에는 159개로 늘어났다(The Whitney Review, 1967~68; 휘트니 미술관 소식지, 1980~81). MoMA의 경우 후원 기업 수가 1965~66년에 90개에서 1981~82년에는 201개로 증가했다(연간 보고서, MoMA, 1965~66과 1981~82). 알렌이 지적했듯이 일반 대중이나 기업의 지원을 받는 것에는 문제가 있었는데, 일반 대중의 경우 평균적인 미술관 관람객의 예술적 관심이란 것이 저급했고superficial, 기업의 경우 기업이 전적으로 지원만 하고 간섭하지 않는 경우란 상상하기 어렵기 때문이다.

작가들의 수가 통제 불능에 이를 정도로 늘어났지만, 미술관들은 아방가르드 예술을 전시하고 구매하는 데 오히려 낮은 비율의 예산을 사용하였다. 대신에 미술관이 다른 문제issue에 관심이 있다는 것을 보여주는 전시회나 아방가르드 미술의 주변부적인 활동에 예산을 집행했다(예를 들면 교육이나 출판). 다시 말하면 70년대 초반에 이르러 뉴욕의 예술 기관들이 미국에서 생산되는 미술작품들을 온전히 골라내어 평가하고 전시하는 것이 더 이상 가능하지 않았다.[9] 뉴욕의 예술계가 했던 기능을 대신할 아트센터들이 지역적으로 생겨나기 시작했다.

뉴욕 미술시장에 대한 대안들

지금까지 보아왔듯이 우리가 다루어온 작품들이 제작된 40년 동안 지역 미술관과 기업의 소장품들은 현격하게 늘어났다. 뉴욕 미술관들이 새로운 스타일에 그다지 관심을 보이지 않게 되었다면, 다른 기관들이 그 역할을 떠맡았다는 증거가 있는가?

지역 미술관들

현대 아방가르드 스타일을 위한 대안적인 시장을 제공함에 있어서 지역 미술관들의 역할을 평가할 두 가지 방법이 존재한다. 하나는 뉴욕 미술관과 지역 미술관에 의해 구매된 이들 스타일의 작가들의 비율을 조사해보는 것이다. 또 하나는 각각의 스타일에서 뉴욕 미술관은 구매하지 않았지만 지역 미술관에 의해 구매된 작품의 비율을 조사하는 것이다. 초기 스타일인 추상표현주의, 팝 아트, 미니멀리즘 중에서 지역 미술관과 뉴욕 미술관에 의해 구매된 작가들의 비율은 매우 유사하다. 그러나 패턴 페인팅, 포토리얼리즘, 구상회화처럼 이후에 생겨난 스타일의 경우, 뉴욕 미술관보다 지역 미술관에 의해 구매된 작가의 비율이 현저하게 높았다(〈표 7-6〉 참조). 이후 스타일의 경우 지역 미술관에서만 구매가 이루어진 작가가 상당히 많았다(〈표 7-7〉 참조).

<표 7-6> 미술관 및 기업 컬렉션에서 아방가르드 미술 스타일의 수용(1980)

	함께 작업하는 스타일 구성원의 비율(%)					
스타일	뉴욕 미술관	지역 미술관	주요 지역 미술관	기업 컬렉션	정보 없음	*N*
추상표현주의	100	100	100	62	0	21
팝	75	89	71	43	11	28
미니멀리즘	71	71	58	29	11	80
포토리얼리즘	41	78	45	47	18	51
패턴	43	66	25	54	7	61
구상	35	56	30	34	13	126
모던	38	56	26	51	18	39
모던-전통	39	61	39	35	13	23
전통	47	71	45	18	11	38
미분류	8	31	8	31	8	26

참조: 예술가 연보 자료 인용

<표 7-7> 대안적인 시장으로서 지역 미술관들(1980)

스타일	함께 작업하는 스타일 구성원의 비율(%) 지역 미술관	뉴욕 미술관	두 곳 모두	둘 다 아님	정보 없음	*N*
추상표현주의	0	0	100	0	0	21
팝	14	0	75	0	11	28
미니멀리즘	8	10	64	8	9	80
포토리얼리즘	41	2	37	2	18	51
패턴	21	0	43	30	7	61
구상	21	1	36	29	13	126
모던	15	0	41	26	18	39
모던-전통	30	11	35	13	13	23
전통	21	0	50	18	11	38
미분류	23	0	8	62	8	26

미술시장에서 지역 미술관들의 역할에 관한 또 하나의 지표는 상이한 스타일의 작가들을 전시회에 초대한 것이었다(부록 [표 B-5]). 지역 미술관에서만 전시회를 가진 작가들의 비율은 그다지 높지 않다(부록 [표 B-6] 참조). 지금까지 보아왔듯이 뉴욕 미술관의 경우 구매보다는 전시가 주를 이루었다. 구상회화 작가의 약 3분의 1 그리고 패턴 페인터와 포토리얼리즘의 4분의 1이 지역 미술관에서 전시회를 가졌지만 뉴욕 전시회는 갖지 못했다(부록 [표 B-6] 참조). 대체적으로 보면 지역 미술관들이 뉴욕 미술관들로부터 인정받지 못한 스타일의 작가들 작품을 전시하고 구매하는 데 중요한 역할을 수행했다.[10]

주요 지역 미술관들

지역 미술관들 중 18개 미술관(13곳은 학교와 관련이 없고, 5곳은 학교 미술관이었다)이 우리가 다룬 작가들의 작품을 20점 이상 구매했다. 이들이 소유한 소장품의 규모나 중요성 때문에 이들 전체를 놓고 보면 권위나 영향력에서 뉴욕 미술관들에 비할 만 했다. 이들이 어느 정도까지 뉴욕 미술관들과 미적 취미aesthetic taste를 공유했는가?[11]

한두 미술관이 특정 스타일의 작품을 결하고 있기는 해도, 우리가 다룬 여섯 개의 스타일 모두가 이들 미술관에서 발견된다. 패턴 페인팅은 18곳 중 네 곳에서 발견되지 않았고. 이들 미술관들 중 10~12곳이 추상표현주의, 미니멀리즘, 구상회화 계열의 작가들 5명 이상의 작품들을 보유하고 있었지만, 이들 중 여섯 곳만이 다섯 명 이상의 팝 아트 작가들 작품, 그리고 오직 두 곳만이 다섯 명 이상의 포토리얼리즘과 패턴 페인팅 계열의 작가 다섯 명 이상의 작품들을 보유했다. 이 점에서 이들 미술관들이 구상회화를 선호했다는 것을 알 수 있으며, 이는 지역 미술관 전체 소장품을 보면 확연하다.

우리가 다루고 있는 작가들의 작품을 가장 많이 소장하고 있는 일곱 개의 미술관을 골라내어, 이들 미술관의 구매패턴을 지역 미술관 전체의 구매 패턴 그리고 뉴욕 미술관들의 구매패턴과 비교하였다(〈표 7-6〉 참조). 비록 이들 미술관은 뉴욕 미술관들에 비해 현저히 낮은 미니멀리즘과 패턴 페인팅 작품들을 보유하고 있기는 했지만, 이들의 구매 패턴은 지역 미술관 전체보다는 뉴욕 미술관과 비슷하였다. 뉴욕 미술관이나 지역 미술관들과 마찬가지로, 이들은 근대 구상회화 작가들보다는 전통적인 구상회화 작품을 더 많이 보유했다. 그러나 이들은 지역 미술관 전체보다는 현저히 적은 수의 구상회화 작가들 작품을 보유했다. 이들 명망 높은 지역 미술관들은 구매에 있어서 뉴욕 미술관을 따라 한 것으로 보인다. 이러한 패턴을 설명하는 한 가지 방법은 아마도 이들 미술관의 직원들이 대부분의 지역 미술관들보다 더 전문적이었으므로 이들의 구매 패턴이 재단이사의 입김이 아니라 큐레이터에 의해서 구매가 결정되는 뉴욕 미술관을 닮았다는 것일 것이다(Zolberg, 1981).

수집가로서의 기업

이 연구에 포함되어 있는 작가들의 작품은 183개의 기업에 의해서 구매되었다. 이러한 수집량은 얼마 되지 않아 보이는데, 이들 기업 중 95%가 우리가 다룬 작가들 다섯 명 이하를 보유했다. 이 수집품의 74%가 미시시피 동쪽에 자리를 잡았고 31%는 뉴욕 시에 머물렀다.

이러한 컬렉션의 구매 패턴은 지역 미술관이나 뉴욕 미술관 양자로부터 현저히 다른 양태를 보였다. 이 컬렉션에 포함된 스타일의 분포를 보면, 구상회화나 패턴 페인팅이 아닌 작품들이 포함되는 경우는 드물었다(〈표 7-8〉 참조). 기업의 이름이 높으면 높을수록 컬렉션에 구상회화와 추상표현주의 작가들 작품을 소유하는 경우가 많았다.[12]

기업 컬렉션에 포함된 각각의 스타일에 속하는 작가들의 비율을 조사해보면, 지역 미술관이나 뉴욕 미술관과의 비교에서 현격한 차이가 드러난다(〈표 7-6〉 참조). 기업 컬렉션은 지역 미술관이나 뉴욕 미술관에 비해 추상표현주의나 팝 아트, 미니멀리즘 계열의 작가들을 더 낮은 비율로 소유했다. 미니멀리즘의 경우 특히 낮았다. 패턴 페인팅 작가들의 경우 뉴욕 미술관들보다 높은 비율을 보였지만 지역 미술관보다는 약간 낮은 수준을 보였다. 구상회화의 작품 비율도 높지 않았는데, 이는 물론 이들 컬렉션에는 소수의 구상회화 작가들,

<표 7-8> 특정 스타일의 작품을 컬렉션하는 지역 및 기업 비율(%)

스타일	非아카데미 미술관	아카데미 미술관	기업 컬렉션
추상표현주의	39	29	13
팝	37	29	7
미니멀리스트	46	37	15
구상	66	52	50
포토리얼리스트	36	26	16
패턴	36	33	37
N	147	165	183

<표 7-9> 외국 기관이 구매하고 전시한 스타일별 예술가들(1980)

스타일	구매 비율(%)	전시 비율(%)	N
추상표현주의	76	90	21
팝	54	70	28
미니멀리즘	48	85	80
포토리얼리즘	47	59	51
패턴	18	47	61
구상	12	23	126

참조: 외국 기관의 범주는 미술관뿐만 아니라 갤러리, 기업을 포함한다.

특히 근대 구상회화 작가들을 포함하고 있었기 때문이다. 이들의 구상회화 작가 선택은 뉴욕 미술관의 정반대라고 보면 된다. 즉, 뉴욕 미술관들은 근대 구상회화 작가들보다는 전통적 구상회화를 선택했기 때문이다. 전통적 구상회화 작가들보다는 근대 구상회화 작가들의 미학적 관심이 뉴욕 미술관들이 신봉하는 미학적 가치들과 더 유사했으므로 이는 뜻밖의 발견이다. 이와는 대조적으로, 기업들은 자신이 추구하는 가치를 표현하고자 전통적 스타일의 구상회화를 선호했을 것으로 예상된다. 사실 이러한 조사결과는 단지 구매가 이루어진 시기를 반영할 뿐이다. 기업 컬렉션에 포함되어 있는 구상회화는 미술관 소장품들보다 나중에 구매가 이루어졌을 것이라고 예측하는가? 근대 구상회화 그룹은 70년대에 예술계에 알려졌으며, 이때는 뉴욕 미술관들이 재정난 때문에 구매 규모를 줄였지만 기업들은 예술작품 구매비용을 늘렸을 때이다.

이러한 그룹들에 속하는 화가들에게 기업 컬렉션이 뉴욕 미술관의 대안으로 기능했다는 증거들이 존재한다. 그러나 이들 기업이 특정 화가를 선택할 때는 뉴욕이나 지역 미술관들의 선택을 따라가는 경향이 있다. 이들은 뉴욕이건 뉴욕 바깥이건 미술관들에 의해 구매가 이루어진 작가들의 작품을 구매한 것으로 보인다.

외국 기관들과 미국 미술

우리가 다룬 여섯 개의 스타일을 외국 기관들이 균등하게 구입하지는 않았다.[13] 외국 기관들의 컬렉션에는 추상표현주의 작가들의 4분의 3, 미니멀리즘, 팝 아트, 포토리얼리즘의 경우에는 약 절반, 그러나 패턴 페인팅 작가나 구상작가들의 경우에는 20% 미만이 포함되어 있었다(〈표 7-9〉 참조).[14] 이들 여섯 개 스타일에 속하는 작가들 중 상당수가 외국 기관에서 전시회를 가졌는데, 이는 이러한 스타일들에 광범위한 관심이 존재했음을 보여주지만 외국에서는 이들 작품들을 구매할 자금이 없었다. 아직 국제적 인정을 받지 못했던 구상회화가 유일한 예외였다. 구상작가의 23%만이 외국에서 전시회를 가졌으며 오직 12%만이 외국에서 작품을 팔 수 있었다.[15]

지역 미술관, 기업 컬렉션, 그리고 경매시장

지역 미술관과 기업 미술관이 급부상하는 예술 스타일들을 위한 대체 시장의 역할을 했음에도 이들 미술관의 작품 구입이 경매시장의 접근과 뉴욕에서의 상업적 성공을 보장하는 것은 아니었다. 뉴욕 미술관들이 작품을 구입한 네 가지 스타일의 작가들(팝 아트, 미니멀리즘, 포토리얼리즘, 구상회화) 중 51%가 경매시장에서 작품을 판매한 데 반해 지역 미술관에서만 구매가 이루어진 작가들의 경우 10%만이 경매시장에 진출했다.[16] 이러한 상관관계는 팝 아트 작가들의 경우가 가장 높았고 구상작가들의 경우가 가장 낮았다. 다시 말하면 후자의 경우 뉴욕 미술관이 작품을 구매했다고 해서 경매시장에서 작품을 판매할 수 있는 것이 아니었다. 우리가 지금까지 보아왔듯이, 경매를 통한 판매와 뉴욕 미술관들의 구매는 일부 미술관들의 활동과 관련되어 있었다.

80년대에 뉴욕 주요 미술관 서너 곳에서(MoMA, 휘트니, 구겐하임, 메트로폴리탄을 포함하여) 시설물 확장을 위한 건물 증설계획을 발표했다(Glueck, 1985). 같은 시기에 뉴욕 이외의 지역에서는 새로운 미술관이 건립되었다(Glueck, 1985; Rusell, 1984). 현대미술의 구매와 전시를 위한 시설은 확연히 늘어났지만, 러셀 같은 비평가는 "일부 소수의 생존 작가들이 사실상 거의 모든 현대미술관들을 점령하고 있다."고 탄식하기도 했다. 러셀의 목록에는 추상표현주의, 팝 아트, 미니멀리즘, 신표현주의 계열의 작가들이 포함되어 있다.[17] 이러한 사실은 새로운 스타일의 수용 문제가 미술관 시설의 수용 능력이 아니라, 새로운 작가들이 발견되고 선택되는 수문장에게 달려 있었다는 것을 의미한다.

미국의 타 지역에서는 지역 미술시장이 생겨나기 시작하여 예술가들이 특정 지역에서 작품을 팔고 명성을 얻는 일이 가능해졌다(Mangan, 1980). 그러나 이러한 시장에서의 작품 가격은 뉴욕보다 훨씬 낮았으며, 이 지역에서 성공한 것으로는 전국적인 혹은 국제적인 명성을 얻지 못했다. 뉴욕 예술계로부터 인정을 받는 것이 유일한 방법이었다.

결론

제1장에서 보았듯이, 1940년과 1985년 사이에 예술기구artistic institution들의 거대한 팽창이 일어났다. 이러한 변화에 따라 주정부와 연방정부, 재단, 기업으로부터의 지원이 크게 증가했으며, 미국 사회에서 예술 일반의 위치나 예술가의 사회적 역할이나 본성 등에도 변화가 왔다. 뉴욕 미술시장이 크게 팽창하기는 했지만, 예술작품을 위한 대안적인 시장이 지역 미술관과 기업 컬렉션 등을 통하여 태동했다.

이러한 팽창의 결과 이 체계를 움직이던 다양한 구성원들도 점차로 자신의 기능을 변화시켜갔다. 아방가르드 작품의 평가와 전파에서 주요한 수문장 역할을 처음 한 곳은 뉴욕 아트갤러리와 미술관들이었다. 이 시기에 뉴욕의 주요 미술관들은 예술작품을 폭넓고 다양한 대중에게 소개하고 전파하는 역할뿐 아니라 아방가르드 예술 작품을 평가하고 승인endorsement하는 역할까지 업무영역을 확대했다. 뉴욕 미술관들이 현대예술의 전시와 구매를 위한 예산을 축소하는 동안 예술가의 수는 전국적으로 폭발적으로 증가했다. 70년대 초반에 이르면, 뉴욕의 예술기구들이 미국에서 생산되는 예술을 대표하는 작품들을 선별하여 평가하고 전시하는 것이 사실상 불가능해졌다. 지역 미술관들이 수문장 역할의 일부를 넘겨받기는 했으나 뉴욕 예술계는 수문장 시스템의 중심적 위치를 고수했다. 미술관 수와 전시공간이 계속적으로 증가했음에도 경쟁의 심화는 예술에 종사하는 극히 일부만이 상징적 혹은 물질적 보상을 받을 수 있게 되었음을 의미했다.

각주

1. 브루클린 미술관과 메트로폴리탄 미술관은 각각 1823년과 1870년에 건립되었고 유대인 미술관은 1904년에 세워졌다(American Art Directory, 1982).

2. 이런 종류의 분석을 수행하기 위해서는 스타일이 시작된 정확한 시기를 결정하는 것이 필요하다. 이 문제에 관해서는 부록 A를 참조하시오.

3. MoMA의 구매와 관련된 통계자료는 바(1977), 레그(1977), 미술관의 연간, 격년 보고서, 그리고 작가의 연감을 참조했다. 바의 설명은 자신이 미술관의 초대 원장이었을 때(1929~43)뿐 아니라 회화와 조각 부분 큐레이터, 그리고 이후에는 미술관 소장품 디렉터(1943~67)로 있으면서 작성한 월별로 기록한 문서와 보고서에 시간 순으로 자세히 기록되어 있다. 구매는 미술관 기증과 구매예산을 이용해 미술관 직원이 구매한 것을 모두 포함하고 있다. 이들 미술관들은 큐레이터에 의해서 채택된 수준에 도달하는 기증 작품만을 받았을 것으로 추정된다.

4. 예를 들어, 1969년 9월에서 1975년 3월 사이에 휘트니는 약 140개의 전시회를 열었다(Alloway, 1975a).

5. 유대인 미술관, "Toward a New Abstraction" 1963, "Black and White" 1963, "Primary structures: Young American and Britisch Sculptors" 1966, 구겐하임 미술관, "Systemic Painting" 1966.

6. 제스퍼 존스는 34세였고, 로버트 라우센버그는 38세였다.

7. 예를 들어 휘트니 미술관은 "The American Frontier: Images and Myths" (1973년 6월 26일~9월 9일), "Two Hundred Years of American Indian Art" (1971년 11월 16일~1972년 1월 9일), "Aother chance for Cities" (1970년 9월 15일~10월 4일) 등의 전시회를 열었다(The Whitney Review, 1970~73).

8. 맥길(1984)에 따르면, 60년대 후반과 70년대 후반에 미술관 관람객 수는 전국적으로 큰 폭으로 증가했지만, 70년대 말과 80년대 초에는 정체되었다.

9. 80년대 중반에 MoMA는 팝 아트와 미니멀리즘을 이어받은 스타일의 작가들을 경시해왔다는 것을 인정하면서 이 문제를 해결하기 위하여 현대 예술 큐레이터를 임명했다(McGill, 1985).

10. 미술관의 위치(서부 혹은 동부)는 두 범주의 미술관 모두에서 스타일에 대한

선호도와 상관관계를 지녔다. 학교 소속이 아닌 서부 지역의 미술관들은 동부의 학교 소속이 아닌 미술관이나 중부의 미술관들보다 구상회화를 구매했을 확률이 적고 추상표현주의, 팝 아트, 포토리얼리즘 작품을 구매했을 가능성이 높았다(부록 [표 B-7] 참조). 서부의 학교 소속 미술관들은 다른 미술관들보다 포토리얼리즘과 팝 아트 작품을 구매한 경우가 많았고 다른 스타일의 구매는 드물었다. 학교 소속이건 아니건 간에, 이들 미술관 대부분은 미시시피주의 서쪽에 위치했다(각각 66%, 61%). 거의 절반 정도(각각 46%, 42%)가 동부에 위치했다.

11. 이들 미술관은 지역 박물관보다 더 오래되었다. 50%가 1900년 이전에 세워졌으며(전체 미술관은 19%) 61%가 동부에 위치했다(주 10번 참조). 89%가 1년에 10만 명 이상의 관람객을 기록했다(전체 미술관의 경우 32%만이 10만 명 이상의 관람객 보유).

12. 예를 들면, 포춘 매거진 리스트 500위 안에 드는 기업과 상위 50개 은행, 보험회사 등(미국 최대 기업에 관한 포춘 연감, the 500 1982, 최대 규모의 비-산업 계열 기업에 관한 포춘연감, the 50's, 1980).

13. 외국 기관 컬렉션에는 미술관뿐 아니라 갤러리, 기업 양자를 모두 포함한다.

14. 기업과 외국 컬렉션 외에도 67개의 소규모 기관 컬렉션이 있었는데, 여기에서는 17개의 재단, 17개의 정부기관, 여섯 곳의 주립, 연방 도서관, 여섯 개의 종교단체, 다섯 개의 병원, 학교 세 곳, 그리고 노조 두 곳이었다. 이들 중 한 곳만이 한 스타일 계열의 작가 5인 이상을 소유했다. 이렇게 수가 적었다는 것은 아방가르드가 교육 혹은 비즈니스 기관에 더 연관성을 지녔음을 의미한다. 외국 기관과의 연관성은 거의 없었다.

15. 추상표현주의 작가들은 이 계산에서 제외되었는데, 왜냐하면 이들 작가 모두가 뉴욕 미술관 컬렉션에 포함되어 있기 때문이다. 패턴 페인팅 작가들도 제외되었는데, 이는 오직 극소수만이 경매시장에 진출했기 때문이다.

16. 이들 기관들은 포토리얼리즘의 경우 뉴욕의 미술관들보다 더 높은 비율로 전시회를 열고 구매를 했다.

17. 신표현주의는 선도적 갤러리들과 관련되어 있었다(6장 참조).

8 에필로그: 아방가르드의 진화

1940년의 상황과 비교하면 1985년에 미국의 아방가르드 예술을 관리하는 기반 시설들은 커지고, 다양해지고, 복잡해졌다. 모든 면에서 이러한 토대 조직은 현저하게 증대되었으며 기능도 확대되었다. 이 기간 동안 미국 사회에서 예술제도 및 예술활동 인구의 급격한 팽창이 이루어졌는데, 예를 들어 미술관, 미술품을 수집하는 기업, 수집가, 아트 스쿨을 졸업한 예술가, 아방가르드 미술품을 전시하는 갤러리, 일반 대중의 예술활동을 지원하는 아트센터들의 숫자가 모두 증가했다. 이러한 트렌드를 나타내는 지표로서 이 책에서 다룬 여섯 개 스타일의 예술가 367명의 작품들이 771개의 기관(미술관 331곳, 기업 183곳, 기타 기관 67곳, 외국 기관들 190곳)들에 의해 구매된 사실을 언급할 수 있다. 이러한 발전의 원인 중 하나는 미국 사회가 온갖 종류의 문화활동에 매우 큰 중요성을 부여했기 때문이며, 이는 미국 사회가 풍요로워지고 여가가 증가했기 때문이다. 그리고 아마추어 수준에서 다양한 종류의 예술적 활동에 참여하는 개인들이 늘어났을 뿐 아니라, 대학을 다니는 인구 비중이 증가한 것도 중요한 요인으로 지적할 수 있다.

뉴욕에서 작업하는 예술가들이 증가함에 따라 예술 환경의 성격

역시, 서로 긴밀하게 연결된 대항문화에서 상대적으로 과도기적이고 서로 연결된 일련의 하위문화로 옮겨갔다. 예술가 집단은 후원자 혹은 '지지층' 집단과 연결되어 있었는데, 이들은 이 네트워크에 참여함으로써 새로운 경향의 발전을 감지할 수 있었고, 예술가들에게 상징적이고 물질적인 보상의 기회를 주는 중요한 역할을 담당했다. 예술 기관들의 엄청난 양적 팽창은 동시에 이들 기관들이 예술적 혁신의 수문장으로서 기능하는 방식에도 영향을 미쳤다. 이 기간에 뉴욕의 주요 미술관들은 새로운 미술의 수용에서 매우 보수적인 태도를 취했다. 비록 소수의 지역 미술관이나 기업 컬렉션들이 수문장 기능을 넘겨받기는 했지만, 예술적 성공의 궁극적 중재자의 역할을 담당한 것은 뉴욕 미술계이다. 소수의 뉴욕 갤러리가 경매시장으로의 진입과 상업적 성공을 좌지우지했다. 갤러리들이 지속적으로 생겨나고 전시공간이 확대됨에 따라 혁신적인 예술 전시가 가능하게 되었지만, 경쟁심화가 의미하는 바는 바로 그중에서 극히 일부분만이 상징적인 혹은 물질적인 보상을 거머쥐게 되었다는 것을 의미했다.

모더니즘의 지배적인 미적 전통은 이 시기 미국 미술가들이 어떤 역할을 할 것인가에 지대한 영향을 미쳤으며, 그 결과 대다수 예술가의 작품에서 인본주의적인 가치들humanistic values과 사회정치적 비판을 배제하는 결과를 낳았다. 이러한 경향은 예술가들이 중산층으로, 특히 학자의 역할로 점점 더 통합됨으로써 유지되었다. 모더니스트의 전통에서 오는 영향력이 시들어가면서, 예술가들은 자신들이 관여했던 다양한 스타일적 특성들을 강조하면서, 대중문화의 주제와 이미지들을 매우 빠른 속도로 받아들이게 된다. 이 기간 동안 재현 화가들의 작품 속에는, 현대 문학의 연구에서 발견할 수 있는 사회적 긴장과 갈등에 대한 증거들이 매우 적게 나타난다. 그 증거들을 살펴보면, 이들 화가들이 선택하고 제시presentation한 주제들이 한편으로는 모더니스트들의 미학적 전통에, 그리고 다른 한편으로는 컬렉터의 사회적·계급적 배경과 그들의 작품을 구입하고 전시하는 조직들 — 미술관과 기업들 — 의 보수적 성향에 영향받고 있음을 알 수 있다.

이 연구에서 확인된 이러한 변화의 결과, 현대미술의 환경은 미학적이고 사회적인 가치의 관점에서 소수가 스스로를 다수의 반대편에 놓는 아방가르드의 원형적인 상황과는 많이 달랐다. 아방가르드라는 이름은 근대사회가 예술가에게 부여한 역할의 거부를 표현하는 수단으로서, 예술가의 역할을 예술 자체에 대한 공격으로 규정하는 운동을 지칭하는 말로 남아 있었지만(Burger, 1984), 실상 예술가의 역할에 대해 현존하는 상이한 개념들의 기원은 19세기 중반과 20세기 중반 사이에 생성된 다양한 예술가의 역할에 있었다. 근대 사회가 점점 더 이데올로기적으로 파편화됨에 따라, 예술가는 예술이 사회적 엘리트 계층의 가치를 반영하고, 이들에 의해 후원받던 초창기에는 생각할 수 없었던 그러한 태도를 자유롭게 지닐 수 있었다. 이 시기에 발생한 예술가의 역할 두 가지는 바로 우상파괴주의자iconoclast와 미의 혁신자aesthetic innovator라는 것이었다. 마네와 같은 인상파 화가의 경우에서 볼 수 있듯이, 초기 우상파괴주의자는 예술을 부르주아적 관습을 비판하는 도구로 보았다(Clark, 1984). 20세기 초반에 예술가들은 예술 제도the institution of art 자체에 대한 공격으로 눈을 돌렸는데, 이는 예술 제도가 오직 중산층의 이해만을 위해 봉사한다고 믿었기 때문이다. 뒤샹이 일반 상품을 예술로 재분류하는 '레디메이드readymade'를 갖고 행한 실험들은 바로 이러한 운동들이 전형적으로 보여주었던 사회적·미학적 가치들에 대한 거부를 대표적으로 보여준다. 19세기 중반의 예술가들이 스스로를 이러저러한 방식으로 중산층에 속한다고 본 데 반해, 이들 예술가들은 스스로를 부르주아 사회에서 추방된 무계급적인 이방인으로 보았다(Shapiro, 1976).

같은 시기에, 예술가들은 과학자들이 시지각의 영역을 탐구하는 것과 비교될 만한 미적 혁신을 지향하는 태도를 취했다. 이전 화가들이 상황의 의미를 표현하고, 미술의 상이한 요소들이 어떻게 그러한 의미와 연결되는지를 보이려 한 반면, 이들 화가는 시각적 실재visual reality를 이의 구성인자를 통해 분석했고, 실재의 특수한 차원, 즉 색과 형태color and form에 집중했다(Vitz & Glimcher, 1984).

그 결과, 20세기 초반 화가들은 어찌 보면 서로 모순되는 두 가지 방향으로 나아갔는데, 이 두 방향 모두 아방가르드로 이어졌다. 이 두 경우 모두에 있어서 예술작품이 관객에게 이해되기 위해서는 미학적 논의에 대한 전문적인 지식을 필요로 했다. 이는 예술가들이 광범위한 대중과 소통하기보다는 서로서로나 일부 식견 있는 비평가들, 딜러들, 그리고 수집가들과 소통하게 되었다는 것을 의미했다.

아방가르드와 관련해서 자주 언급되는 것은 아니지만, 예술가의 역할에 대한 다른 견해는 사회에 대한 반항아라는 것인데, 이때 반항의 대상은 그 시대의 경제적·정치적 제도였다. 1930년대에 미국의 사회 리얼리스트는 미술계 내부에서 그리고 대공황기에 얼마 남지 않은 미술시장 내부에서 일하려고 했을 뿐 아니라, 동시에 사회·경제적 엘리트 계층에 대한 폭력적인 저항을 표현하려 했다. 이들의 작업은 노사갈등, 빈곤, 탐욕스런 자본가, 오랫동안 고통 받는 노동자들을 다루었으며, 예술가들이 이들의 시위나 파업에 정열적으로 참여하기도 하였다. 이들 예술가는 예술을 사회적 가치와 이념을 소통 및 변화시키는 무기로 보았다("Social Concern and Urban Realism", 1983). 이들은 자신의 직업이나 미학적인 문제들에는 관심이 없었다.

제2차 세계대전이 끝난 후에 사회적 조건은 더 이상 이런 종류의 작업에 어울리지 않았다. 비록 추상표현주의자들이 예술가의 역할을 추상적인 차원에서 영웅, 관찰자seer, 선지자 등으로 마음에 그리기는 했지만, 이들은 실상 미적 혁신자의 역할을 수행했다. 이들의 소외상태alienation는 이들이 당시의 사회적 현실을 정면으로 받아들이려 하지 않고 개인적인 발견이나 자신의 정서에 주목했음을 보여주는 비밀스러운 미적 언어에서 표현된다. 미니멀리즘 작가들은 어느 정도까지는 미적 혁신자와 인습파괴주의자의 역할을 통합해 냈다. 이들은 시지각의 본성에 대한 미적 실험의 전통을 이어나갔지만 그 저변에 깔려 있던 동인은 발견이나 이해가 아니라 미적·사회적 활동의 한계를 탐구하자는 것이었다.

그 이후 수십 년 동안 사회와 지적 환경이 변화하는 것에 발맞추어 이러한 역할이 점차 탈바꿈되었다metamorphosized(〈표 8-1〉 참조). 대중과 기업의 소비확장, 새로운 문화기구의 탄생, 고급예술에 대한 일반 대중의 향유 증가 등등에서 알 수 있듯이, 갖가지 종류의 문화의 중요성이 증대되었는데, 이는 바로 예술가들이 더 이상 스스로를 소외되었다고 보지 않게 되었음을 의미했다. 대신에 많은 예술가들이 직업의 목표나 생활스타일에 있어서 중산층과 동화되어갔다. 미적 혁신가는 계속해서 시지각과 관련된 문제들을 탐구하지만 이러한 문제들을 소외나 항거가 아니라 소극적으로 개인적 문제로 축소시키는 태도를 보여준다. 이러한 태도는 개인적 도상학iconographies을 이용해 드러내는 중위moyen garde(전위가 아니라: 역주)가 되었다.

지배적인 사회·정치적 제도를 공격했던 사회적 반항아는 노동자계급이 사는 동네에 벽화를 그리는(Cockcroft et al., 1977) 예술계와는 아무런 관련도 갖지 않을 정도로 자신의 역할을 한정하는 그런 민주주의적democratic 예술가(Popper, 1975)로 대체되었다. 목표는 사회를 변화시키는 것이 아니라 사회적·미적 아이디어를 지역 관객과 소통하는 것이었다. 이러한 환경에서 만들어지는 예술작품은 지역사회와의 관련성이 변화함에 따라 찰나적 성격을 지닌다(많은 작품들이

<표 8-1> 전환기 예술의 역할

2차 세계대전 이전	2차 세계대전 이후	주제
미적 혁신자	중위Moyen garde	시각적 인식
우상파괴자Iconoclast	레저 전문가	문화적 기관
사회적 저항	민주적 예술가	사회적 기관

훼손되거나 파괴되었다).

정치적인 예술과 인본주의에 경도된 재현예술은 예술계의 주변부에 머무르면서(Kuspit, 1985) 주로 대안적인 공간이나 조합 미술관에 전시되었다. 한 조합 미술관 주창자에 따르면, 이런 종류의 미술작품은 그저 보는 것이지 소유하는 것이 아니었다(Van Devanter & Frankenstein, 1974).

20세기 초반의 우상파괴주의자는 예술작품과 비예술작품의 경계를 허물려고 시도했지만 이 시기에 이들의 첫 번째 동업자는 팝 아트 작가들이었고, 이들의 활동은 미적 전통을 상업예술과 대중문화의 시각적 이미지와 조우시키는 것이었다. 신표현주의자들의 등장과 함께 예술가의 통찰력이 미국 사회의 다른 이미지 생산자들보다 우월하다는 개념이 사라져버렸다. 이들 작가는 스스로를 예술적 전통에 기여하는 미적 혁신가라든가 시각적 이미지를 이용해 정치지배집단을 공격하는 사회적 반항아라기보다는 시각적 이미지를 이용해 대중을 즐겁게 하고 자극하는 연예인entertainers으로 보았다.

예술가 역할의 특징들이 이렇게 변했다고 하는 것은 이들 역할이 지니고 있는 사회적·문화적 토대에 내재한 곤란한 문제를 드러낸다. 미적 혁신가에게 가장 곤란한 것은 자신의 혁신이 기초하고 있는 패러다임의 소진이나 갱신의 문제였다. 예를 들어 미적 전통으로서 모더니즘의 배후에 자리 잡고 있는 이슈들이 남김 없이 탐구되었다는 징표들이 있다. 20세기 초반의 미적 혁신가들은 비슷한 관심을 가진 과학자들과 생산적인 관계를 유지해왔으나, 세계대전 이후에는 이러한 종류의 대화가 존재했다는 증거가 별로 없다. 예술가들이 기술자들과 교류하려 했던 간헐적인 시도들조차 그다지 성공적이지 않았는데, 이는 아마도 기술자들의 목표가 기업의 목표와 일치했기 때문일 것이다.[1] 이와는 반대로 매우 절충주의적 접근방식인 포스트모더니즘은 과거의 전통과 대중문화 모두로부터 빌려온 요소들을 재통합함으로써 미적 전통을 새롭게 하려 하였다.

민주주의적 예술가는 사회적 딜레마, 특히 이런 종류의 예술활동을 유지하고 지속성과 발전을 담보할 수 있는 제도적인 지원구조의 부재라는 딜레마에 직면했다. 민주주의적 작가들의 작품들은 판매용이 아니었기에 자선단체로부터 온 기금으로 이러한 활동을 지원해야 했으나 이는 늘 가능한 일이 아니었다. 포퍼(1975)는 "자신의 고유한 미적 요구, 미적 열망, 그리고 미적 목적지를 파악하는 힘이 일반적으로 말해서 반키치, 반아카데미, 반엘리트주의적인 미래로 나아가는 유일한 길이었다"고 주장하지만, 예술작품이 일반적으로 예술시장에서 상품으로 인정되는 서구사회에서 어떻게 이러한 형태의 예술이 제도화되었는지 언급하지 않는다.

마지막으로, 레저 전문가leisure specialist는 자신의 활동을 연예계나 광고계에 종사하는 대중예술가의 활동과 차별화시키는 문제에 직면했다. 이들은 종종 대중예술가들로부터 상징이나 이미지를 차용했기에 문제는 더욱 심각했다. 자신의 풍자 대상이 예술, 그리고 예술과 사회의 관계에서, 사회에서의 대중매체를 상징하는 역할로 변해감에 따라, 예술가가 자신의 주제와 동일시되어가는 위험이 존재했다.

이러한 발전은 19세기 중반부터 중·상류층이 문화행사를 자신의 사회적 지위를 공고히 하는 수단으로 이용하기 시작하면서, 사회적 엘리트들이 행사해온 예술기관에 대한 통제력이 점차 약해진 것과 궤를 같이했다(Dimaggio, 1982). 현재는 이러한 기관들을 지원하기 위한 재원 규모가 끝없이 확대됨에 따라, 이러한 재원을 더 잘 제공해줄 수 있는 새로운 후원자들, 즉 정부기관이나 기업으로 이러한 기관에 대한 통제권이 이양됨에 따라, 고급문화와 대중문화 사이의 벽들이 허물어지고 있다. 이러한 벽을 유지하는 것이 이 새로운 후원자들에게는 별로 이득이 되지 않기 때문이다.

현재는 다양한 색깔의 일반적 세계관과 특수한 세계관이 공존하는 유례없는 문화적 다원주의 시기이다. 예술계는 다원주의 속에서 당대의 문화적 파편들을 반영하지만, 일부에서는 이러한 모순되는 관점들을 조화롭게 통합시킬 수단을 제공하지 않고 있다는 비난을 듣기도 한다. 20세기 이전에는 상이한 사회적·문화적 기관들이 특정한 세계관과 동일시되었지만, 현 시기에서 각각의 기관 내부에서도 다양한 세계관이 발견된다. 예술뿐 아니라 과학과 종교도 특수하기도 하고 일반적이기도 한 다양한 지향점을 지니는데, 이러한 사실이 의미하는 바는 사회적·물리적 현실은 일관되지 않고 상호 모순적이라는 것이다. 지금까지 보아왔듯이 미국의 현대 재현 회화에 관여했던 화가들 중에는 물리적·사회적 현실의 본성에 관한 근본적인 견해차가 존재했다. 양자물리학자들 중에도 이러한 문제들에 대해서는 아무런 합의도 존재하지 않는다(Herbert, 1985). 일부 현대 예술가들은 특정한 이념을 드러내지 않는 작품을 창조해냄으로써 이러한 상황을 타개하려 했다. 즉, 이들의 작품에는 일관성이 없거나 서로 모순되는 이미지들이 공존하고 있다. 이러한 작품에 대한 설명을 만들어내는 것은 관객의 몫이고, 결코 하나의 설명이 고안되어서는 안 되었다(Olive, 1985).

클랩(Klapp, 1982)은 현대사회에서 의미의 위기the crisis of meaning라는 것은 정보가 이 정보를 통합하고 조화시킬 의미체계보다 너무 빨리 생산되어지는 현실에서 기인한다고 주장한다. 클랩은 무작위적이고 파편화된 정보들의 과부하가 잡음과 비슷한 심리효과를 가지며, 반면에 정보에 대한 새로운 해석을 만들어내야 하는 사회 기관은 이에 효과적으로 대응하기 어렵다고 주장한다. 또한 의미체계는 많으나 이들이 일관성이 없고 모순적이라는 사실이 의미의 가치를 저하시킨다고 주장되기도 한다. 의미는 정보나 지식의 통합에서 생겨난다기보다는 각각의 사회적 환경에 반응하면서 구축되는 것으로 보인다. 집단으로서의 예술적 운동은 우리 시대의 문화적 무정부주의를 해결하기보다는 반영하는 데 그치지만, 이러한 문화적 소용돌이 속에서 대중은 현대사회 속에서의 개인의 존재에 대한 본질과 의

미에 대한 통찰을 얻고자 예술로 눈을 돌린다. 동시에 예술은 문화적 의미가 새롭게 정의되고, 어떤 의미에서는 '타협되는' 그러한 공간을 제공한다. 비록 이러한 일이 발생하는 정도는 상이한 예술 스타일에서 다르게 나타나기는 하지만 말이다. 어떤 스타일에서는 예술가들이 '의미'보다는 미적인 문제에만 골몰한다. 다른 예술가들은 전통적인 예술로부터 주제를 빌려와 현대적 삶과 휴머니즘의 연관성에 대한 주장을 내놓으려 한다. 마지막으로 대중문화로부터의 점증적인 이미지 차용은 일부 예술가들이 자신의 예술을 이용해 일상생활에 광범위하게 퍼져 있는 시각 이미지의 의미들과 재타협하려 한다는 것을 시사한다.

각주

1. 버넘(1971)은 60년 말에 로스앤젤레스 주립 미술관(Los Angeles County Museum)과 대기업에서 레지던트 예술가로서 1년을 보낸 다수의 예술가들에게 비용을 지원한 대규모 프로젝트에 관해서 이렇게 설명한다. "이들 두 그룹 사이에 때때로 개인적인 인간관계가 만들어지기는 했지만, 진정한 공생관계는 결코 존재하지 않았다. 기업은 예술가가 사들이거나 전복시킬 만큼 충분히 가치 있다고 보지 않았다. 그럼에도 예술가와 기업의 전문가 사이에 존재하는 결정적인 이념적 골은 예술가의 태도에서 명백히 드러난다."

부록 A　예술 형식 조사를 위한 조심스런 방법론들

이 연구가 다루는 시기가 꽤 길기 때문에(45년), 나는 주로 인터뷰, 리뷰, 예술가들의 발언과 저작들, 그리고 인명이나 조직에 대한 기록들을 포함하는 문서 기록물들을 참조했다. 예술가들과의 인터뷰나 설문조사는 1980년대에 이루어졌지만 이미 오래전에 벌어진 일들을 다루었기에 정확도에 문제가 생기는 것이 당연하다. 따라서 내가 관심을 갖고 있는 사건들이 일어난 시기에 출판된 예술비평가들의 인터뷰와 리뷰를 사용하는 것이 바람직해 보였다. 이들 작가에 관한 자료가 풍부했기에 몇십 년 전에 이들 중 많은 이들이 어떤 생각을 했고 어떤 반응을 보였는지를 밝혀내는 것이 가능했다. 더욱이 많은 작가들이 작품이 만들어지던 당시 자신의 작품에 대해 상세한 글을 남겼다. 이것 또한 수년이 흐른 후에 작성된 회고적 평가와 비교해서 보기에 용이했다. 앨러웨이(1984) 역시 비슷한 견해를 밝힌 바 있다. "예술가들을 만나는 것이 비교적 쉽고 명망은 높았기에 비평가들이 카탈로그나 책을 준비하면서 기존에 존재하던 글을 찾기보다는 복잡한 의도, 알려지지 않은 세부사항, 견해의 변화 등을 알아보기 위해 새롭게 인터뷰를 하는 일이 잦았다. 이렇게 이전 자료에 대한 연구가 부재함에 따라 상당한 양의 검증되지 않은 인터뷰들이 남아 있다……. 그 결과 비교학적이고 역사적 연구의 부재가 나타났다." 출판을 위해 수집되고 기록된 인물연감 역시 인터뷰를 통해 기억해낸 정보보다 더 완전할 것이다. 말하자면 예술가들이 인터뷰를 하거나 예술가에 관한 글들이 써지는 경우가 많았으므로 특정한 예술 스타일의 발전과정을 탄생에서부터 종국에는 쇠퇴까지 이미 출판된 자료들을 이용하여 상당한 정도까지 재구성하는 것이 가능했다. 이 책에서는 실제로 인용된 자료들만 참고서적에 표기하였지만, 그 밖에도 많은 자료들을 참조하였다.

그러나 이런 방식으로 자료를 모으는 데에는 상당한 어려움이 따랐다. 가장 큰 어려움은 예술 스타일에 누가 속하는지를 결정하는 일이었다. 이들 자료로부터 그 스타일을 정립하는 데 도움을 준 주요 그룹전과 그 스타일을 정의하는 출판물에 포함되었던 작가들의 이름을 얻었다. 각각의 경우에 있어서 아마도 같은 스타일의 작품을 제작하였음에도 별로 주목을 받지 못한 작가들이 더 있을 것이다. 이 연구에서 나는 특정 스타일에서 가장 이름이 높은 작가들의 샘플작품들을 다루었으며, 따라서 각각의 스타일에 속하는 주요 작가들의 경우에는 내 목록이 완전하다고 생각한다. 그러나 주변부에서 활동하던 덜 알려진 작가들에게는 이 표가 완전하게 보이지 않을 것이다. 그러나 가장 널리 알려진 작가들의 샘플 정도면 내 연구에서는 충분한데, 왜냐하면 내 관심은 각각의 스타일 뒤에 감추어져 있는 문화적 의미의 체계이고, 주요작가들이 이 체계에 가장 큰 기여를 했기 때문이다. 나의 또 다른 관심도 예술기관들이 이러한 스타일들을 수용하는 방식이었기 때문이다. 가장 유명한 작가들이 겪은 수용과정이 이를 가장 잘 보여준다. 미니멀리즘과 포토리얼리즘은 예외지만, 조각가들의 미적 관심은 화가의 관심과는 상이해 보였기 때문에 조각은 제외되었다.

예술 스타일이 작품들을 정의할 정도로 충분히 성숙해지면 누가 그 스타일에 속하는지에 관한 상당한 합의가 생겨난다. 추상표현주의가 그러했는데, 내가 제1세대란 표현을 쓴 것은, 제2세대가 생겨나고 이후 이 운동이 파편화되는 문제를 피하기 위해서 그랬을 뿐이다. 포토리얼리즘이나 패턴 페인팅과 같은 다른 사조는 상당히 정교하게 정의될 수 있으므로 여기에 속하는 작가들도 쉽게 분류될 수 있다. 포토리얼리즘의 경우에는 이미 이 사조에 속하는 작가들의 목록을 만들려는 시도가 있었다(Meisel, 1981). 미니멀리즘 작가들의 경우, 이들을 가까운 이웃이라고 할 수 있는 개념주의자the Conceptualists와 구별하는 데 일정 정도 어려움이 있었다. 팝 아트의 경우에는 비록 그룹 규모는 작았지만, 어느 작가가 이 스타일에 속하는지에 관해 상당히 자세히 연구한 비평가들 사이에서도 이견이 존재한 것으로 보인다(Alloway, 1974; Lippard, 1966). 나는 이들 비평가 중 어느 누구에 의해서건 포함되지 않은 작가들을 제외시킴으로써 가능한 한 보수적인 관점에서 이 그룹을 정의했다. 마지막으로 구상회화의 경우에는, 뉴욕 구상회화 '학파school'와 관련이 있었던 화가들과 이 그룹 회원들의 전시회에 포함되었던 화가들만을 포함했다. 이 연구가 다루고 있는 시기에 미국 전역에서 활동하고 있는 구상회화 화가들이 수가 엄청나게 증가했다. 연구를 뉴욕 '학교'로 제한함으로써, 나는 아마도 이 그룹의 '오피니언 리더'들과 뉴욕에서 활동하는 작가들, 그리고 이들 오피니언 리더들이 중요하다고 생각하고 있는 다른 지역에서 활동하는 작가들을 찾아냈다. 내 연구에서는 이 그룹이 가장 규모가 크고 또한 가장 이질적인 작가들이 혼재해 있다.

예술가의 전력이나 미술관의 구매를 분석함에 있어서, 예술 스타일이 시작된 특정한 날짜를 결정하는 것이 필요한데, 이는 대체로 매우 어려운 과제이다. 이 책에서 선택된 특정한 시기는 예술가들 사이에서 어떤 '집단적인 정체성'이 처음 생기기 시작했거나 딜러 혹은 전시회의 관점에서 미술관 큐레이터에 의해 일단의 화가들이 하나의 집단으로 심각하게 고려되기 시작한 최초의 순간이다. 각각의 스타일에서 일부 회화작품은 이 책에서 선택된 날짜보다 이전에 제작되었다. 샌들러의 견해를 좇아(1976) 나는 1943년을 추상표현주의의 시작으로 선택했는데, 왜냐하면 바로 이 시기가 화가들이 서로의 작품에 대해 인지하고 자신의 작품에 관하여 대화를 나눈 시기이기 때문이다. 마찬가지로, 하나의 운동으로서 패턴 페인팅의 시작을 1975년으로 보는 것이 적절해 보이는데, 이때가 바로 이들 화가 그룹이 자신의 작품들을 토론하기 위해 회합을 가진 시기이기 때문이다(Marincola, 1981).

팝 아트의 시작은 영국에서 '팝 아트'라는 용어가 출연한 1958년으로 결정되었다(Alloway, 1974). 운동으로서 미니멀리즘의 시작은 이런 스타일의 작품들이 1963년에 유대인 미술관에서 "새로운 추상을 위하여Toward a New Abstraction"라는 이름으로 처음 전시되었던 시기를 가리킨다(Alloway, 1968). 포토리얼리즘의 출현은 루이스 마이젤의 후원으로 제작된 이들 화가의 작품이 1972년에 전시된 것을 기점으로 하였다. 마이젤은 포토리얼리즘이라는 용어를 정의했고 이 스타일에 속하는 작가들의 기준을 발전시켰다(Meisel, 1981).

구상회화의 시발점을 잡는 것은 상당히 어렵다. 찰스 카조리, 폴 조지

스, 알렉스 카츠, 필립 펄스타인 등을 포함하는 이들 작가그룹은 1958년부터 모델을 놓고 함께 그림을 그리기 시작했다. 이들 화가들과 추상표현주의에서 탈퇴하여 재현적 회화로 옮겨간 화가들은(Sandler, 1978) 60년대 내내 이런 방식으로 그림을 그렸다. 그러나 1968년에 구상작가연합the Alliance of Figurative Artists이 결성되었으므로 이 시기를 이 그룹의 시작으로 잡는 것이 가장 적절할 것으로 보인다(Kalish, 1979). 마지막으로 신표현주의는 이스트 빌리지East Village에 새로운 갤러리들과 예술가 촌이 생겨난 1981년에 하나의 운동으로 정착되었다고 할 수 있다(Kardon, 1984).

이러한 스타일의 구성원들을 결정한 후에 나는 이들의 배경과 복제화를 포함한 이들의 작품들에 관한 정보를 얻으려 하였다. 이들 작가에 관한 이력은 인물사전과 같은 자료들로부터(예를 들어 Who's Who in American Art, 1980, 1982; 현대 예술가 사전Dictionary of Contemporary Artists, 1980) 얻었으며 경우에 따라서는 이력서를 참조했다. 인물사전의 정보들은 때로 불완전하기에 여러 인물사전을 비교하였다.

다양한 종류의 자료들(인명사전)뿐 아니라, 예를 들면 아트포럼Artforum, 미국의 예술Art in America, 예술뉴스Artnews, 그리고 예술Arts과 같은 미국의 주요 예술 잡지들을 이들 예술가의 전시회 리뷰나 이들 작품에 대한 기사, 그리고 이들의 인터뷰를 찾기 위해 조사했다. 또한 미국예술보관소Archives of American Art에서 행해진 수년간의 인터뷰도 조사했다. 이들 자료로부터 각각의 예술가 작품들의 특징에 관한 정보를 얻었으며, 이들이 다른 예술가들과 맺고 있는 관계들(친한 친구관계, 사제관계 등등)뿐 아니라 특히 이 작가가 추구하는 주제와 문제의 본성에 관한 정보를 얻었다. 이러한 정보는 각각의 상이한 스타일과 연관되어 있는 의미체계뿐 아니라 이 스타일들을 둘러싸고 있는 사회적 네트워크를 비교하고 대조하는 것을 가능하게 하였다. 1976년에서 77년 사이에 가진 이러한 스타일에 속하는 아방가르드 예술가들 34명과 가진 인터뷰는 예술계에 대한 질적인qualitative정보와 다양한 스타일의 작가들 사이의 네트워크에 관한 양적인quantitative정보를 제공해주었다.

당연히 내가 얻은 정보의 양은 작가들마다 다르다. 유명한 작가는 수많은 논문, 경우에 따라서는 책의 주제가 되었지만, 덜 알려진 작가들은 리뷰 하나로 그치는 경우도 있었다. 각각의 스타일에서 일부 작가들의 경우에는 어떤 정보도 찾지 못하는 경우가 있었다. 우편 등으로 이들과 접촉하려 하였으나 실패하였다.

전기적인biographical 정보들로부터는 이들 예술가, 특히 이들을 대표했던 갤러리들, 이들 작품을 전시하거나 구매했던 미술관들, 이들 작품을 구매했던 기업들, 그리고 비록 적은 수이기는 하나 이들 작품을 구매했던 개인 컬렉터들을 둘러싼 조직적 환경을 재구성할 수 있었다. 이러한 정보는 뉴욕 시 미술관들, 뉴욕 주 미술관들과 여타 지역의 지역 미술관, 그리고 기업 컬렉션이라는 세 가지 추가적인 샘플을 만들어내기도 하였다. 이 샘플들은 이 연구가 다루고 있는 시기에 아방가르드 예술을 지탱하고 있었던 조직의 토대를 조사하는 데 사용되었다. 또한 미술관과 기업 컬렉션에 관한 자료는 다양한 스타일에 주어진 관심의 정도를 비교하는 데 사용되었고, 갤러리에 관한 정보들 그리고 우리가 다룬 작가들의 작품에 관한 경매 판매자료 등과 함께 예술시장에서 이들 작가들과 이들의 특징을 선전한 아방가르드 아트 갤러리의 역할을 조사하는 데 이용되었다.

예술 기구organizations들의 활동을 추적하면서, 비록 완벽할 정도의 미술관 목록은 존재했지만(American Art Directory, 1982), 뉴욕 아트 갤러리와 기업 컬렉션에 관한 목록이 없어 곤란을 겪었다. 이들 예술작품에 관한 개인 소장가에 관한 정보가 가장 얻기 힘들었는데, 이는 부분적으로는 예술가들이 주요 기관 컬렉터들의 이름만 인명사전에 올리기 때문이고, 또 부분적으로는 가장 유명한 컬렉터의 이름을 제외한 다른 이름은 인명사전에 통상 포함되지 않기 때문이다.

사회과학자들이 행한 시각 자료에 대한 체계적 분석은 거의 이루어진 바 없고 예술 대상에 관한 미적·표현적 내용을 사회학적으로 검토하는 방법도 거의 존재하지 않는다. 나는 내 분석을 위해 두 가지 접근방법을 사용하였다. 하나는 이들 작가의 대표적인 작품들 속에 들어 있는 주제들의 내용을 분석하는 것이고, 또 하나는 비평적인 글이나 인터뷰 그리고 작가들 자신의 언급들에 나타난 이러한 작품들의 내용과 관련된 진술들을 분석하는 것이다. 내용분석은 이들 작가들을 고려할 때 주제에 관한 설명을 제공해주었으며, 남아 있는 자료들은 이들 작가와 비평가들이 고수하고 있는 주제의 중요성을 드러내주었다. 어떤 의미에서 나는 비평가와 예술가를 정보원으로 사용했지만 이들로부터 정보를 직접 얻어내기보다는 이들에 의해 발표된 글을 참조했다.

마지막으로, 내가 여기서 다룬 것은 무작위적인 샘플이 아니라, 비록 몇몇 경우는 그 규모가 상당히 작지만, 예술가들과 조직들의 집단이다. 그러기에 내가 찾은 진실들의 중요성은 정교한 통계학적 분석 때문이라기보다는 수많은 발견의 축적물에 기초한다고 할 수 있다. 이 발견은 다양한 크기의 집단에 기초하여 있고, 정도상의 차이나 문화 기관의 활동에 관한 일관된 해석을 제공해주는 총합 속에서 종종 서열 상관계수ordinal correlation coefficients 속에서 표현되는 것들이다.

부록 B 참고 표

[표 B-1] 스타일별 아카데미 교직을 겸직하는 작가들의 비율(%)

	아카데미 직책의 기간				
스타일	첫 5년 이내	첫 5년 이내 전임	첫 10년 이내	대학 강의 경험	*N*
추상표현주의	10	0	19	90	21
팝	7	7	15	44	27
미니멀리즘	12	7	19	57	68
구상	27	20	30 (38)	69	112
포토리얼리즘	27	7	27	46	41
패턴	15	8	15 (20)	46	52

참조: 전문대학과 대학의 조교수 및 그 이상의 자리만 포함. 방문학자는 제외. 전임은 조교수 및 정교수로 구분. 이 도표에서는 예술학교의 자리는 포함하지 않았음.

[표 B-2] 스타일별 보조금 수령

스타일	첫 5년 이내 보조금	첫 5년 이후 보조금	*N*
추상표현주의	5	38	21
팝	25	43	23
미니멀리즘	31	56	68
구상	37	51	112
포토리얼리즘	29	29	51
패턴	50	50	52

참조: 스타일이 발생하고 난 이후. 연방정부, 주정부 혹은 사적 재단의 보조금 포함

[표 B-3] 고가의 경매 거래와 연관된 변수

	스타일			
	팝	미니멀리즘	포토리얼리즘	구상회화
뉴욕 전시회 개최 횟수	.78	.84	.05	.92
미술관 구매	.90	.83	.74	.94
회고전	1.00	.55	.10	.93
수문장 갤러리들의 대변	.87	.74	.69	.65

참조: 가격 범주는 팝은 2만 달러 이상, 2만 달러 혹은 그 이하

[표 B-4] 뉴욕 미술관들의 연간 입장객 수(1969~80)

미술관	1969	1980
브루클린	864,238	575,000
구겐하임	500,000	530,000
유대인	165,000	85,000
메트로폴리탄	5,746,227	3,800,000
MoMA	1,000,000	1,300,000
휘트니	200,000	500,000 (1983)

참조: 입장객 수는 American Art Directory(1970, 1981)

[표 B-5] 뉴욕 미술관과 지역 미술관의 스타일별 전시

	전시 기관별 스타일 구성원 비율(%)			
스타일	뉴욕 미술관	지역 미술관	정보 없음	*N*
추상표현주의	100	90	0	21
팝	86	93	7	28
미니멀리즘	74	81	10	80
포토리얼리즘	47	69	18	51
패턴	59	84	10	61
구상	44	81	13	126
모던	54	82	13	39
모던-전통	43	78	22	23
전통	55	84	8	38
미분류	15	77	15	26

[표 B-6] 대안적인 시장으로서 지역 미술관들: 전시

	작품이 전시된 스타일 구성원 비율(%)					
스타일	지역 미술관	뉴욕 미술관	두 곳 모두	둘 다 아님	정보 없음	*N*
추상표현주의	0	10	90	0	0	21
팝	7	0	86	0	7	28
미니멀리즘	10	3	71	6	10	80
포토리얼리즘	24	2	45	10	20	51
패턴	28	3	56	3	10	61
구상	37	1	44	5	13	126
모던	28	0	54	5	13	39
모던-전통	35	0	43	0	22	23
전통	32	3	53	5	8	38
미분류	62	0	15	8	15	26

[표 B-7] 특정 지역의 미술관에 의한 스타일 전시

	특정한 스타일의 작품을 소유한 미술관의 비율(%)			
스타일	동부 해안	인테리어	서부 해안	*N*
		비아카데미		
추상표현주의	37	38	56	21
팝	32	37	56	28
미니멀리즘	55	38	50	80
구상	66	72	44	126
포토리얼리즘	31	35	63	51
패턴	35	37	38	61
미술관 수	(62)	(68)	(16)	
		아카데미		
추상표현주의	29	35	14	21
팝	26	27	36	28
미니멀리즘	43	35	18	80
구상	58	50	32	126
포토리얼리즘	24	24	41	51
패턴	39	32	14	61
미술관 수	(76)	(66)	(22)	

역자후기

본래 땅 위엔 길이 없었다. 한 사람이 먼저 가고, 또 누군가가 걸으면, 그것이 곧 길이 되는 것이다. 아방가르드는 뉴욕 미술의 길을 만든다. 먼저 가는 자는 누구인가? 그리고 그 길은 누가 따르는가? 예술가의 정신인가, 시장의 돈인가, 권력의 힘인가. 역자는 사회학자인 다이아나 크레인의 저술에서 그 해답을 모색해보았다. 뉴욕 현대미술의 전개를 아방가르드의 변모로 파악하는 동시에 그 변화의 동력을 사회학적 관점에서 분석하고 있기 때문에 이 책은 미술사학자나 예술철학자들의 연구방식과는 차별화된 새로운 관점을 제시한다. 역자는 '스타일과 시장'의 관점에서 미술을 연구한 본격적인 이론서로서 이 책의 가치를 발견했으며, 미술시장을 둘러싼 욕망의 시선에 압도되지 않고 작품과 상품을 혼동하게 하는 착시의 구조적 요인들을 독자들에게 보여주기 위해 번역을 결심했다. 그리고 이 책은 미술계에서 새로운 예술 스타일을 개척하려는 예술가, 미술의 예술성과 시장의 관점을 동시에 고려하는 비평가, 미술가를 지원하고 미술문화를 꽃 피우려는 문화행정가, 컬렉터와 미술시장의 관계자들에게 매우 유용한 정보를 제공할 것이다. 독자들은 뉴욕 미술시장의 핵심 동력들이 어떻게 아방가르드 미술을 변모시켰는가에 대한 논의를 통해 현대미술의 시장 구조와 예술 스타일의 역동적 관계를 파악할 수 있을 것이다.

뉴욕 미술시장의 구성 요인들

다이애나 크레인은 1940년에서 1985년까지 미국 현대미술의 스타일 변화를 시장의 관점에서 분석한다. 미술관, 큐레이터, 비평가, 컬렉터, 정부와 기업의 기금 등은 미술시장의 흐름에 영향을 미치는 요인들로서, 사실상 예술 스타일의 변화에 큰 영향을 미치고, 나아가 현대미술의 방향을 주도한다. 저자는 미국 현대미술의 흐름을 미학적 차원에서 아방가르드의 변모과정으로 파악하면서 그 변화의 요인을 사회·정치·경제의 관점에서 폭넓게 분석한다.

미술시장을 움직이는 직접적인 동인은 무엇일까? 미술시장은 그 작품들을 평가할 수 있는 전문적 자질을 가진 소규모 그룹들에 의해 매우 은밀한 방식으로 움직이기 때문에, 이들 전문가 집단의 성격을 살펴볼 필요가 있다. 자본주의 사회에서 미술은 일반적으로 상품의 지위를 갖고 시장을 통해서 거래되지만, 그럼에도 불구하고 미술은 여타의 상품과 구별되는 유통구조를 갖고 있기 때문이다. 다이애나 크레인은 갤러리, 미술관, 경매회사, 예술지원 정부기관, 기업 등의 전문가 집단이 미국 미술시장의 네트워크를 형성하며 시장의 발전을 견인하는 중요한 요인이 되었다고 말한다.

1940년 이후 미국 미술시장이 지속적으로 팽창하게 된 주요 원인 중의 하나는 정부와 기업 기금의 유입이다. 60년대 중반을 기점으로 정부와 기업은 예술 일반에 대한 지원의 폭을 넓히기 시작했다. 예컨대 60년 이후에는 연방예술기금의 예술지원과 기업의 후원이 크게 증가했다. 그런데 새로운 후원자들은 예술의 사회적 기능을 각자의 관점에서 인식했다고 할 수 있다. 예컨대, 버만의 주장처럼 "예술은 청소년 폭력과 정체성 혼란을 추방하고, 기술직 숙련공들의 용기를 북돋아주며, 범죄를 예방하고, 고용 기회를 새롭게 창출한다. 예술은 마약중독을 대체할 수 있고, 죄수의 자활 노력에 훌륭한 조력자가 될 수 있으며, 구시대 문제들을 해결하는 열쇠가 될 수 있다. 또한 예술의 세례를 받으면 도시 중심의 피로감을 완화시킬 수 있으며 적대 문화의 색깔을 변화시킬 수 있다." 이러한 예술의 사회적 순기능을 기대한 정부 기관이나 기업 컬렉터들의 후원은 초기 미술시장 형성의 주요 요인이라고 할 수 있다. 이처럼 대기업의 예술 지원을 한편으로는 사회적 책임의 실천으로 볼 수 있지만 다른 한편으로는 기업의 이익을 위한 전략적 선택으로 간주할 수도 있다. 한편, 정부와 기업의 예술기금 조성을 미술시장의 형성 및 발전의 긍정적 요인들로 바라보는 시각과는 달리 예술기금의 조성을 문화산업과 연관된 로비활동의 결과로 보는 시각도 있다. 예컨대, 밴필드는 뉴욕시의 부동산 개발업자들은 관광산업과 연합하여 뉴욕 및 기타 지역의 문화활동 확대로부터 사업상의 이익을 챙기려는 속셈을 갖고 있었다고 주장한다. 이 주장에 따르면 정치인은 예술 지원으로 정치적 선전의 효과를 챙기는 반면, 부동산 개발업자들은 맨해튼 소호 지역의 부동산의 자산가치 상승에서 이익을 얻는다.

이러한 분석은, 미술은 미술작품을 수집하고 전시하는 직접적인 기관들의 발전뿐만 아니라 미술시장을 움직이는 기구 조직들에 크게 영향을 받는다는 저자의 주장을 뒷받침할 수 있는 매우 사실적인 자료로서 다가온다. 동시에 예술에 대한 사회학적 접근의 장점으로 간주될 수 있다. 이들에 대한 저자의 분석은 결국 현대미술의 발전에 지대한 영향을 미치는 시장의 상호연관성에 대한 규명으로 그 의의를 갖는다. 미술과 관련된 다양한 조직들이 미술시장의 성장을 촉진하고 그 결과로 나타난 미술시장의 팽창은 역설적으로 미술에 대한 우리의 태도를 좌우하는 가장 큰 권력으로 군림하게 된다.

개념, 운동, 그리고 예술 스타일로서의 아방가르드 정체성

뉴욕 미술시장을 움직이는 핵심 동력들에 대한 저자의 분석은 결과적으로 아방가르드 예술가의 능동적인 역할과 아방가르드 예술의 창조적 혁신을 부정하는 시각으로 보일 수도 있다. 그러나 저자의 관점에 따르면, 아방가르드의 개념과 그것의 역사적 전개과정에 대한 분석은 예술가의 사회적 역할, 예술의 창조적 본성, 그리고 예술작품의 사회적 영향력 등을 주요 이슈로 포함하는 예술사회학의 연구방법론에서 크게 도움을 받을 수 있다. 아방가르드의 정체성을 파악하는 기존의 예술이론들에 대한 철저한 분석과 함께 저자는 아방가르드 개념이 각각의 예술운동에 어떻게 나타났는가를 미술시장을 구성하는 핵심 기구와 조직의 상호영향관계에서 파악하고 있으며, 이 점이 예술운동에 대한 사회학적 접근방식이 갖는 매력이다. 그리고 우리는 뉴욕 현대미술과 시장의 상관성에 대한 저자의 분석에서 동시대 미술의 시장 친화성을 충분히 예측할 수 있다.

저자는 아방가르드의 정체성을 개념이나 운동의 차원만이 아니라 예술 스타일의 관점에서 규명하고 있는데, 이 점은 『아방가르드와 미술시장』의 가장 큰 매력이다. 예컨대, 저자는 미술시장의 구성 요인들에 대한 구체적인 데이터에 근거하여 뉴욕 현대미술의 스타일 변화를 아방가르드의 패러다임에서 추적하기 때문이다.

마지막으로, 이 책을 소개하고 조언을 해주신 김진엽 교수께 감사의 마음을 전한다.

참고문헌

단행본과 논문

Albrecht, Millon C. 1968. Art as an institution. *American Sociological Review*, 33 (June), 383-97.

Albright, Thomas. 1980. The contemporary art museum: "irresponsibility has become widespread." *Artnews*, 79 (January), 42-47.

Allen, Barbara J. 1974. Organization and Administration in Formal Organization: The Art Museum. Ph.D. dissertation Department of Sociology, New York University.

Alloway, Lawrence. 1968. Systemic painting. In Gregory Battcock, ed., *Minimal Art: A Critical Anthology*. New York: E. P. Dutton, 37-60.

______. 1972. Network: the art world described as a system. *Artforum*, 11 (September), 28-32.

______. 1974. *American Pop Art*. New York: Collier Books, Macmillan.

______. 1975a. The great curatorial dim-out. *Artforum*, 13 (May), 32-34.

______. 1975b. *Topics in American Art Since 1945*. New York: W. W. Norton.

______. 1977a Art. *The Nation*, 225 (February 5, 1977), 156.

______. 1977b. The artist count: in praise of plenty. *Art in America*, 65 (September-October). 105-9.

______. 1981. The renewal of realist criticism. *Art in America*, 69 (September), 108-11.

______. 1984. Network: *Art and the Complex Present*. Ann Arbor, Michigan: UMI Research Press.

Amaya, Mario. 1971. American Pop Art. In J. P. Hodin et al., *Figurative Art Since 1945*. London: Thames and Hudson, 217-41.

Anderson, Dennis. 1977. Peter Dean. Art, 51 (April), 21.

Apple, jacki. 1981. Introduction. "Alternatives in Retrospect: An Historical Overview, 1969-1975." The New Museum, New York, May 9-July 16, pp. 5-7.

Archive of American Art. smithsonian Institution, Washington, D. C.

Armstrong, Richard. 1964. Abstract Expressionism was an American revolution. *Canadian Art*, 21 (September-October), 262-65.

Arthur, John. 1980. Realism. "Realism, Photorealism," Philbrook Art Center, Tulsa, Oklahoma, (October 5-November 23), pp. 13-17.

Ashton, Dore. 1973. *The New york School: A Cultural Reckoning*. New York: Viking.

Baker, Elizabeth C. 1971. Is there a new academy? In Thomas B. Hess and John Ashbery, eds., *Academic Art*. New York: Collier Books, Macmillan, 139-58.

Baldwin, Carl R. 1974. On the nature of Pop. Artforum, 12(June), 34-38

Banfield, Edward C. 1984. *The Democratic Muse: Visual Arts and the Public Interest*. New York: Basic Books.

Bannard, Darby. 1966. Present-day art and ready-made styles. *Artforum*, 5 (December), 30-35.

Bard, Joellen. 1977. Tenth Street days: an interview with Charles Cajori and Lois Dodd. *Art*, 52 (December): 98-103.

Barr, Alfred H., Jr. 1977. *Painting and Sculpture in the Museum of*

Modern Art, 1929-1967, New York: Museum of Modern Art.
Battcock, Gregory, ed. 1968. *Minimal Art: A Critical Anthology*. New York: E. P. Dutton.
______, 1969-70. Reevaluating Abstract Expressionism. Art, 44 (December, 1969-January), 46, 48.
______, ed. 1975. *Super Realism: A Critical Anthology*. New York: E. P. Dutton.
______, & Nickas, Robert, eds. 1984. *The Art of Performance*: A critical Anthology. New York: E. P. Dutton.
Baxandall, Michael. 1972. *Painting and Experience in 15th Century Italy*. Oxford: Oxford University Press.
Beardsall, Judy. 1978. Susan Pear Meisel. *Arts*, 52 (May), 11.
Becker, Howard S. 1982. *Art worlds*. Berkeley: University of california Press.
Bell, Daniel. 1976. *The Cultural Contradictions of capitalism*. New York: Basic Books.
Bellah, Robert N., et al. 1985. *Habits of the Heats: Individualism and Commitment in American Life*. Berkeley: University of california Press.
Benjamin, Walter. 1973. The author as producer. *In Understanding Brecht*. London: New Left Books.
Bensman, Joseph, and Gerver, Israel. 1958. Art and mass society. *Social Problems*, 6, pp. 4-10.
Bérard, Michele. 1971. *Encyclopedia of Modern Art Auction Prices*. New York: Arco.
Berger, John. 1972. *Ways of Seeing*. New York: Penguin.
Bergesen, Albert, & Warr, Mark. 1979. A crisis in the moral order: the effects of Watergate upon confidence in social institutions. In Robert Wuthnow, ed., *The Religious Dimension*. New York: Academic Press, 277-95.
Berlind, Robert. 1981. Harriet Shorr at Fischbach. *Art in America*, 69 (May), 145.
Berman, Ronald. 1970. Art vs. the arts. *Commentary*, 68 (Novem-

ber), 46-52.

Blatt, Sidney J. 1984. *Continuity and Change in Art: The Development of Modes of Representation*. Hillsdale, N. J.: Lawrence Erlbaum Associates.

Bourdieu, Pierre. 1980. The aristocracy of culture. *Media, Culture and Society*, 2, pp. 225-54.

Bourdon, David. 1975. Andy Warhol and the society icon. *Art in America*, 63 (January-February), 42-45.

______. 1977. A critic's diary: The New York art year. Art in America, 65 (July-August), 67-78.

______. 1985. Sitting pretty: a new cast of art stars comes into focus. *Vogue*, 175 (November), 108, 116.

Brooklyn Museum. 1979. *American Painting: A Complete Illustrated Listing of Works in the Museum's Collection*. Brooklyn, New York: The Brooklyn Museum.

Buettner, Stewart. 1981. *American Art Theory*, 1945-1970. Ann Arbor: University of Microfilms International Research Press.

Bürger, Peter. 1984. *Theory of the Avant-Garde*. Minneapolis: University of Minnesota Press (translated by Michael Shaw).

Burnham, Jack. 1971. Corporate art. *Artforum*, 9 (October), 66-71.

Butterfield, J. 1976. On the periphery of knowing. *Art*, 50 (February), 72-77.

Bystryn, Marcia. 1978. Art galleries as gatekeepers: the case of the Abstract Expressionists. *Social Research*, 45 (Summer), 390-408.

Calas, Nicolas. 1968. *Art in the Age of Risk and Other Essays*. New York: E. P. Dutton.

Campbell, Lawrence. 1982. Lucien Day at Blue Mountain. *Art in America*, 70 (November), 121-22.

Carter, Malcolm W. 1976. The magnificent obsession: art collecting in the seventies. *Artnews*, 75 (May), 39-45.

Cavaliere, Barbara. 1981. Barnett Newman's "Vir Heroicus Sublimis": building the "idea complex." *Arts*, 55 (January), 144-51.

Cawelti, J. G. 1976. *Adventure, Mystery and Romance: Formula Sto-*

ries as Art and Popular Culture. Chicago: University of Chicago Press.

Chamberlain, Betty. 1980. Professional page: alternative space. American Artist, 44 (September), 14, 99-100.

Chase, Linda. 1975a. Existential vs. humanist realism. In Gregory Battcock, ed,. *Super Realism: A Critical Anthology*. New York: E. P. Dutton, 81-95.

______. 1975b. Les hyperréalistes américains. Paris: Filipacchi, EPI Editions.

______. 1976. Photo Realism: post-modernist illusionism. Art International, 20 (March-April), 14-27.

______. 1980. Tom Blackwell, 1970-1980. *Art*, 55 (December), 154-55.

Clark, Timothy. 1984. *The Painting of Modern Life: Paris in the Art of Manet and His Followers*. New York: Knopf.

Cochrane, Diana. 1974a. The teachings of Hans Hofmann: push and pull. *American Artist*, 38 (March), 26-35, 63-65.

______. 1974b. Paul Georges: the object is the subject. *American Artist*, 38 (september), 58-63, 76-79.

Cockcroft, Eva. 1974. Abstract Expressionism, weapon of the cold war. *Artforum*, 12 (june), 39-41.

Cockcroft, E.; Weber, J.; and Cockcroft, J. 1977. *Toward a People's Art: The Contemporary Mural Movement*. New York: E. P. Dutton.

Collins, Randall. 1975. *Conflict Sociology*. New York: Academic Press.

Cotter, Holland 1984. Robert Longo. Art, 59 (september), 7.

Cottingham, Jane. 1980. For real: paintings by Jack Beal. American Artist (November), 58-63.

Cox, Annette. 1982. Art-as-Politics: *The Abstract Expressionist Avant-Garde and Society*. Ann Arbor, Michigan: University Microfilms International Research Press.

Crane, Diana. 1976. Reward systems in art, science and religion. In

Richard A. Peterson, ed., *The Production of Culture*. Beverly Hills: Sage, 57-72.

______. 1982. Cultural differentiation, cultural integration, and social control. In Jack P. Gibbs, ed., *Social Control: Views form the Social Science*. Beverly Hills: Sage, 229-44.

Crary, Jonathan. 1976. Paul Wiesenfeld. *Arts*, 51 (October), 4.

Crow, Thomas. 1983. Modernism and mass culture in the visual arts. In Benjamin H. D. Buchloh et al., *Modernism and Modernity*. Halifax, Nova Scotia: The Press of the Nova Scotia Collage of Art and Design, 215-64.

Cummings, Paul. 1979. *Artist in their Own Words*. New York: St. Manin's Press.

Davies, Hugh M., and Yard, Sally E. 1977, *Gregory Gillespie: the timeless mystery of art. Arts*, 52 (December), 116-20.

Davis, Douglas. 1977. *Artculture: Essay on the Post-Modern*. New York: Harper and Row.

______. 1982. The avant-garde is dead! Long live the avant-garde! *Art in America*, 70 (April), 11-19.

De Kooning painting fetches $1.21 million. 1983. *International Herald Tribune*, May 12.

Deitch, Jeffrey. 1980. The Warhol product. *Art in America*, 68 (May), 9-13.

Diamonstein, Barbaralee. 1979. *Inside New York Art World*. New York: Rizzoli.

______. 1980. Chuck Close: I'm some kind of slow-motion cornball. *Artnews*, 79 (summer), 113-16.

DiMaggio, Paul. 1977. Market structure, the creative process and popular culture. *Journal of Popular Culture*, 11, pp. 436-52.

______. 1982. Cultural entrepreneurship in nineteenth-century Boston: the creation of an organizational base for high culture in America. *Media, Culture, and Society*, 4 (1982), 33-50.

Doherty, M. stephen. 1979. Robert Cottingham: an unabashed realist. *American Artist*, 43 (July), 48-53, 110-12.

Doty, Robert M. 1982. The Imagery of Neil Welliver. *Art International*, 25. (September-October), 34-41.

Douglas, Mary, and Isherwood, Baron. 1979. *The World of Goods: Towards an Anthropology of Consumption*. London: Allen Lane.

Dowd, Maureen. 1985. Youth-art-hype: a different bohemia. *New York Times Magazine*, November 17, pp. 26-31, 33-34, 36, 38, 40, 42, 87-88, 100.

Downes, Rackstraw. 1976. Postmodernist painting. *Track*, 2 (fall) 70-73.

Economic Report of the President. 1983. Washington, D.C.: U.S. Government Printing Office.

Elkins, Charles. 1977. An approach to the social functions of American science fiction. *Science Fiction Studies*, 4, pp. 228-32.

Ellenzweig, Allen. 1975a. Catherine Murphy. *Arts*, 49 (February), 21.

______. 1975b. John Button and romantic reality. *Arts*, 50 (November), 92-94.

______. 1975c. Rackstraw Downes. *Arts*, 50 (December), 18.

Escarpit, Robert. 1977. The concept of 'mass.' *Journal of Communication*, 27 (Spring), 44-47.

FitzGibbon, Heather M. 1985. From prints to posters: the production of artistic value in an alternative art world. Paper presented at the 11th Annual Conference on Social Theory, Politics and the Arts, Adelphi University and New school for Social Research, (October) 25-27.

Hack, Audrey. 1981. *Audrey Flack on Painting*. New York: Harry N Abrams.

Foote, Nancy. 1976 The apotheosis of crummy space. *Artfourm*, 15 (October), 28-36.

Fort, Ilena Susan. 1981. Paul Wiesenfeld. *Arts*, 56 (September), 28.

The Fortune directory of the largest non-industrial companies: the 50's 1980. Fortune, 102 (July 14), 146-61.

The Fortune directory of the largest U. S. industrial corporations: the

500. 1982. Fortune, 105 (May 3), 258-86.

Foster, Hal. ed. 1983. *The Anti-Aesthetic: Essay on Postmodern Culture*. Port Townsend, Wash.: Bay Press.

Frank, Elizabeth. 1982. Miriam Schapiro: formal sentiments. *Art in America*, 70 (May), 106-12.

Friedman, Jon R. 1982. Kim MacConnel. *Arts*, 56 (June), 21.

Fröhilch, Fanchon. 1968. Aesthetic Paradoxes of Abstract Expressionism and Pop art. In Lee A. Jacobus, ed., *Aesthetic and the Arts*. New York: McGraw Hill, 236-44.

Gablik, Suzi. 1977. *Progress in Arts*. New York: Rizzoli.

______. 1982. Report from New York: the graffiti question. *Art in America*, 70 (October), 33-39.

______. 1984. *Has Modernism Failed?* New York: Thames and Hudson.

Gallati, Barbara. 1981. Alex Katz. *Arts*, 55 (April), 33.

Gans, Herbert. 1974. Popular Culture and High Culture in a changing class structure. In Judith H. Balfe and Margaret Jane Wyszomirski, eds., *Art, Ideology, and Politics*. New York: Praeger.

Gardner, Paul. 1980. Gee, what's happened to Andy Warhol? *Artnews*, 79 (November), 72-77.

______. 1982. The Stable wasn't 'just another gallery'. *Artnews*, 81 (May), 108-13.

Geldzahler, Henry. *1969. New York Painting and Sculpture*, 1940-70. New York: E. P. Dutton.

______. 1974. Pop Art: two views. *Artnews*, 73 (May), 30-32.

Gendel, Milton. 1979. If one hasn't visited Count Panza's villa, one doesn't know what collecting is all about. *Artnews*, 78 (December), 44-49.

Genova, Judith. 1979. The significance of style. *Journal of Aesthetics and Art Criticism*, 37 (Spring), 315-24.

Glaser, Bruce. 1966. If it was just a satirical thing, there wouldn't be any problem. *Artforum*, 4 (February), 21-24.

______. 1968. Questions to Stella and Judd In Gregory Battcock, ed.,

Minimal Art: A Critical Anthology. New York: E. P. Dutton, 148-64.

______. 1970-71. Modern art and the critics: a panel discussion. *Art Journal*, 30 (Winter), 154-59.

Glaser, David. 1983. Neo-Pop strategy, *Arts*, 57 (November), 126-27.

Glueck, Grace. 1971. Power and aesthetics: the trustee. *Art in America*, 59 (July-August), 82.

______. 1981. How emerging artists really emerge: putting the biennials together. *Artnews*, 80 (May), 95-99.

______. 1985. The art boom sets off a museum building spree. *International Herald Tribune*, (July 5), p. 7.

Godfrey, Robert. 1979. Have museums slighted certain types of art, particularly figurative art? *American Artist*, 43 (October), 14, 117.

Goldberger, Paul. 1984. The new MoMA. *The New York Times Magazine*, (April 15), Section 6, pp. 36-46, 68-72.

Goldin, Amy. 1966. Requiem for a gallery. *Arts*, 40 (January), 25-29.

______. 1975. Patterns, grids and painting. *Artforum*, 14 (September), 50-54.

Goldin, Amy, & Smith, Roberta. 1977. Present tense: new art and the New York museum. *Art in America*, 65 (September-october), 92-104.

Golub, Leon. 1973. 16 Whitney Museum Annuals, percentages 1950-72. *Artforum*, 11 (March), 36-39.

Goodrich, Lioyd, & Baur, John. 1961. *American Art of Our Century*. New York: Praeger,

Goody, Kenneth. 1984. Arts Funding: growth and change between 1963 and 1983. *Annals of the American Academy of Political and Social Science*, 471 (January), 144-57.

Goodyear, Frank H., Jr. 1981. *Contemporary American Realism Since 1960*. Boston: New York Graphic Society.

Gottdiener, M. 1985. A semiotic approach to mass culture. *American Journal of Sociology*, 90 (March), 979-1001.

Gottlieb, Adolf. 1967. Statement. Jackson Pollock, an artist's symposium. *Artnews*, 66 (April), 29-33.

Grana, Cesar. 1971. *Fact and Symbol: Essays in the Sociology of Art and Literature*. New York: Oxford University Press.

Greenberg, Clement. 1961a. Modernist painting. *Art Yearbook*, 4, pp.101-8.

______. 1961b. *Art and Culture: Critical Essays*. Boston: Beacon Press.

Grote, David. 1983. *The End of Comedy: The Sit-Com and the Comedic Tradition*. Hamdon, Conn.: Archon Books.

Guilbaut, Serge. 1983. *How New York Stole the Idea of Modern Art: Abstract Expressionism, Freedom, and the Cold War*. Chicago: University of Chicago Press, 1983.

Gussow, Alan. 1972. *A Sense of Place*: The Artist and the American Land, vol. 1 San Francisco: Friends of the Earth.

Haacke, Hans. 1976. *Framing and Being Framed: 7 Works*, 1970-75. New York: New York University Press.

______. 1981. working conditions. *Artforum*, 19 (Summer), 56-61.

Hadjinicolaou, Nicos. 1978. *Art and Class Struggle*. London: Pluto Press.

Hall, Stuart. 1979. Culture, media and the ideological effect. In james Curran, et al., *Mass Communication and Society*. Beverly Hills, Calif.: Sage.

Hall, Stuart, & Jefferson, T., eds., 1976. *Resistance Through Rituals*. London: Hutchinson.

Halley, Peter. 1981. Beat, Minimalism, New wave, and Robert Smithson. *Arts*, 55 (May), 120-21.

______. 1983. A note on the 'new expressionism', phenomenon. *Arts*, 57 (March), 88-89.

Haney, William L. 1981. Our place in time. *ACM Newsletter*, 1 (January-February), 6-7.

Hanson, Duane. 1970. Presenting Duane Hanson. *Art in America*, 58 (September), 86-89.

Harshman, Barbara. 1978. An interview with Chuck Close. *Arts*, 52 (June), 142-45.

Hart, Kitty C. 1984. Changing public attitudes toward funding the arts. *Annals of the American Academy of Political and Social Science*, 471 (January), 45-56.

Haskell, Barbara. 1976. Two decades of American sculpture: a survey In *Two Hundred Year of American Sculpture, Catalogue*. New York: Whitney Museum of Modern Art.

Haskell, Barbara. 1984. *Blam! The Explosion of Pop, Minimalism, and Performance*, 1958-1964. New York: Whitney Museum of American Art in association with W. W. Norton.

Heise, Myron. 1978. Street painter Myron Heise. *American Art Review*, 4 (November), 100-103.

Helms, Roy. 1979. State funds are zooming: 23 states top $1 million for the arts. *American Arts*, 10 (December), 22-23.

Henry Gerrit. 1975. The artist and the face: a modern sampling. *Art in America*, 63 (January-February), 34-41.

______. 1981a. Jane Freilicher (Fischbach). *Artnews*, (March), 220.

______. 1981b. Milet Andrejevic at Robert Schoelkopf. *Art in America*, 69 (April), 141.

______. l981c. Painterly realism and the modern landscape. *Art in America*, 69 (september), 112-19.

Herbert, Nick. l985. *Quantum Reality: Beyond the New Physics*. Garden City, New York: Anchor Press, Doubleday.

Hightower, John B. 1970. From class art to mass art. *Art in America*, 58 (September-october), 25.

Hills, Patricia. 1980. Painting, 1941-80. In Patricia HilIs and Roberta K. Tarbell, *The Figurative Tradition and the Whitney Museum of America Art*. Newark: University of Dere Press 109-51.

Hirsch, Paul M. 1972. Processing fads and Fashions: an organization set analysis of cultural industry systems. *American Journal of Sociology*, 77 (january), 639-59.

Hobbs, Rober C. 1978. Early Abstract Expressionism: a concern with the unknown within. In Robert C. Hobbs and Gail Levin. *Abstract Expressionism: The Formative Year*. New York: Whitney Museum of American Art, 8-26.

Hopkins, Budd. 1976. Frank Stella's new work: a personal note. *Artforum*, 15 (December), 58-59.

Hopps, walter. 1965. An interview with Jasper Johns. *Artforum*, 3, pp. 32-36.

Hughes, Robert. 1982. The rise of Andy Warhol. *New York Review*, 29 (February 18), 6-10.

Humphrey, Ralph. 1975. Statement and critique. *Arts*, 49 (February), 56-59.

Hunter, Sam. 1959. Into the forties: the crisis in painting. *In Modern Painting and Sculpture*. New York: Dell, 131-61.

______. 1979. *Art in Business: The Philip Morris Story*. New York: Harry N. Abrams.

Hutton, Jon. 1982. Jack Goldstein. *Arts*, 56 (January), 17.

Huyssen, Andreas. 1975. The cultural politics of Pop: reception and critique of Us Pop art in the Federal Republic of Germany. *New German Critique*, 2, pp. 77-97.

______. 1980. The hidden dialectic: The avant-garde-technology-mass culture In Kathleen woodward, ed., *The Myths of Information: Technology and Postindustrial Culture Madison wis.*: Coda Press, 151-64.

Jeffri, Joan. 1980. *The Emerging Arts*. New York: Praeger.

Johnson, Ellen H. 1965 Jim Dine and Jasper Johns: art about art. *Art and Literature*, 6 (Autumn), 77-97.

Jowitt, Deborah. 1971. Post-Judson dance. *Art in America*, 59 (September-October), 81-87.

Kadushin. Charles. 1976. Networks and circles in the production of culture. *American Behavioral Scientist*, 19 (July-August), 769-84.

Kagan, Andrew 1978. Most wanted men: Andy Warhol and anti-culture of punk. *Arts*, (September), 119-21.

Kahn, W. 1979. The subject matter of new realism. *American Artist*,

49 (November), 50-55.

Kalish, Howard. 1979. Toward the Artists' Choice Museum. In "Figurative/Realist Art." Artists' Choice Museum, New York, (September), 8-22, pp. 57.

______. 1980. Figurative, representational, realist art. *ACM* [Artists' Choice Museum] Newsletter, 1 (April) 3-5.

Kardon, Janet. 1984. The East village Scene. In "The East village Scene", Institute of Contemporary Art, University of pennsylvania, October 12-December 2, pp. 6-8.

Karp, Ivan. 1975. Rent is The only reality, or the hotel instead of the hymns. In Gregory Battcock, ed., *superrealism: A Critical Anthology*. New York: E. P. Dutton, 21-35.

Kelly, Geraldine. 1971. *The Sale of Works of Art: A Study Based on the Times Sotheby Index*. London: Nelson.

Kelly. William. 1980. Robert Godfrey. *Arts*. 54 (March), 12.

Kent, Norman. 1959. Some sales talk. *American Artist*, 23 (May), 3, 62.

Kirby, Michael, & Richard Schechner. 1965. Interview with John Cage. *Tulane Drama Review*, 10 (Winter), 50-72.

Klapp, Orrin E. 1982. Meaning lag in the information society. *Journal of Communication*, 32 (Spring), 56-66.

Koslow, Susan. 1982. Empirical realism and poetic form in the paintings of Lennart Anderson. *Arts*, 57 (December), 90-99.

Kozloff, Max. 1964. The honest elusiveness of Jim Dine. *Artforum*, 3, pp. 36-40.

______. 1965. The Critical reception of Abstract Expressionism. *Arts*, 40 (December), 27-33.

Kramer, Hilton. 1973. *The Age of Avant Garde: An Art Chronicle of 1956-1972*. New York: Farrar, Straus and Giroux.

______. 1974. Realism: the painting is fiction enough! *New York Times*, (April 28), D19.

______. 1976. SoHo: figures at an exhibition. *New York Times*, (December 10), C14.

______. 1977. Why figurative are confounds our museums. *New York Times*, (January 23), D19.

Kuh, Katherine. 1971. Of, by and for artists. *Saturday Review*, 54 (January 23), 88-89.

______. 1973. The new art and its collectors. *Saturday Review/World*, 56 (December 4), 38-40.

Kuhn, Annette. 1977. post-war collecting: the emergence of phase III. *Art In America*, 65 (September), 110-13.

Kuhn, Thomas S. 1970. *The Structure of Scientific Revolutions*. 2d ed. Chicago: University of Chicago Press.

Kuspit, Donald B. 1976. Regionalism reconsidered. *Art in America*, 64, (July-August), 64-69.

______. 1977. Art criticism: where's depth? *Artforum*, 16 (September), 38-41.

______. 1978. Symbolic pregnance in Mark Rothko and Clyfford Still. *Arts*, 52 (March), 120-25.

______. 1979a. Modern art's failure of critical nerve. *Arts*, 53 (February), 113-17.

______. 1979b. *Clement Greenberg: Art Critic*. Madison, Wis.: University of Wisconsin Press.

______. 1981. What's real in realism? *Art in America*, 69 (September), 84-95.

______. 1982. David Salle at Boone and Castelli. *Art in America*, 70 (Summer), 142.

______. 1985. *Leon Golub: Existential/Activist Painter*. New Brunswick, N.J.: Rutgers University Press.

Kuwayama, Tadaaki. 1964. Statement. *Art in America*, 52, no. 4, p. 100.

Laderman, Gabriel. 1967. Unconventional realists. *Artforum*, 6 (November), 42-46.

______. 1968. The future of landscape painting, *Artforum*, 6 (November), 57-60.

Landau, Ellen G. 1976. The French sources for Hans Hofmann's ideas on the dynamics of color-created space. *Arts*, 51 (October), 76-81.

Lanes, Jerrold. 1972. Problems of representation-are we asking the right questions? *Artforum*, 10 (January), 60-62.

Lawson, Thomas. 1981. Last exit: painting. *Artforum*, 20 (October), 40-45.

Lee, S. E., ed. 1975. *On Understanding Art Museums*. Englewood Cliffs, N.J.: Prentice-Hall.

Leepa, Allen. 1968. Minimal art and primary meanings In Gregory Battcock, ed., *Minimal Arts*. New York: E. P. Dutton, 200-208.

Legg, Alicia, ed. 1977. *Painting and Sculpture in the Museum of Modern Art: Catalogue of the collection, January 1*, 1977. New York: The Museum of Modern Art.

Levin, Kim. 1978. Chuck Close: decoding the image. *Arts*, 52 (June), 146-49

______. 1979a. Frank Stella. *Arts*, 53 (March), 22.

______. 1979b. Farewell to modernism. *Arts*, 54 (October), 90-92.

______. 1980. Alex Katz. *Arts*, 54 (May), 5.

Levine, Edward. 1976. Robert Irwin: world without frame. *Arts*, 50 (February), 72-77.

Levine, Les. 1973. A portrait of Sidney Janis on the occasion of his 25th anniversary as an art dealer. *Arts*, 48 (November), 51-54.

Lichtenstein, Grace. 1979. Betty Parsons: still trying to find the creative world in everything. *Artnews*, 78 (March), 52-56.

Lindey, Christine. 1980. *Superrealist Painting and Sculpture*. New York: William Morrow.

Lipman, Jean, ed. 1970. *The Collector in America*. New York: Viking.

Lippard, Lucy. 1965. The third stream: constructed images and painted structures. *Art voices*, 4 (Spring), 45-49.

______. 1966a. Recent sculpture as escape. *Art International*, 10 (February), 48-58.

______. 1966b. *Pop Art*. New York: Praeger.

Long, Elizabeth. 1981. Affluence and after: themes of success in American best selling novels, 1945-1975. *Knowledge and Society: Studies in the Sociology of Culture Past and Present*, 3 pp. 257-301.

______. 1985. *The America Dream and the Popular Novel*. Boston: Routledge and Kegan Paul.

Loucheim, Aline B. 1944. Who buys what in the picture boom? *Art News*, (July 1-31), 12-14, 23, 24.

______. 1945. Second season of the picture boom: private buying of contemporaries continues to climb. *Art news*, (August 1-31), 8-11, 26.

Lubell, Ellen. 1977. Idelle Weber. *Arts*, 52 (September), 8.

Mackie, Alwynne. 1978. New realism and the photographic look. *American Art Review*, 4 (November), 72-79, 132-34.

______. 1979. Ben Schonzeit and the changing faces of realism. *Art International*, 22 (January), 24-32.

Mainardi, Patricia. 1976. Philip Pearlstein: old master of the new realists. *Art news*, 75 (November), 72-75.

______. 1978. Louis Finkelstein. *Arts*, 52 (February), 10.

______. 1979 Gretna Campbell. *Arts*, 53 (May), 7.

Mangan, Doreen. 1974. Paul Wiesenfeld redefines the still life. *American Artist*, 38 (August), 20-25, 58-62.

______. 1980. How New York galleries operate: do you need one? *American Artist*, (June), 78-80.

Marincola, Paula Chronology. 1981. "Robert S. Zakanitch," Institute of contemporary Art, University of Pennsylvania, June 12 to August 9.

Marter, Joan. 1978. Joan Semmel. *Arts*, 53 (November), 12.

______. 1982. Narrative painting, language, and Ora Lerman's trilogies. *Arts*, 56 (May), 90-94.

Martorella, Rosanne. 1986. Beauty and the boardroom: a sociological analysis of the artistic styles of corporate art collections. Paper presented at the Annual Meeting of the American Sociological Association, New York City, September 3.

Mathews, Margaret. 1981. Duane Hanson: Super Realism. *American Artist*, 45 (November), 58-62, 95-97, 102.

McCormick, Carlo. 1984. The periphery of pluralism. In "The East village Scene." Institute of Contemporary Art, University of Pennsylvania, Philadelphia, Pa., (October 12-December 2), pp. 20-55.

McGill, Douglas C. 1984. More Americans attend the Arts. *New York Times*, December 4.

______. 1985. Rubin of Modern Museum to stress new works. *New York Times*, (February 20), C15.

______. 1986. Probing society's taboos-on canvas. *New York Times*, (March 2), Section 2, p. H1.

McQuarie, Donald. 1980. Utopia and transcendence: an analysis of their decline in contemporary science fiction. *Journal of Popular Culture*, 14 (Fall), 242-50.

McTwigan, Michael. 1982. What is contemporary American realism? An interview with Frank Goodyear. *American Artist*, 46 (March), 12, 14, 16, 67, 70-71.

Meisel, Louis K. 1981. *Photorealism*. New York: Harry N. Abrams.

Metz, Robert. 1979. The corporation as art patron: a growth stock. *Artnews*, 78 (May), 40-47.

Meyer, Leonard B. 1963. The end of the Renaissance? *The Hudson Review*, 16, pp. 169-86.

Meyer, Ursula. 1972. *Conceptual Art*. New York: E. P. Dutton.

Moffette, Kenneth. 1974. Pop Art: two views. *Artnews*, 73 (May), 30-32.

Monaco, James. 1978. *Media Culture*. New York: Delta.

Motherwell, Robert, and Reinhardt, Ad, eds. 1951. *Modern Artist in America*. Ser. 1. New York.

Moufarrege, Nicolas A. 1982. Another wave, Still more savagely than the first: Lower East Side, 1982. *Arts*, 57 (September), 69-73.

Moulin, Raymonde. 1967. *Le Marché de la Peinture en France*. Paris:

Les Editions de Minuit.

Mulkay, Michael, and Chaplin, Elizabeth. 1982. Aesthetics and the artistic career: a study of anomie in Fine-art painting. *The Sociology Quarterly*, 23 (Winter), 117-38.

Murry, Jesse. 1980. William Conlon. *Arts*, 54 (February), 14.

Naifeh, Steven W. 1976. *Culture Making: Money, Success and the New York Art World*. Princeton University: Undergraduate Studies in History, The History Department of Princeton University.

National Endowment for the Arts. 1975. *Museum USA: A Survey Report*. Washington, D. C.: United States Government Printing Office.

National Research Center of the Arts. 1975. *American and the arts: Survey of Public Option*. New York: Associated Councils of the Arts.

______. 1976. *American and the Arts: A Survey of the Attitudes Toward and Participation in the Arts and Culture of the U. S. Public New York*: Associated Councils of the Arts.

Nemser, Cindy. 1971-72. Representational painting in 1971: a new synthesis. *Arts*, 46 (December-January), 41-46.

Netzer, Dick. 1978. *The Subsidized Muse: Public Support for the Arts in the United States*. New York: Cambridge University Press.

Nilson, Lisbet. 1983. Making it in Neo. *Artnews*, 82 (September), 62-70.

Nochlin, Linda. 1967. The invention of the avant-garde Art. France, 1830-80. In Thomas B. Hess and John Ashbery, eds., *Avant-Garde Art*. London: Collier-Macmillan, pp. 1-24.

______. 1981. The Flowering of American realism. In "Real, Really Real, Super Real," San Antonio Museum Association, San Antonio, Texas, (March 1-April 26), pp. 25-36.

Nora, Francoise. 1967. The neo-impressionist avant-garde. In Thomas B. Hess and John Ashbery, eds., *Avant-Garde Art*. New York: Macmillan, 25-50.

O'Doherty, Brian. 1967. *Object and Idea: An Art Critics's Journal, 1961-67*. New York: Simon and Schuster.

______. Minus Plato. 1968. In Gregory Battcock, ed., *Minimal Art: A Critical Anthology*. New York: E. P. Dutton, 251-55.

______. 1976a. Inside the white cube: notes on the gallery space. Part I. *Artforum*, 14 (March), 24-30.

______. 1976b. Inside the white cube. Part III: Context as content. *Artforum*, 15 (November), 38-44.

O'Hare, Michael. 1974. The audience for the museum of fine arts. *Curator*, 17, 126-59.

Ohmann, Richard. 1983. The shaping of a canon: U. S. fiction, 1960-1975. *Critical Inquiry*, 10 (September), 199-223.

Olive, Kristin. 1985. David Salle's deconstructive strategy. *Arts*, 60 (November), 82-85.

Oresman, Janice G. 1982. Still life today. *Arts*, 57 (December), 111-15.

Orton, Fred, & Pollock, Griselda. 1981. Avant-Garde and partisans reviewed. *Art History*, 4 (September), 305-27.

Owens, Craig. 1981. The critic as realist [book review]. *Art in America*, 69 (September), 9.

Passlof, P. 1976. Gretna Campbell's 'new paintings', Arts, 50 (April), 100-102, Patterson, Jerry. 1973. Facts, figures, questions about the Scull sale. *Artnews*, 72 (December), 78-80.

______. N. d. Review of American art at auction, 1970-78. In Richard Hislop, ed., *Auction Price of American Artists*. Pond House, Weybridge, Surrey: Art Sales Index, n. d.

Perl, Jed. 1977. Gabriel Laderman. *Arts*, 51 (May), 5.

Perreault, John. 1967. Union-made: report on a phenomenon. *Arts*, 41 (March), 26-31.

______. 1968. Minimal abstracts. In Gregory Battcock, ed., *Minimal Art*: A Critical Anthology. New York: E. P. Dutton, 256-62.

______. 1974. "Classic" Pop revisited. *Art in America*, 62 (March-April), 64-68.

______. 1977. Issues in pattern painting. *Artforum*, 16 (November), 32-36.

______. 1978. Photo-realist principles. *American Art Review*, 4 (November), 108-11, 141.

Perrone, Jeff. 1984. The Fresh and the not-so-fresh. *Arts* 59, (December), 104-7.

Peterson, Richard. 1979. Revitalizing the culture concept. *Annual Review of Sociology*, 5, pp. 137-66.

Peterson, Richard A., & Berger, David. 1975. Cycles in symbol production: the case of popular music: *American Sociological Review*, 40, pp. 158-73.

Peterson, Richard, & DiMaggio, Paul. 1975. From region to class: the changing locus of country music: a test of the massification hypothesis. *Social Force*, 53 (March), 497-506.

Pincus-Witten, Robert. 1970. [Review of Edwin Ruda], *Artforum*, 8 (January), 67- 68.

Plagens, Peter. 1974. *Sunshine Muse: Contemporary Art on the West Coast*. New York: Praeger.

______. 1981. The academy of the bad. *Art in America*, 69 (November), 11-17.

Poggioli, Renato. 1971. *The Theory of the Avant-Garde*. New York: Harper and Row.

Pollock, Duncan. 1972. The verist sculptors: two interviews. *Art in America*, 60 (November), 98-99.

Pollock, Jackson. 1947-48. My painting. *Possibility* 1, (winter), 78-83.

Popper, Frank. 1975. *Art-Action and Participation*. London: Studio Vista.

Porter, Fairfield. 1981. Speaking likeness. *ACM Newsletter*, 2 (November-December), 1-2.

Price, Derek J. de Solla. 1965. Networks of scientific papers. *Science*, 149, pp. 510-15.

______. 1970. Citation measures of hard science, soft science, technology, and non-science. In C. Nelson and D. Pollock, eds.,

Communication among Scientists and Engineers. Lexington, Mass.: D. C. Heath, 3-22.

Ratcliff, Carter, et al. 1978. In the manifold present-the paintings of Tony Robbin. *Arts*, 52 (March), 100-101.

______. 1982. Art and resentment. *Art in America*, 70 (Summer), 11.

Ratcliff, Carter, et al. 1982. Expressionism today: an artists' symposium. *Art in America*, 70 (December), 58-75, 139-41.

Raymond, H. D. 1974. Beyond Freedom, dignity and ridicule. *Arts*, 48 (February), 25-26.

Reif, Rita. 1986. Jasper Johns painting sets an auction record. *New York Times*, (November) 12.

Reise, Barbara M. 1968a. Greenberg and the group: a retrospective view: Part 1. *Studio International*, 175 (May), 254-57.

______. 1968b. Greenberg and the group: a retrospective view: Part 2. *Studio International*, 175 (June), 314-15.

Ridgeway, Sally. 1977. The social dynamics of an avant-garde movement. Paper presented at the Meetings of The American Sociological Association, Chicago, September.

Robins, Corinne. 1973. Mary Grigoriadis. *Arts*, 53 (September), 3.

______. 1978. Willard Midgette. *Arts*, 52 (April), 2.

______. 1980. Late decorative art: art, artifact, and ersatz. *Arts*, 55 (September), 150-51.

Robinson, Walter, and McCormick, Carlo. 1982. Slouching toward Avenue D. *Art in America*, 72 (Summer), 134-61.

Robbin, Tony. 1976. Visual paradox & four-dimensional geometry. *Tracks*, 2 (Winter), 11-19.

Rosand, David. 1971. Portrait of the artist as a portrait of the artist. *Artnews*, 70 (March), 32-34, 74.

Rose, Barbara. 1968. ABC art. In Gregory Battcock, ed., *Minimal Art: A Critical Art Anthology*. New York: E. P. Dutton, 274-97.

______. 1975a. *American Art Since 1900*. New York: Praeger.

______. ed. 1975b. *Readings in American Art, 1900-1975*. New York: Praeger.

______. 1978. Hans Hofmann: From expressionism to abstraction. *Arts*, 53 (November), 110-14.

______. 1983. Letter to a young artist *ACM Journal*, 1 (Fall), 16-18.

Rosenberg, Bernard, and Fliegel, N. E. 1965. *The Vanguard Artist*. Chicago: Quadrangle Books.

Rosenberg, Harold. 1964. Rosenberg on criticism. *Artforum*, 2, no. 8, pp. 28-29.

______. 1965. *The Traditional of the New*. New York: McGraw-Hill.

Rosenblum, Robert. 1981. How about a show of the ten highest-priced artists whom no right-thinking museum would ever consider exhibiting? *Artnews*, 80 (January), 133.

Rubin, David S. 1978. Andy Warhol. *Arts*, 53 (December), 10

Rublowsky, John. 1965. *Pop Art*. New York: Basic Books.

Ruda, Ed. 1967. Park Place, 1963-1967: some information notes in retrospect. *Arts*, 42 (November), 30-33.

Russell, John. 1982. Thomas Eakins' moral dimension. *International Herald Tribune*, (June), 10, p. 8.

______. 1984, Modern museums are on every city's list. *New York Times*, April 29, H31.

______. 1985. Modern art museums: too much of the same thing. *International Herald Tribune*, (August), 9, p. 7.

Sandler, Irving. 1965. The Club: How the artists of the New York school found their First audience-themselves. *Artforum*, 4 (September), 27-30.

______. 1976. *The Triumph of American Painting: A History of Abstract Expressionism*. New York: Harper and Row.

______. 1978. *The New York School: The Painters and Sculptors of the Fifties*. New York: Harper and Row.

______. 1984. Tenth Street then and now. In "The East Village Scene," Institute of Contemporary Art, University of pennsylvania, Philadelphia, Pa., October 12-December 2, pp. 10-19.

Sawin, Martica. 1976. Abstract roots of Contemporary representation. *Art*, 50 (June), 106-9.

______. 1977. Kendall Shaw. *Arts*, 51 (January), 8.

Schjeldahl, Peter. 1980. Warhol and class content. *Art in America*, 68 (May), 112-19.

Schwartz, Barry. 1974. *The New Humanism: Art in Time of Change*. New York: Praeger.

Seitz, William C. 1972. The real and the artificial: painting of the new environment. *Art in America*, 60 (November-December), 58-72.

Selz, Peter. 1963. A symposium on Pop art. *Arts*. 37 (April), 36-45.

Seuphor, Michel, l951. Paris New York 1951. In Robert Motherwell and Ad Reinhardt, eds. *Modern Artist in America*, New York: Wittenborn Schultz, 118-22.

Shaman, Sanford, S. 1981. An interview with Philip Pearlstein. *Art in America*, 69 (September), 120-26, 213-15.

Shapiro, David, ed. 1973. *Social Realism: Art as a Weapon*. New York: Frederick Ungar.

Shapiro, Theda. 1976. *Painters and Politics: The European Avant-Garde and society, 1900-1925*. New York: Elsevier.

Shirey, David. 1974, Arts market. *Arts*, 48 (June), 75.

Shore, Michael. 1980. Punk rocks the art world: how does it look? Artnews, 79 (November), 78-85.

SiegeI, Jeanne. 1973. Adolf Gottlieb at 70: "I would like to get rid of the idea that art is for everybody." *Artnews*, 72 (December), 57-59.

______. 1983. Richard Bosman: Stories of violence. *Arts*, 57 (April), 126-28.

______. 1985. *Artwords: Discourse on the 60s and 70s*: Ann Arbor: UMI Research Press.

Simpson, Charles R. 1981. SoHo: *The Artist in the city*. Chicago: University of Chicago Press.

Sloane, Leonard. 1980. Is big business a bonanza bor the arts? *Art-news*, 79 (October), 8, 111-15.

Smith, Corinna. 1979. Alfred Leslie. *Arts*, 53 (January), 14.

Smith, Corinna, & Brian Wallis. 1979. The big still life. *Arts*, 53 (May), 15.

Smith, Philip. 1981. Jedd Garet and the atomic age. *Arts*, 55 (June), 158-60.

Smith, Paul. 1982. Lois Dodd. *Arts*, 57 (December), 7.

Snow, Robert P. 1983. *Creating Media Culture*. Beverly Hills: Sage.

Spencer, John R. 1971. The university museum: accidental past, purposeful future? *Art in America*, 59 (July-August), 84-90.

Storr, Robert. 1982. Keith Haring and Frank Young at Hal Bromm. *Art in America*, 70 (March), 144.

______. 1984. Rackstraw Downes: painter as geographer. *Art in America*, 72 (October), 154-61.

Strand, Mark. 1983. *The Art of the Real: Nine American Figurative Painters*. New York: Crown Publishers.

Sullivan, Ellen. 1981. Sharyn Finnegan. *Arts*, 55 (April), 23.

Tannenbaum, Judith. 1977. Sidney Goodman. *Arts*, 51 (May), 37-38.

______. 1978. Dee Shapiro. *Arts*, 52 (April), 10.

Thomas, Helen. 1979. Tomar Levine. *Arts*, 53 (June), 39.

Tillim, Sidney. 1965. Further Observations on the Pop phenomenon. *Artforum*, 4 (November), 17-19.

______. 1966. The Katz cocktail: grand and cozy. *Artnews*, 64 (December), 46-49, 67-69.

______. 1969. A variety of realisms. *Artforum*, 7 (Summer), 42-48.

______. 1977. Notes on narrative and history painting. *Artforum*, 15 (May), 41-43.

Tomkins, Calvin. 1971. Moving with the Flow. *New Yorker*, 47 (November 6), 58-113.

______. 1975. Profile on Betty Parsons. *New Yorkers*, 51 (June 9), 44-48, 51-52, 54, 59-60, 62, 64.

______. 1980a. Matisse's armchair. *New Yorker*, 56 (February 25), 108-13.

______. 1980b. A good eye and a good ear. *New Yorker*, 56 (May 26), 40-72.

Trini, Tommaso. 1970. At home with art: the villa of Count Giuseppe Panza di Biumo. *Art in America*, 58 (September-October), 107-9.

Trucco, Terry. 1981. Insider's guide to the art market. *Artnews*, 80 (April), 78-81.

Truewoman, Honey. 1975. Realism in drag. In Gregory Battcock, ed., *Superrealism: A Critical Anthology*. New York : E. P. Dutton, 223-29.

Tuchman, Maurice. 1970. *New York School: The First Generation*. Greenwich, Conn.: New York Graphic Society.

Tuchman, Phyllis. 1970. American art in Germany: the history of a phenomenon. *Artforum*, 9 (November 9), 58-69.

______. 1971. Interview with Jack Tworkov. *Artforum*, 9 (January), 62-68.

______. 1976. Peter Ludwig: an obligation to inform. *Artnews*, 75 (October), 60-63.

______. 1977. Minimalism and critical response. *Artforum*, 15 (May), 26-31.

Turner, Norman. 1981. Charles Cajori. *Arts*, 55 (April), 21.

______. 1982. Painterly landscape. *Arts*, 56 (March), 115-19.

Tworkov, Jack. 1973. Notes on my painting. *Art in America*, 61 (September), 66-69.

United States Bureau of the Census. 1975. *Historical Statics of the United States: Colonial Times TO 1970, Part 1*. Washington, D.C.: U.S. Department of Commerce, Bureau of the Census.

______. 1951. 1982-83. *Statistical Abstract of the United States*. Washington, D. C.: U.S. Bureau of the Census.

Useem, Michael, & DiMaggio, Paul. 1977. A critical review of the content, quality and use of audience studies. In David Cwi, ed., *Research in the Arts*, Proceedings of the Conference on Policy Related Studies of the National Endowment for the Arts. The

Walters Art Gallery, Baltimore, Maryland, (December), 7-9.

Varian, Elayne H. Schemata 7. In Gregory Battcock (ed.) *Minimal Art: A Critical Anthology*. New York: E P. Dutton, 1968, 359-80.

______. 1970. New dealing. *Art in America*, 58 (January-February), 68-73.

Van Devanter, Anne C., & Frankenstein, Alfred V. 1974. *American Self-Portraits, 1670-1973*. Washington, D.C.: International Exhibitions Foundation.

Vitz, Paul C., and Glimcher, Arnold B. 1984. *Modern Art and Modern Science: The Parallel Analysis of Vision*. New York: Praeger Publishers.

Walker, John A. 1983. *Art in the Age of the Mass Media London*: Pluto Press. Walker, Richard W. 1984. Record price for Fairfield Porter. Artnews, 83 (December), 22.

Wallach, Alan. 1980. Thomas Cornell. *Arts*, 54 (February), 7.

Wallen, Burr. 1980. William Schwedler in orbit, or, pattern is more than you think it is. *Arts*, 54 (March), 172-76.

Welish, Marjorie. 1981. James McGarrell at Frumkin. *Art in America*, 69 (Summer), 132.

Weschler, Lawrence. 1982. Lines of Inquiry. *Art in America*, (March), 102-9.

White, Harrioson, & White, Cynthia. 1965. *Canvas and Careers*. New York: Wiley.

Whitney Museum of American Art. 1975. *Catalogue of the Collection*. New York: Whitney Museum of American Art.

______. 1986. *Painting and Sculpture Acquisitions, 1973-1986*. New York: Whitney Museum of American Art. 1986.

Williamson, Judith. 1978. *Decoding Advertisements: Ideology and Meaning in Advertising*. Salelm N. H.; Marion Boyars.

Wilsol, Janet. 1978. What makes MOMA run? Richard Oldenburg. *Artnews*, 78 (October), 141.

Wolff, Janet. 1981. *The Social Production of Art. New York: St. Martin's press.*

______. 1983. *Aesthetics and Sociology of Art*. London: George Allen and Unwin.

Wollheim, Richard. 1968. Minimal art. In Gregory Battcock, ed., *Minimal Art: A Critical Anthology*. New York: E. P. Dutton, 387-99.

Wright, Will. 1976. *Six-Guns and Society*. Berkeley, Calif.: University of California Press.

Wuthnow, Robert,et al., 1984. *Culture and Analysis: The Work of Peter L. Beger, Mary Douglas, Michel Foucault, and Jurgen Habermas*. Boston: Routledge and Kegan Paul.

Yau, John. 1978. Sidney Tillim. *Arts*, 52 (February), 7.

______. 1981. Robert Berlind at Milliken. *Art in America*, 69 (Summer), 134-35.

Yourgrau, Barry. 1980. Janet Fish: new paintings. *Arts*, 55 (December), 96-97.

Zimmer, william. 1976. William Schwedler. *Arts*, 50 (April), 5.

______. 1976. Frank Faulkner. *Arts*, 51 (September) 5.

Zolberg, Vera L. 1981. Conflicting visions in American art Museums. *Theory and Society*, 10, pp. 103-25.

______. 1983. Changing patterns of patronage in the arts. In Jack B. Kamerman and Rosanne Martorella, eds., *Performers and Performance: The Social Organization of Artistic Work*. New York: Praeger, 251-68.

Zukin, Sharon. 1982. *Loft Living*. Baltimore: The Johns Hopkins University Press.

사전류

American Art Directory. 1970, 198l, 1982, 1984. Edited by Jaques Cattell Press. New York: R. R. Bowker.

The Art Collector's Almanac, No. 1, 1965. 1965. Edited by Marshall Matusow. New York: Art Collector's Almanac.

Art Yearbook 6. 1962. Edited by James R. Mellow. New York: Art Digest

Art Yearbook. 1959.Edited Hilton Kramer. New York: Art Digest.

Auction Prices of American Artists. 1970-84 Volume 1: 1970-70; 2: 1978-80; 3: 1980-82; 4: 1982-84. Edited by Richard Hislop. Pond House, Weybridge, Surrey: Art Sales Index.

Contemporary Artists. 1981. Edited by Colin Naylor and G. P-Orridge, New York: St. Martin's Press.

Dictionary of Contemporary Artists. 1977, 1982. Edited by Paul cummings, New York: St. Martin's Press.

Fine Art Marketplace, 1977-78. 1977. Edited by Paul cummings, New York: R. R. Bowker.

"Gallery Guide." 1977. *Art Now*, 8 (December), 1-36.

Guide to Corporate Giving in the Arts 2. 1981. Edited by Judith Tannenbaum. New York: American Council for the Arts.

New York Art Yearbook, 1975-76, 1976. Volume 1. Edited by Judith Tannenbaum. New York: Noyes Art Books.

The 1986 Artnews Directory of Corporate Art Collections. 1986. New York: Artnews.

Who's Who in American Art. 1980, 1982, 1984. Edited by Jaques Cattell Press. New York: R. R. Bowker.

전시도록

"Alternatives in Retrospect: An Historical Overview, 1969-1975." 1981. The New Museum, New York, May 9-July 16.

"Artists, Choice: Figurative Art in New York,: 1977. Bowery Gallery, First Street Gallery, Green Mountain Gallery, Prince Street Gallery, SoHo Center for Visual Arts, New York, December 11, 1976 through January 5.

"Eight Contemporary American Realists." 1977. Curator: Frank H. Goodyear, Jr. Pennsylvania Academy of the Firn Arts, Philadel-

phia, September 16-October l3.
"Figurative/Realist Art." 1979. Artists, Choice Museum, New York, September 8-22.
"The Great Decade of American Abstraction: Modernist Art, 1960 to 1970." 1974. Curator: E. A. Carmean. The Museum of Fine Arts, Houston, Texas, January 15-March 10.
"The Jeu de Paume Museum." 1983. Paris: Ministry of culture, Editions of the Association of National Museums.
"New York Realists." 1980. Thorpe Intermedia Gallery Sparkill, New York, March 30-April 27.
"Primary Structures: Younger American and British Sculptors." 1966. The Jewish Museum, New York, April 27-June 12.
"Real, Really Real, Super Real: Directions in Contemporary American Realism." 1981. San Antonio Museum Association, San Antonio, Texas, March 1-April 26.
"Realism, Photorealism." 1980. Philbrook Art Center. Tulsa, Oklahoma, October 5-November 11.
"Seven on the Figure: Jack Beal, william Beckman, Joan Brown, John De Andrea, Willem de Kooning, Stephen Destaebler, Ben Kamihira." 1979. Curator: Frank H. Goodyear, Jr. Pennsylvania Academy of the Fine Arts, Philadelphia, Pa., September 20-December 19.
"Social Concern and Urban Realism: American Painting of the 1930's." 1983. Curator: Patricia Hills. Boston University Art Gallery, Boston, Mass.
"Systemic Painting." 1966. Guggenheim Museum, New York.
"Ten Approaches to the Decorative." 1976. Alessandra Gallery, New York, September 25-October 19.
"The Decorative Impulse." 1979. Institute of Contemporary Art, University of Pennsylvania, Philadelphia, Pa., June 13-July 21.
"The East Village Scene." 1984. Institute of Contemporary Art, University of Pennsylvania, Philadelphia, Pa., October 12-December 2.

"Toward a New Abstraction." 1963. The Jewish Museum, New York, May 19-September 15.

"Twenty-two Realists." 1970. Curator: James Monte. Whitney Museum of American Art, New York, February.

"Younger Artists: Figurative/Representational Art." 1980. Artists' Choice Museum, New York, September 6-8.

아방가르드와 미술시장

2012년 2월 1일 초판 인쇄
2012년 2월 5일 초판 발행

지은이 다이아나 크레인
옮긴이 조진근

펴낸이 이찬규
펴낸곳 북코리아
등록번호 제03-01240호

주소 [우 462-807] 경기도 성남시 중원구 상대원동 146-8
우림2차 A동 1007호
전화 02)704-7840
팩스 02)704-7848
이메일 sunhaksa@korea.com
홈페이지 www.bookorea.co.kr

ISBN 978-89-6324-155-5 (93600)
값 17,000원

* 이 도서의 국립중앙도서관 출판시도서목록(CIP)은 e-CIP홈페이지(http://www.nl.go.kr/ecip)와 국가자료공동목록시스템(http://www.nl.go.kr/kolisnet)에서 이용하실 수 있습니다.(CIP제어번호: CIP2011005616)